U0963890

检察视角下的
中国未成年人司法制度研究

李　峰／著

JIANCHA SHIJIAOXIA DE
ZHONGGUO WEICHENGNIANREN SIFA ZHIDU YANJIU

中国检察出版社

图书在版编目（CIP）数据

检察视角下的中国未成年人司法制度研究／李峰著.
—北京：中国检察出版社，2024.5
ISBN 978-7-5102-3073-8

Ⅰ.①检… Ⅱ.①李… Ⅲ.①未成年人犯罪-司法制度-研究-中国 Ⅳ.①D925.204

中国国家版本馆 CIP 数据核字(2023)第 087128 号

检察视角下的中国未成年人司法制度研究

李　峰　著

责任编辑：杜英琴
技术编辑：王英英
封面设计：徐嘉武

出版发行：中国检察出版社
社　　址：北京市石景山区香山南路 109 号（100144）
网　　址：中国检察出版社（www.zgjccbs.com）
编辑电话：（010）86423766
发行电话：（010）86423726　86423727　86423728
（010）86423730　86423732
经　　销：新华书店
印　　刷：唐山玺诚印务有限公司
开　　本：710 mm×960 mm　16 开
印　　张：21
字　　数：276 千字
版　　次：2024 年 5 月第一版　2024 年 5 月第一次印刷
书　　号：ISBN 978-7-5102-3073-8
定　　价：68.00 元

检察版图书，版权所有，侵权必究

如遇图书印装质量问题本社负责调换

序　一

卞建林[*]

未成年人是祖国的未来，民族的希望。一个国家未成年人权益的保障水平，直接关系到这个国家在未来世界的前途与地位。近代以来，随着工业革命浪潮影响的实证犯罪学派兴起，以1899年世界上第一个少年法院在美国伊利诺斯州芝加哥市建立为起始，少年法院运动于20世纪初迅速发展为世界性规模，在不同的法律体系中获得普遍的接受。

自古以来，我国就有"恤幼"思想，要求对未成年人进行必要的照护，对幼小犯罪进行必要的赦宥，并形成了悠久的历史和文化制度。新中国成立后，我国高度重视未成年人保护和预防未成年人犯罪等问题。自20世纪80年代上海市长宁区人民法院建立我国第一个少年法庭、长宁区人民检察院在审查起诉科内设立第一个"少年刑事案件起诉组"开始，我国未成年人司法开启了四十年的探索历程，尽管并非高歌猛进、一帆风顺，但也在跌宕起伏、曲折前进中取得了令人欣喜的成绩，《未成年人保护法》

* 卞建林，中国政法大学教授、中国刑事诉讼法学研究会名誉会长。

《预防未成年人犯罪法》等法律法规和司法解释日臻完善，未成年人司法专业队伍不断壮大，组织体系、工作体制机制、社会支持体系等日益健全，为维护未成年人合法权益提供了有力保障。近年来，随着我国经济社会快速发展，未成年人健康成长成为人民群众美好生活需要的重要内容，我国未成年人司法制度发展的不足和短板也逐渐凸显，归根结底是我国未成年人司法尚未从成年人司法制度中真正剥离，没有建立真正意义上的未成年人司法制度，导致许多未成年人司法理念、制度还不能落地落实。

实践是解决发展问题的金钥匙。纵览我国未成年人司法四十年发展历程，在实践中探索，在探索中创新，在创新中完善，是一条岿然不动的主线。《检察视角下的中国未成年人司法制度研究》一书正是在我国未成年人司法实践探索和理论创新中应运而生的，本书的作者李峰同志是我在中国政法大学指导的博士研究生。李峰同志长期在最高人民检察院工作，自2018年底，最高人民检察院在内设机构改革中设立中央和国家机关唯一一家专司未成年人司法的厅级专门机构——最高人民检察院第九检察厅开始，李峰同志便投身于火热的未成年人检察实践，并担任第九检察厅副厅长职务，指导和参与办理了在全国具有广泛影响、大家耳熟能详的涉未成年人重大敏感案件，会同相关部门推动建立的侵害未成年人犯罪强制报告制度、密切接触未成年人入职查询制度、对未成年被害人“一站式”办案救助机制、未成年人保护检察公益诉讼、家庭教育指导、社会支持体系等制度机制被吸纳上升为法律规定。在繁忙的工作之余，李峰同志从心系未成年人健康成长的高度，在攻读博士学位期间勤奋好学、踏实努力，深入思考如何用先进的理论指导最前沿的未成年人司法实践，用鲜活的检察实践为理论研究提供样本和支撑，经常就未成年人保护司法实践和理论中的问题和我探讨，并希望结合自己的工作将检察视角下的未成年人司法制度研究作为自己博士论文的选题，我欣然同意。在博士论文答辩中，李峰同志也获得了答辩专家的一致好评，以优异的成绩顺利通过答辩。答辩之后，李峰同志并没有懈怠，根据答辩专家的建议并结合未成年人司法保护实践的最新发展，继续对论文进行修改，本书就是在其博士论文基础上进一步丰富和完善的结晶。正是这样一种背景，使本书除实现了未成年人司法理论创新、发展理论命题的意义之外，更具实践指导意义和改革样本意义。作为李峰同志的博士生导师，我为李峰同志在未成年人检察实践和理论研究方面所取得的成绩深感欣慰，也对本书的出版表示衷心的祝贺。

当下中国司法改革方兴未艾，未成年人司法需要全面的理念和制度构建。本书在探索完善中国特色未成年人司法制度这条主线的贯穿之下，既有从理论角度出发，对国外少年司法与我国未成年人司法发展历程、理念、模式和趋势进行比较研究，又有从实践角度出发，对我国未成年人司法的概念、理论基础和原则加以梳理、提炼和概括，并结合当前我国未成年人司法制度存在的主要问题，深入分析原因，提出针对性的对策建议。其中，对于我国未成年人司法发展模式，李峰同志结合我国国情和司法实践，在综合分析“惩罚·教育”模式与“社会·协作”模式等传统观点利弊的基础上，提出了全新的“保护·惩罚·福利·协作”未成年人司法模式发展方向，即保护优先、惩罚为辅、福利支撑、协作增效，这对于更好实现保护社会与保护少年相统一、妥善解决涉未成年人犯罪问题，最大限度地在未成年人司法中体现“儿童利益最大化”具有指导意义。

一个国家未成年人司法模式的选择与其国家的政治、经济、社会发展以及司法制度都有着密不可分的关系。我国未成年人司法制度从借鉴西方发达国家少年司法制度起步，虽在基本理念和原则方面与西方国家大体相似，但在运行模式与司法机关职能履行方面却差异较大。与西方国家大多以少年法院为中心的少年司法制度不同，近年来，我国未成年人司法制度中未成年人检察的地位日益凸显，在实践中已然具有引领作用。李峰同志作为长期从事未成年人检察工作的检察官，立足我国检察机关作为国家法律监督机关的职能定位和作用，从中国特色检察制度与未成年人司法的理念契合和实践运行出发，深入分析检察机关在未成年人司法制度构建中的地位和作用，提出以未成年人检察为中心，延伸至未成年人司法乃至社会支持体系的各个环节，为我国未成年人司法制度的构建提供了全新的视角。

实践是理论的源泉，理论是实践的先导。中国特色未成年人司法制度构建需要实践基础上的理论指导与理论创新下的实践检验。难能可贵的是，本书不拘泥于具体的未成年人检察实践，而是以实践为基础，以宏观制度设计为旨归，从理论与实践相融合的角度，提出构建完善中国特色未成年人司法制度需要从立法上制定一部集组织法、实体法和程序法于一体的专门未成年人司法法，从司法上加强独立的未成年人警务、未成年人检察、未成年人审判和未成年人刑罚执行机构建设，实现相关司法机关未成年人专门机构和体制机制的协调发展，特别是要充分发挥未成年人检察在未成年人司法中的主导作用，通过检察机关在未成年人司法领域刑事、民事、行政、公益诉讼“四大检察”职能的综合履行，助推未成年人司法保护全覆盖。本书系统而详实的理论成果背后，是以李峰同志对我国四十年来未成年人司法实践探索和三十余年检察经验积累为支撑的，观点新颖，数据翔实，逻辑清晰，为进一步丰富中国特色未成年人司法制度理论提供了借鉴。因而，本书不仅是一部理论著作，更是对实践探索经验与成果的理论凝练，是作者对未成年人司法长远发展的深邃思考，对于开展未成年人司法研究、推动未成年人司法工作高质量发展具有重要的指导和借鉴意义。

最后，我希望也相信李峰同志能够以本书的出版为契机，在未成年人检察工作的岗位上再接再厉、精益求精，为我国未成年人司法保护实践的发展和理论研究的深入做出新的贡献。

2024 年 4 月

序　二

宋英辉*

近年来，我国未成年人司法制度取得了长足的进步和发展，但由于整体上仍然依附于成年人司法体系，且面临一系列体制性、机制性、观念性障碍，导致实践发展缓慢而曲折。与此同时，我国未成年人司法也呈现出不同于西方发展的中国特色路径，检察机关基于其法律定位和诉讼职能而在未成年人司法中处于日益重要的地位，开始更多地承担起保护与帮教的责任。未成年人检察制度的蓬勃发展对我国未成年人司法制度的构建具有一定的引领作用。因此，从检察视角对我国未成年人司法制度进行系统化梳理和全景式构建具有重要的理论价值与实践意义。

未成年人司法的发展程度已经成为考量一个国家司法文明水平的重要标志。纵观域外国家未成年人司法的演进历程，大多呈现出在惩罚与福利之间不断摇摆的特点，但随着未成年人特殊保护理念的发展与未成年人权利观念的深化，构建独立于成年人的未成年人司法制度成为各个国家的司法共识。我国未成年人司法

---

* 宋英辉，北京师范大学教授、未成年人检察研究中心主任。

经过近四十年的探索创新，初步确立了最有利于未成年人原则、教育为主、惩罚为辅原则、双向保护原则、社会支持协同原则等未成年人司法的基本原则。但与域外国家由法院对未成年人案件行使先议权并发挥主导作用不同，我国检察机关在履职过程中具有覆盖未成年人司法各个环节的条件和基础，纵向上贯穿未成年人司法全流程，横向上通过刑事、民事、行政、公益诉讼“四大检察”涵盖未成年人司法全领域，在惩治犯罪、保障未成年人健康成长、促进社会和谐稳定等方面发挥着重要作用。未成年人检察官承担着国家公诉人、国家监护人、社会公共利益维护者等多重角色，对于依法惩治与教育挽救涉罪未成年人，保护救助未成年被害人，以及综合保护未成年人合法权益具有不可替代的优势地位和功能价值。随着未成年人检察工作的持续发展，检察机关的触角不断延伸至未成年人社会支持体系的各个环节乃至社会生活领域的各个方面，并取得了良好的社会效果，为司法实践提供了丰富的样本。以未成年人检察为切入点对我国未成年人司法发展路径进行探索，是本书的创新性尝试，也为我国未成年人司法制度构建提供了全新的视角。

十九届四中全会提出“推进国家治理能力和治理体系现代化”，这对于建设公正、高效、权威的司法体系提出了更高要求。未成年人司法制度作为我国司法制度的重要组成部分，同样需要与司法改革方向保持一致，构建完善未成年人司法制度契合我国社会发展和司法进程的内在要求，也是以法治思维和法治方式促进国家治理能力和治理体系现代化的具体体现。结合我国历史传统、法制文化和具体国情，中国特色未成年人司法制度已初具雏形。但在法律规定与司法实践中均存在诸多需要解决和完善的问题。本书作者长期从事未成年人检察工作，对相关领域理论与实践问题有着深入研究，对于我国未成年人检察工作的整体状况和发展规律十分熟悉。作者基于我国已经形成的独具中国特色的未成年人司法制度，在对未成年人司法理论基础、发展趋势、检察职能、存在问题研究的基础上，从理论与司法实践两个方面分析我国未成年人司法制度的检察逻辑。从检察制度与未成年人司法理念的契合，论证中国特色检察制度在未成年人司法制度构建中的特殊地位和作用。借助检察制度改革的成果，作者进一步提出构建“保护·惩罚·福利·协作”的未成年人司法模式，明确未成年人司法中的检察职能，并对未成年人检察发展与中国特色未成年人司法制度的构建与完善提出针对性的对策建议，既有理论创新，也有实践价值。

作者在日常繁忙实务工作之余对相关问题进行系统思考并形成著述，实属不易。一直以来，我国未成年人司法理论研究与实践发展一定程度上存在失衡，理论研究的深度不足，范围有限，普遍滞后于实践发展，理论与实践的互动关系未能得到充分重视，理论难以发挥对实践的引导作用。本书对与未成年人司法、未成年人检察相关的域外经验、法学理论、实务困惑、疑难问题等进行梳理、剖析，进一步明确未成年人司法中的检察职能，为我国未成年人司法制度的构建探寻理论基础，既展现了作者的宏大视野，又于微观叙事中表达出未检人对这份事业的热忱与追求。

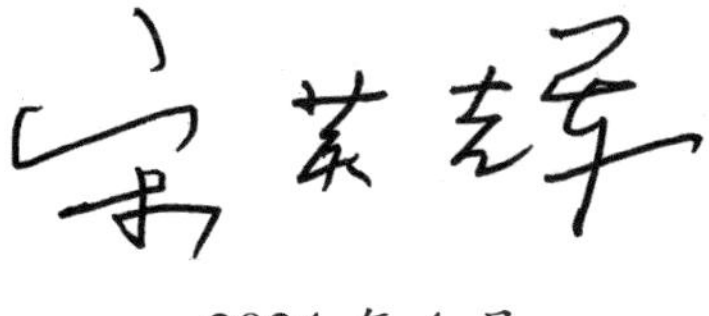

2024 年 4 月

引　言

自1899年美国伊利诺伊州通过《少年法院法》，成立世界上第一个少年法院以来，少年司法制度在20世纪得以迅猛发展，世界各国结合自身国情构建了各有特色的少年司法模式，并不断发展完善。我国未成年人司法制度起步较晚，虽在清末民初受西方法治思想影响就开始探索初创，但直到20世纪80年代，随着少年审判和未成年人检察从成人司法中逐步剥离，才出现了该制度的雏形。经过近四十年的发展，中国特色的未成年人司法制度框架初步形成。然而，与少年司法制度较为成熟的国家相比，我国未成年人司法制度总体还处在构建发展阶段，需在借鉴国外少年司法制度先进经验的基础上，结合我国具体国情，尤其是未成年人司法实践，加快构建完善中国特色的未成年人司法制度。与西方国家大多以少年法院为中心的少年司法制度不同，我国未成年人司法制度中未成年人检察的地位日益凸显，在实践中已经具有引领作用，这与我国检察机关的法律定位和职能直接相关。从检察逻辑分析其应然性和必然性，是完善我国未成年人司法制度的应有之义。

笔者近年来一直从事未成年人检察工作，深感蓬勃发展的未成年人检察制度乃至未成年人司法制度急需理论的指导和支撑。

本书是在作者的博士毕业论文上进一步修订完善而成。本书尝试从未成年人司法的概念、理论基础和原则入手，对国外少年司法与我国未成年人司法发展历程、理念、模式和趋势进行比较研究，结合当前我国未成年人司法制度存在的主要问题，提出构建“保护·惩罚·福利·协作”的未成年人司法模式，分析中国特色检察制度在未成年人司法制度构建中的地位和作用，探究未成年人检察在我国未成年人司法体系中的应然功能和监督职能，阐述构建中国特色未成年人司法制度的检察逻辑，论述未成年人检察在未成年人司法制度中的职能定位、功能价值和发展路径，进而从检察视角对我国未成年人司法制度进行系统化梳理和全景式构建，对我国未成年人司法制度的发展与完善提出对策建议。

全书除绪论和结论，共分六章。绪论部分主要介绍选题的背景、意义，目前国内外未成年人司法的研究状况、文献综述及研究思路和创新之处。第一章主要研究未成年人司法的概念、理论基础和原则，对涉及未成年人司法的基本理论进行研究，进而分析未成年人司法基本原理与检察制度的契合。第二章主要介绍国内外未成年人司法的模式选择、发展历程和趋势，以及我国未成年人司法的历史沿革、发展模式和未成年人检察的发展。对国外少年司法模式的介绍重点在于归纳特点、分析原因、总结规律，以期对我国未成年人司法制度发展提供可借鉴经验。第三章主要分析我国未成年人司法制度现状，从立法现状、司法现状、社会支持现状三个方面来分析我国未成年人司法制度在法律规定、司法实践、社会协同三个层面存在的问题。第四章主要论证构建中国特色未成年人司法制度的检察逻辑，从检察制度在未成年人司法体系中的功能价值、未成年人检察在未成年人司法体系中的全方位参与、未成年人司法机构专业化和程序专门化的检察优势、未成年人检察发展与中国特色未成年人司法制度的构建四个方面，研究中国特色检察制度在未成年人司法制度构建中的地位和作用。第五章主要研究我国未成年人司法中的检察职能，重点研究在未成年人司法制度中检察机关刑事、民事、公益诉讼检察、社会支持体系建设职能的发挥及完善。第六章从检察视角出发，提出完善我国未成年人司法制度的对策建议，包括司法模式的构建、立法展望及特殊制度的完善。

构建并完善中国特色的未成年人司法制度，应结合我国国情和中国特色社会主义司法制度，从立法和司法两个方面进行重塑。在立法层面，需在充分调研论证的基础上制定集组织法、实体法和程序法于一体的专门未成年人司法法，其内容应涵盖刑事、民事、行政、公益诉讼及社会支持体系建设等各个方面，形成一套完整的、独立的、系统的未成年人司法制度体系。在司法层面，要进一步加强未成年人司法专门机构和人员建设，建立独立的未成年人警务、未成年人检察、未成年人审判和未成年人刑罚执行机构，着力加强相关司法机关未成年人专门机构和体制机制的协调发展，健全未成年人司法组织体系。特别是要充分发挥未成年人检察在未成年人司法中的主导作用，通过检察机关在未成年人司法领域刑事、民事、行政、公益诉讼“四大检察”职能的综合履行，助推未成年人司法保护全覆盖。当务之急，一方面是要对现有法律进行修订完善，在相关法律法规中对未成年人司法制度进行细化与扩充；另一方面需通过司法实践推动分级干预矫治、附条件不起诉、观护制度、未成年被害人保护、强制报告、未成年人保护公益诉讼等一系列特殊制度和特别程序的不断完善。

目　录

绪 论

一、选题背景及意义

19世纪后半期，随着工业革命浪潮影响的实证犯罪学派兴起，其理论构建在反对古典学派以“自由意志”和“理性选择”为代表的旧传统之外，从而将少年司法纳入刑事司法边界之内。实证法学派主张通过严谨的科学方法和以事实证据为基础来证明犯罪动因，立论于经验人假设，倡导对犯罪原因的社会化考察和对犯罪人做人道主义和非刑罚化处理，构成了此后少年司法分级处遇、儿童利益最大化等一系列原则的理论雏形。英国衡平法院的“国家亲权”思想则成为国际社会少年司法得以诞生发展的基础。以1899年世界上第一个少年法院在美国伊利诺伊州芝加哥市建立为起始，少年法院运动于20世纪初迅速发展为世界性规模。尽管各国基于实际采取了不同的少年司法模式，如美国的“惩罚·福利”二元模式、北欧国家的福利模式、法国的保护主义模式、德国的教育刑罚模式、英国的协作模式等，但从世界范围来看，少年司法以社会治理功能和其独立的价值基础，日益受到世界各国法学理论界和实务界的关注，且随着社会的发展变迁呈现出交流、借鉴的特点。纵观国外对少年司法制度的研究，主要仍是聚焦于少年刑事司法制度的研究，对少年司法模式的构建更多的也是从刑事司法的立场出发，少有对少年民事司法乃至少年公益诉讼制度的研究。而研究的对象和视角更是多从少年法院出发，鲜有从检察视角分析研究少年司法制度的理论文章，这与国外司法体制也有着直接的关系。

中国作为一个历史悠久的文明古国，具有矜老恤幼的文化传统。早在西周时期对未成年犯罪人处置的“三赦、三宥”之法，从广义上讲构成了中国古代未成年人司法的雏形。此后，以儒家“明德慎罚”思想为代表的“恤刑主义”几乎贯穿了我国封建历史的始终。及至近代中国，随着清朝末年戊戌变法和新政改革的推进，清政府陆续颁布了一系列关于未成年人保护的法律规范文件，其一方面延续了古代的恤刑思想，另一方面吸收了近代西方的刑事司法理念，宣扬对未成年人的教育矫治和权利保护。民国政府和新民主主义革命时期，对未成年人司法的相关规定也散见于相关规定和条例之中。

新中国成立后，我国对未成年人保护和预防未成年人犯罪等问题一直较为重视。《联合国儿童权利公约》《北京条约》《中华人民共和国未成年人保护法》（以下简称《未成年人保护法》）《中华人民共和国预防未成年人犯罪法》（以下简称《预防未成年人犯罪法》）等共同构成了我国未成年人司法的渊源。经过多年发展，我国的未成年人司法工作取得了长足进步，相关法律法规和司法解释日臻完善，未成年人司法专业队伍不断壮大，组织体系、工作体制机制、社会支持体系等日益健全。但立足当下，受我国经济社会迅速转型期各种社会矛盾和问题的影响，未成年人违法犯罪和侵害未成年人权益的问题仍不容忽视。未成年人犯罪呈现低龄化、多元化、暴力化趋势，性侵、虐待、拐卖、遗弃等侵害未成年人的恶性案件也多有发生；罪错未成年人的特殊程序、行为矫正、回归社会等问题备受关注，未成年被害人的社会救助等问题也不容忽视。完善未成年人司法制度仍任重道远。

习近平总书记强调，“全社会都要了解少年儿童、尊重少年儿童、关心少年儿童、服务少年儿童，为少年儿童提供良好社会环境。”随着2020年《未成年人保护法》《预防未成年人犯罪法》的修订，全社会对于未成年人保护给予了前所未有的关注。未成年人司法保护作为家庭、学校、社会、网络、政府、司法“六大保护”中的重要方面，其发展也进入了快车道。近年来，以未成年人司法为主题的研究不断升温，这是我国社会发展和法治进步的外在体现，也是培育司法文明和彰显人文关怀的内在要求。但是，由于我国未成年人司法起步较晚，其理论研究在整个法学理论研究中仍处于薄弱地位。尽管有大量文章涉及该命题，但从研究对象来看，更多的是对国外少年司法制度的介绍引进；从研究内容来看，更多的是对未成年人刑事犯罪的预防和惩治；从研究成果来看，更多的是对实践探索的碎片化总结。在成果转化上则体现出与实务结合不够紧密、全景化视角不足、制度设计不充分、对司法实践指导不够有力等局限。从某种程度上讲，在我国未成年人司法领域，实践探索创新已经走在了理论研究的前面。理论是实践的先导，思想是行动的指南。没有深入的理论研究和指导，未成年人司法的实践发展必然难以持久。因此，立足我国国情，系统深入研究未成年人司法的理论问题，构建具有中国特色的未成年人司法理论体系，已成为影响未成年人司法保护健康持续发展的当务之急，事关国家的未来，可谓“国之大者”。

1986 年，上海市长宁区检察院在审查起诉科内设立了全国第一个“少年刑事案件起诉组”，标志着我国未成年人检察工作从普通刑事检察工作中分离、朝着专业化方向发展的开端。各级检察机关经过不懈努力，明确了未成年人检察工作全面综合保护未成年人的发展方向，拓展了未成年人检察工作的内涵和外延，形成了独立的未成年人检察业务体系。近年来，检察机关探索形成的侵害未成年人案件强制报告制度、密切接触未成年人人员入职查询制度、对未成年被害人“一站式”办案救助机制、未成年人保护检察公益诉讼、家庭教育指导、社会支持体系等均被修订后的《未成年人保护法》《预防未成年人犯罪法》所吸收，上升为法律规定。检察机关的未成年人检察工作，为保障未成年人健康成长、促进社会和谐稳定、推动完善中国特色社会主义检察制度和司法制度、推动健全未成年人保护社会化工作体系等作出了重大贡献，取得了良好效果。

本书以检察机关为视角，通过域外比较、历史分析和理论探讨，结合我国未成年人司法实践，在厘清未成年人司法基本概念、原则、模式、问题的基础上，借助我国司法改革特别是检察制度改革的成果，提出构建“保护·惩罚·福利·协作”的未成年人司法模式，阐述构建中国特色未成年人司法制度的检察逻辑，明确未成年人司法中的检察职能，进而对未成年人检察发展与中国特色未成年人司法制度的构建与完善提出针对性的对策建议，希望能够为我国未成年人司法的体系构建和实践探索提供理论支持和制度保障。

二、研究状况与文献综述

（一）关于未成年人司法概念、理论基础和原则的研究

1. 未成年人司法概念

关于未成年人司法的概念，多使用“少年司法制度”的表述，即少年司法制度是指国家司法机关和司法性组织应用法律处理涉及未成年人的诉讼案件和非诉讼事件，以保护和教育青少年健康成长的专门司法制度，它是这些机关和组织的性质、任务、组织体系、活动原则和工作制度的总称。“少年司法制度是一个由概念系统、组织系统、规则系统和设备系统所构成的，‘软’‘硬’皆备的大系统，上述四个系统是少年司法制度成其为制度所必需的基本要素。”① 从表述的内容来看，这里的“少年司法制度”与“未成年人司法制度”应当是同一概念。

2. 未成年人司法理论基础

关于未成年人司法的理论基础研究，主要集中在国家亲权理论、实

① 参见姚建龙：《少年司法制度概念论》，载《当代青年研究》2002 年第 5 期，第 17 页。此外，相关著作与论文中亦有使用“少年司法制度”表述的内容，参见高晓莹：《少年司法制度论纲》，载《中国刑事法杂志》2010 年第 7 期，第 84 页；孙谦、黄河：《少年司法制度论》，载《法制与社会发展》1998 年第 4 期，第 43 页。

证犯罪学理论、教育刑理论和恢复性司法理论。

国家亲权理论是少年司法最为重要的理论根基，也是英美法系国家少年司法制度的基本理论根基，强调国家对未成年人的积极保护责任，要求超越报应主义观念，遵循“未成年人最大利益原则”来处理少年罪错行为。① 未成年人司法的另一重要理论基础为实证犯罪学理论。实证犯罪学派兴起后，许多专家学者从社会学、心理学、生理学、教育学等多个方面来研究少年犯罪的原因，不断提出治理少年犯罪问题的新方法，并促使各国政府进行了一些探索和尝试。② 少年犯罪人作为独特的犯罪人的角色开始进入研究者的视野，少年司法分立的趋势开始涌动。其开始强调早期预防和治疗、矫治机构专业化、刑罚替代措施。③ 对教育刑理论的研究也是现代未成年人司法制度发展的一个重要理论支撑，德国坚持教育刑罚理念，随着 19 世纪刑事实证主义兴起，德国、意大利等国的刑法学家纷纷主张以教育刑取代报应刑，德国当下的少年司法承袭了 19 世纪刑事实证学派的教育刑罚思想，教育优先原则贯穿于少年司法程序的始终，教育思想是德国少年刑事司法制度的核心理念。④ 而恢复性司法理论自诞生之日起，就与未成年人司法制度有着千丝万缕的联系。恢复性司法最早是在未成年人犯罪领域产生发展起来的。⑤ 恢复性少年司法理念认为少年司法的目的不在于惩罚，而在于恢复由于少

---

① 参见张鸿巍：《国家亲权法则的衍变及其发展》，载《青少年犯罪问题》2013 年第 5 期，第 88 页；［美］玛格丽特·K. 罗森海姆、富兰克林·E. 齐姆林、戴维·S. 坦嫩豪斯、伯纳德·多恩编：《少年司法的一个世纪》，高维俭译，商务印书馆 2008 年版，第 55 页。

② 孙谦、黄河：《少年司法制度论》，载《法制与社会发展》1998 年第 4 期，第 43 页。

③ 王耀世、侯东亮：《少年司法分立论》，载《河南财经政法大学学报》2015 年第 2 期，第 101 页。

④ 汪贻飞：《论西方国家少年司法理念及对我国的借鉴意义》，载《中国青年研究》2009 年第 3 期，第 60 页。

⑤ 丁青青、窦长友：《恢复性司法与未成年人刑事司法制度的完善》，载《中国检察官》2016 年第 5 期，第 10 页。

年的行为对被害人、社会及少年自己所造成的创伤，是对“轻轻重重”刑事政策的贯彻，是将犯罪控制和少年福利进行调和的产物。①

3. 未成年人司法的原则

基本原则是少年司法制度的核心和精髓，是少年司法制度的指导思想和理论基础的具体体现。根据我国已经认同的联合国少年刑事司法准则以及少年司法制度相关立法和司法实践，我国少年司法制度确立了四大基本原则：保护社会与保护少年相统一原则（简称双保护原则）；预防为主、减少司法干预原则；教育为主、惩罚为辅原则；共同参与、综合治理原则。② 此外，还应包括少年利益最大化原则、专门化原则、全面调查原则、处遇个别化原则和保护名誉、隐私等原则。③

（二）关于未成年人司法模式、发展历程和趋势的研究

1. 未成年人司法模式

对域外未成年人司法模式的研究，最初主要以对美国惩罚与福利的二元司法模式研究居多，这与少年法院制度最早诞生于美国并历经了百年发展历程紧密相关。近年来，许多学者对德国、英国、法国、意大利、北欧国家乃至亚洲日本、韩国等的少年司法模式也予以了较多的关注，希冀通过对域外国家未成年人司法模式的梳理与分析，为我国未成年人司法制度的发展带来启示和借鉴。

以模式论而言，世界各国的少年司法制度大致可分为以下四种模式：一是司法模式，又称蓝色模式，指的是那些实行少年法庭或少年法院制度国家的少年司法制度，美国、德国、法国、加拿大、日本等国都

① 苏明月、李钰莹：《美国少年司法制度的矛与盾——以未成年人死刑为视角》，载《预防青少年犯罪研究》2015 年第 1 期，第 109 页。

② 姚建龙：《少年司法制度基本原则论》，载《青年探索》2003 年第 1 期，第 49 页。

③ 牛凯：《论少年司法制度的基本原则》，载《预防青少年犯罪研究》2012 年第 12 期，第 33 页。

属于这种模式。二是福利模式，又称红色模式，指的是那些实行福利委员会制度国家的少年司法制度，瑞典、挪威等斯堪的纳维亚国家属于这种模式。三是社区参与模式，又称绿色模式，它的特点是社区和公众积极参与司法过程，而国家机关的干预减少到最低限度。四是“社会·司法”模式，基本特点是缩小司法干预，扩大社会教育，把少年司法制度纳入“综合治理”总体战略。我国属于这种模式。① 或可分为“惩罚·福利”二元模式、“福利”模式、“教育”模式与“协作”模式四种，代表国家分别为美国、芬兰、德国与英国。各国少年司法模式的演变中均贯穿着一条主线，即模式的确定始终在惩罚犯罪和保护未成年人之间摇摆，但都注重对触法少年的教育与保护。②

2. 我国未成年人司法历史沿革

我国未成年人刑事司法历史发展可分为以下几个阶段：“‘恤幼’思想与古代未成年人刑事司法；新中国成立前的未成年人刑事司法；新中国成立后的未成年人刑事司法；2012 年《刑事诉讼法》之修正”。③ 其中，“中国古代法律史上不乏与‘少年司法’相对应的内容，具有悠久的文化传统和制度传承。从周代开始就有对幼小犯罪的明确规定，历经秦、唐的发展逐步规范、完整，直至清末民初受西风东渐的影响，效仿借鉴西方少年司法制度对我国的少年司法进行再造，形成了‘明刑弼教’的司法理念，契合‘教育为主、惩罚为辅’的现代少年司法理念”。④ 我国也曾经是世界少年法院运动的组成部分——早在清末即已

① 康树华:《世界各国少年司法制度的基本特征》，载《法学杂志》1995 年第 3 期，第 30 页。

② 参见徐宏、武倩:《少年司法理念的正本清源与制度设计》，载《青少年犯罪问题》2018 年第 6 期，第 78－79 页。

③ 参见宋英辉、何挺、王贞会等:《未成年人刑事司法改革研究》，北京大学出版社 2013 年版，第 3－11 页。

④ 参见王菲:《“少年司法”之传统、再造及辨析》，载《预防青少年犯罪研究》2016 年第 1 期，第 15－22 页。

接受少年法院的观念，并开始推行少年司法改革。近代少年司法改革曾达到令人赞叹的高度。从民国时期刑法典的发展来看，少年司法的实体规则初步成型，其最大的进步不仅仅是逐步提高了刑事责任年龄，更重要的是在刑法典中确立了以刑罚之外的方法处理少年犯罪的实体规则，以感化教育及保护管束等保安处分，取代或补充刑罚的不足。除了实体规则外，民国时期在少年司法程序改革上也达到了一定的高度，具备了现代少年司法程序的基本内容，如社会调查制度、审判不公开原则、审理程序的弹性化、与成年人分开原则、司法分流原则等。与此同时，少年矫正制度也有更为深入的发展，感化学校和少年监狱得以建立，还产生了类似社区矫正制度的“保护管束”制度，并已经开始进行了建立少年法院的论证与准备，现代少年司法制度可谓呼之欲出。①

（三）关于我国未成年人司法制度现状及存在的主要问题和解决方向的研究

近些年我国未成年人司法制度虽有长足的进步和发展，但由于尚未从成年人司法制度中真正剥离，导致许多未成年人司法理念、制度还不能落地落实，还有很大的发展空间。主要表现在：一是对未成年人司法制度的独立价值认识还不足，还没有形成独立于成年犯罪人的未成年人法律体系；未成年人司法专门机构尚不健全，尚不存在完备的少年警务系统专门处理未成年人罪错案件，真正建立专门机构或者负责办理少年违法犯罪案件的公安机关屈指可数。② 二是少年司法制度赖以运作的物质条件及高素质的少年司法工作人员欠缺。在人员配备方面，兼职而缺乏专业性，在同一个系统内部的不同地区的公安司法机关，专门人员配

① 参见姚建龙：《近代中国少年司法改革的进展与高度》，载《预防青少年犯罪研究》2014 年第 4 期，第 42 – 53 页。

② 宋英辉、何挺主编：《未成年人刑事案件诉讼程序研究综述》，中国检察出版社 2019 年版，第 10 页。

备或组织的发展存在很大差距。[①] 三是关于少年观护制度的定位及完善。在少年司法实践中，少年观护制度具有极其特殊的地位，起着至关重要的作用。这一制度体现着保护主义思想以及对少年利益的维护与关爱。可以从三个层级来构建我国少年观护体系：第一，在少年立法方面，除了在刑事实体法中规定对少年的非刑罚化、非监禁化处理措施之外，还应在刑事诉讼法中规定观护的具体程序，在未成年人保护法、预防未成年人犯罪法中规定相应的处理措施。第二，在少年司法方面，可以将社会调查、不起诉、缓刑等少年司法领域的相关规定与程序分流结合起来。第三，在社会参与方面，应当建立社区矫正的协同机制，使社会参与同司法机关的处置相结合。[②] 至于对应的解决方向，一条较为理想的路径是在我国制定一部独立的未成年人司法法。此外，加强法学理论研究，加快立法步伐并形成系统、完善的少年司法体系，扩大少年法庭的受案范围，少年司法机构设置专门化，以及采取灵活多样的处置方式也是解决方向的应有之义。[③]

（四）关于未成年人检察制度的研究

关于完善未成年人检察制度的研究，主要集中在域外未成年人检察制度的考察和我国未成年人检察制度的特色与发展路径等两个方面。

1. 域外未成年人检察制度的考察

综观其他国家及地区，少年司法均经历了从法院主导到检察机关日益发挥作用的演变。少年司法制度诞生后的 60 余年里，美国的少年法院都是在缺失检察官及抗辩诉讼下运作的。日本、我国台湾地区在少年

---

① 参见狄小华：《中国特色少年司法制度研究》，北京大学出版社 2017 年版，第 190 – 195 页。

② 宋英辉、苑宁宁、尹泠然：《少年司法与法律体系建构需进一步改进》，载《检察日报》2016 年 6 月 30 日，第 3 版。

③ 参见卢春林：《浅谈我国少年司法制度的基本状况及发展趋势》，载《中共乌鲁木齐市委党校学报》2009 年第 4 期，第 54 页。

法院早中期同样如此。综合来看，检察官在少年司法中的角色参与呈现以下趋势：最初，传统少年司法程序赋予少年法院对少年案件的先议权，排斥检察官的参与，检察机关被边缘化；此后，逐步承认并扩大检察官在少年司法中的存在与作用。到了19世纪六七十年代，美国联邦最高法院的一系列判例最终使检察官取得了对未成年人检控的控制权，美国各级检察机关在少年司法中扮演着越来越重要的作用；进入21世纪，越来越强调检察官应摆脱传统检察理念与模式的束缚，而以积极的态度来参与未成年人犯罪与偏差的社区预防；随着少年司法制度的发展，检察官在未成年人司法中的角色不仅仅局限于刑事领域，而是涉及未成年人权益保护的民事、家事领域，范围日益广泛。①

2. 我国未成年人检察制度的特色与发展路径

相比之下，我国并不存在美国、日本的少年法院（或其他法院）对少年犯罪案件行使先议权，检察机关对少年案件的管辖表现消极的司法传统。相反，与公安、法院相比，检察机关在少年司法程序中跨越时间最长、参与诉讼阶段最多，帮教责任也最重。少年案件的检察官不仅仅是国家公诉人，更要立足于国家监护人的身份，承担起保护者和教育者的角色。② 但主张从事未成年人检察的检察官应当在犯罪预防方面发挥积极作用、拓宽未成年人检察业务领域以及加强对未成年人检察官特殊的素质需求及专门培训等方面，我国与其他法域主张是相似的。少年法院先议权以及检察官参与的角色演变也给我国未成年人检察官的定位带来三点启示："第一，未成年人检察机构和检察官应当逐渐淡化其追诉犯罪的'国家公诉人'身份，突出其作为触法未成年人保护者、教育者的角色，并恪守国家亲权与儿童最佳利益原则；第二，在防止一味强调

---

① 参见张鸿巍：《美国未成年人检察制度》，载《国家检察官学院学报》2011年第3期，第151-160页；刘仁海、周舟：《日本少年检察制度及其对我国的启示》，载《青少年犯罪问题》2016年第3期，第76-82页。

② 苗生明、程晓璐：《中国未成年人刑事检察政策》，载《国家检察官学院学报》2014年第6期，第49-50页。

刑罚功能的同时，也要防止一味‘温情化’，避免矫枉过正；第三，少年检察官应加大对少年案件分流的力度。”①

此外，我国的未成年人检察监督业务也是独具特色的，涵盖刑事、民事、行政等检察业务，是一项综合性检察监督工作，具有综合性、专业性及高效率性等特点。司法办案是未成年人检察工作的基础和前提，检察监督是未成年人检察工作的手段和途径，犯罪预防则是未成年人检察工作的目标和价值。三者相辅相成，共同构成未成年人检察工作一体化格局。②

当下，我国未成年人司法中检察机关已经推行涉未刑事、民行、刑执、公益诉讼等案件集中统一办理。未成年人检察工作一体化是我国未成年人检察制度的重要组成部分，体现了国家亲权和恢复性司法等法治理念。未成年人检察工作一体化探索，需要树立儿童利益最大化理念，构建一个集未成年人审查逮捕、审查起诉、犯罪预防、刑罚执行监督、民事行政检察监督及未成年被害人权益保护于一体的崭新的未检职能构架，包括未成年人刑事检察工作模式、未成年人民事行政检察工作模式、未成年人公益诉讼检察工作模式以及专业化未成年人司法社会辅助体系等。其构建顺应了国际社会少年司法的发展趋势，具有较强的司法实践价值和现实意义。③ 其中，我国未成年人检察公益诉讼大有可为，其包括的案件类型及种类有：涉及未成年人人格权、身份权、继承权等传统民事权利类的公益诉讼，涉及未成年人教育权等非传统民事权利类的公益诉讼。检察机关探索未成年人公益诉讼符合依法治国的要求，检察机关的法律地位赋予其承担未成年人公益诉讼之职责，法律的具体规

---

① 程晓璐：《中国少年检察官的角色变迁与定位》，载《预防青少年犯罪研究》2013 年第 4 期，第 54 页。

② 刘行星、李希龙：《我国未成年人检察监督及其完善》，载《预防青少年犯罪研究》2018 年第 1 期，第 51 页。

③ 樊荣庆：《改革视野下未成年人检察工作一体化构建研究》，载《预防青少年犯罪研究》2018 年第 6 期，第 4 - 8 页。

定为检察机关提起未成年人公益诉讼提供制度保障。未成年人检察公益诉讼之诉前程序的反思：充分发挥监督职能，有效利用督促起诉制度，要不断拓宽案外视野，探索支持起诉制度，要强化法律监督地位，督促行政机关纠正违法或者履行职责。[①]

（五）关于完善未成年人司法制度的研究

关于完善未成年人司法制度的研究，主要集中在未成年人司法理念、未成年人司法范畴、未成年人司法处置方式、未成年人司法分流程序和未成年人司法体系建设等。

1. 未成年人司法理念

当前少年司法之教育保护与去惩罚化的理念与社会舆论秉持的重惩主义观点形成冲突，体现出少年司法的有效性未能满足公众期待。究其原因，以触法未成年人治理不力为标志，刑事司法制度的责任主义逻辑造成少年司法在对象准入、保护处分、社会支持三大环节机制上相对缺失，导致制度实践滞后于司法理念，亟须修正完善。当前需要从制度逻辑入手，回溯反思作为少年司法与一般刑事司法二分基础的福利主义与责任主义理念的逻辑关系，在少年责任能力发展规律的基础上形成兼具福利保护与责任追究的观护责任理念，并依托这一理念实现一元刑事责任框架下少年司法机制的有机融入。根据观护责任论原理，创设专门的虞犯未成年人观护责任机制，统一完善触法行为未成年人观护责任机制，设置观护责任社会支持机制，形成适应我国刑事司法体制的少年司法经验。[②] 而我国少年司法制度的完善，需要树立正确的少年司法理念，

---

① 吴春妹等：《未成年人检察视阈下公益诉讼问题探究》，载《山西政法管理干部学院学报》2016年第3期，第34－36页。

② 李川：《观护责任论视野下我国少年司法机制的反思与形塑》，载《甘肃政法学院学报》2018年第6期，第15页。

实现对少年违法犯罪刑事化向福利化理念的转变。①

2. 未成年人司法范畴

当前我国少年司法的涵盖范围还比较狭窄，大体上仍可视为未成年人刑事司法，这与国外多数基于民事法而来的少年司法差别较大。“教育、感化和挽救为主的基本刑事政策”越来越需要将国家亲权、儿童福利、儿童利益最佳原则以及防卫社会和社会利益最佳原则结合起来。在日益强调归责性的今天，对未成年人违法犯罪的司法处分，实在不能再以未成年人刑事司法“一刀切”了。未来少年司法改革或可借鉴国外成功经验，逐步构建起非刑事化处分的少年司法体系以及依托刑事（成人）司法的未成年人刑事司法体系等双轨制。准民事法下的少年司法，其关注点不只是对未成年不法行为人矫正自新的推动，还应将未成年被害人纳入其关注对象。双轨制的涵义还应在少年司法与刑事（成人）司法中进一步引入和践行儿童福利理念，实现少年司法以及未成年人刑事司法与儿童福利的桥接与互动。作为社会福利的核心组成部分之一，高效运转的儿童福利将咨商辅导、亲职教育、医疗康复、教育培训、心理矫治、戒毒戒烟等社会资源源源不断地嫁接入少年司法及未成年人刑事司法之中。②

3. 未成年人司法处置方式

总体来看，未成年人司法处置方式仍然附属于成人司法之中。“少年司法改革的基本方向应当是破解‘养猪困局’与‘逗鼠困局’，前者即建立少年罪错行为早期干预制度，加强少年司法的预防功能；后者即改变‘以刑为教’的报应主义观念与制度实际，淡化少年司法的刑事性，走向‘以教代刑’。少年司法的特殊性决定了其应从刑事司法中分

---

① 王顺安、韩冰：《中国少年司法制度的成就、问题和出路》，载《预防青少年犯罪研究》2014 年第 6 期，第 56 页。

② 张鸿巍：《少年司法的顶层设计与架构——以桥接、互动的双轨制为基点》，载《预防青少年犯罪研究》2014 年第 1 期，第 78 – 79 页。

离出来，建立包括特殊的立法、特殊的机构与人员、特殊的处遇、特殊的程序在内的独立少年司法制度。在较长的一段时间内，中国少年司法改革是以审判（少年法庭）为中心的。但随着少年检察的发展，某种程度上可以说，中国少年司法制度的话语重心已经从少年法庭悄然转向了少年检察。与国外少年司法制度‘弱检察’不同的是，我国目前的少年司法制度采用的是‘强检察’模式，少年检察在少年司法制度中的角色和地位十分重要，检察官实际掌握了对少年刑事案件的‘先议权’。作为一种现实的改革方案，对于严重不良行为事件也可以考虑由检察机关进行‘先议’。”①

4. 未成年人司法分流程序

现代少年司法的理念应当是矫正和分流。我国少年司法制度应当在一些方面进行相应改革，以便充分贯彻矫正和分流的理念，有效实现预防犯罪和减少再犯。现代少年司法应当坚持以矫正为第一理念。只有坚持矫治理念，才能实现青少年刑法的目的，即防止青少年犯罪和减少青少年再次犯罪。如何对罪错行为的青少年进行矫治，就涉及与此紧密相关的少年司法“第二理念”——分流。分流理念作为少年司法独立运行的核心原则，不仅符合青少年成长的现代理论，也与青少年罪错回应的程序公正及均衡原则相适应。在我国，一方面，应改革青少年刑事程序分流的法律，把未成年人的不良行为纳入法律的调整范围，对未达到刑事责任年龄的未成年人实施的严重危害行为，采取有效的干预处置措施，充分发挥专门教育和专门矫治教育的作用。另一方面，应建立体系化的青少年程序分流机制。首先，在案件由公安机关处理阶段，可以通过公安机关附条件告诫和强制进入专门学校或者感化机构的方式分流；其次，在案件由检察机关处理的阶段，青少年的程序分流主要以附条件不起诉为主，检察机关在青少年刑事程序分流中举足轻重；再次，在检

① 姚建龙：《中国少年司法的历史、现状与未来》，载《法律适用》2019 年第 17 期，第 10－11 页。

察机关向法院提起公诉之后，在案件的审理阶段也可进行分流，可以附条件地中止案件的审理，同时要求被告人实施一定的行为；最后，对进入未成年人管教所服刑的青少年实行不定期刑，根据其矫正的状况相应适用缩短刑期、中止执行等。当然，如果青少年的感化和矫治未达到实际效果，应当可逆恢复刑事追诉程序。为了更好地贯彻矫正和分流理念，还应在以下三个方面建立配套的机制：第一，建立各部门之间的数据信息共享和配合衔接机制；第二，改变公安、司法机关的业绩考评机制；第三，在政府机构设立专门的青少年管理局，管理和协调有关青少年工作的事务。①

5. 未成年人司法体系构建

构建未成年人法律体系是历史的必然，国家亲权和儿童人权是理论基础，儿童最大利益是核心原则，保护制度、福利制度和司法制度是三项基础性制度，专门立法是主要形式。应进一步完善以我国《宪法》为根本依据，以《未成年人保护法》为统领，以未成年人单行立法为核心支柱，以部门法中未成年人的特殊章节或条款为重要来源，以行政法规、部门规章、司法解释、地方法规等规范性法律文件为细化配套规定的未成年人法律体系。完善我国未成年人法律体系要坚持实用性、增强全面性、保持相对独立与适当集中、保障协调一致、统筹兼顾，从内容上看，包括三大部分：一是适度普惠性未成年人福利制度，为未成年人的生活、教育、医疗提供必要的物质基础和良好的社会环境。二是重点干预的未成年人保护制度，致力于解决普惠性法律政策推行之后存在的某些疏漏或问题。三是着眼于个案的司法保障制度，主要涉及进入司法领域的未成年人保护措施。②

---

① 李长城：《少年司法理念新论》，载《四川警察学院学报》2019 年第 1 期，第 97 - 100 页。

② 宋英辉、苑宁宁：《完善我国未成年人法律体系研究》，载《国家检察官学院学报》2017 年第 4 期，第 119 - 128 页。

三、研究思路

我国未成年人司法制度从借鉴西方发达国家少年司法制度起步，结合我国司法传统和具体国情，初步形成了具有中国特色的未成年人司法制度雏形。虽在基本理念和原则方面与西方国家大体相似，但在运行模式和司法机关职能履行方面却差异较大。与西方国家大多以少年法院为中心构建的少年司法制度不同，纵观我国近几十年未成年人司法制度的发展，未成年人检察起到了重要的推动作用，从某种程度上讲，未成年人检察已经在我国未成年人司法制度的构建方面起到引领作用并发挥着至关重要的作用。为什么会出现这种情况，理论界和司法实务界均未有充分的研究，直接影响着我国未成年人司法制度的发展与完善。本书尝试从此问题切入，在对未成年人司法理论基础、发展趋势、检察职能、存在问题研究的基础上，从理论与司法实践两个方面分析我国未成年人司法制度的检察逻辑。从检察制度与未成年人司法理念的契合，论证中国特色检察制度在未成年人司法制度构建中的特殊地位和作用。并在此基础上，进一步对未成年人司法制度中检察职能的发挥进行研究，从检察视角提出完善我国未成年人司法制度的对策建议。

四、创新之处

（一）以检察机关法律监督职能为视角构建并完善我国未成年人司法体系

关于未成年人司法的文章和专著大多专注于其中某一方面，或是历史沿革与中外比较，或是现行制度与司法实践。而从中国特色检察制度与未成年人司法的理念契合和实践运行出发，以未成年人检察为中心，延伸至未成年人司法乃至社会支持体系的各个环节，或为我国未成年人司法制度构建的全新视角。检察机关具有法律监督机关的职能和定位，近年来未成年人检察工作蓬勃发展，触角延伸，取得了良好的社会效果，积累了丰富的实践样本。本书尝试以未成年人检察为中心，衍射至未成年人司法乃至社会人文关怀的各个方面，对我国未成年人司法发展路径进行探索。

（二）提出“保护·惩罚·福利·协作”的未成年人司法模式

一个国家未成年人司法模式的选择与其国家的政治、经济、社会发展以及司法制度都有着密不可分的关系。对于我国未成年人司法模式的界定，学术界有“惩罚·教育”模式与“社会·协作”模式等不同的界定，本书从域外少年司法模式的比较研究和我国未成年人司法的发展，结合我国国情，提出了全新的“保护·惩罚·福利·协作”未成年人司法模式发展方向并进行阐述。

（三）从国家治理能力和治理体系现代化的角度分析我国未成年人司法制度

党的十九届四中全会“推进国家治理能力和治理体系现代化”这一主题对公正高效权威的司法体系提出了更高要求。作为我国司法制度重要内容和改革方向的未成年人司法，从历史发端之处便以社会控制论为基础，起源于国家治理的需要。作为未成年人司法重要内容并受到高度关注的未成年人公益诉讼，便是以法治思维和法治方式促进国家治理能力和治理体系现代化的产物。本书将其作为我国未成年人司法制度构建完善的一个重要内容进行论述，契合了我国社会发展和司法进程的内在要求。

（四）为我国未成年人司法制度的构建探寻理论基础，提供意见建议

作为从事未成年人检察工作的检察官，笔者常有对当前未成年人司

法理论研究与司法实践结合不够紧密的困惑。希望通过本书，对相关的域外经验、法学理论、实务困惑、疑难问题等进行梳理剖析，以明确未成年人司法中的检察职能，对完善未成年人司法制度提出针对性的对策与建议。

第一章　未成年人司法的概念、理论基础和原则

第一节　少年司法与未成年人司法的概念之辨

在未成年人司法研究领域，常有“儿童”“少年”“未成年人”几个不同表述对象的出现，也有“少年司法”与“未成年人司法”的不同术语称谓与争论，因此，在研究未成年人司法制度之前，有必要对该制度所指向的对象范围进行界定明晰，以便在同一语境下进行交流对话。

一、“儿童”“少年”“未成年人”概念的界定

“儿童”在《辞海》中的定义为：“较幼小的未成年人（年纪比‘少年’小）。”我国古代凡年龄大于婴儿而尚未成年的人都叫儿童，现代只指年纪小于少年的孩子。医学界将儿童规定为 14 岁以下作为医学观察年龄段，而联合国《儿童权利公约》界定“儿童”是指 18 岁以下的任何人。但同时联合国《青年权利公约》将“青年”界定为年龄介于 15 岁至 24 岁之间。根据我国《刑法》以及最高人民法院《关于审理拐卖妇女儿童犯罪案件具体应用法律若干问题的解释》等相关司法解释的规定，“儿童”是指不满 14 周岁的人。同时，我国《法定年节假日等休假相关标准》规定，儿童节（6 月 1 日），不满 14 周岁的少年儿童放假一天。由此可见，虽然我国批准加入的《儿童权利公约》规定，18 岁以下的任何人都是“儿童”，但在我国依照通说，“儿童”还是指不

满14周岁的未成年人。

“少年”在《辞海》中的定义为：“①年轻男子。②人十岁左右到十五六岁的阶段”。我国古代，“少年”主要指“青年男子”，与“老年”相对，而现在日常所称“少年”，则主要指介于童年与青年之间的年纪以及这样年纪的人。我国《宪法》第46条规定：“国家培养青年、少年、儿童在品德、智力、体质等方面全面发展。”这里将“青年”“少年”与“儿童”并列表述，但相关法律规定并未给这三者之间进行明确的年龄划分。而《中国少先队章程》规定，凡是6周岁到14周岁的少年儿童，可以加入少先队，这里将“少年先锋队”队员的年龄上限限定为14周岁，可见，“少年”与“儿童”并无绝对的年龄区分。应该说，我国一般所称“少年”，是指十岁至十五六岁的未成年人，大多处于初中教育阶段。

“未成年人”在《辞海》中的定义为：“没有达到法律规定的成年年龄的自然人。在我国，指未满18周岁的公民。”根据各国司法界定的不同，法定成人年龄在全世界大致可分为七档——从15岁到21岁不等，将18岁视为成人的国家或地区占绝大多数。我国《民法典》《未成年人保护法》也都明确规定，未成年人是指未满18周岁的自然人。

综上所述，可以看出，“未成年人”“少年”“儿童”三个概念存在包含和交叉关系。“未成年人”的概念最为明晰，包含并不限于“少年”“儿童”。“儿童”与“少年”均属于“未成年人”，一般情况下，“儿童”的年龄更小，“少年”的年龄更大，但二者之间并无明确的年龄界限区分，存在一定程度的交叉。因此，有时也会出现“少年儿童”的一体表述。同时，在特定的语境环境下，“儿童”“少年”与“未成年人”又可视为同一概念表述，如《儿童权利公约》中所称“儿童”，“少年司法”中所称“少年”，与“未成年人”其实为同一概念。

二、国外少年司法的概念

针对未成年人这一特殊对象群体所设立的司法保护制度和司法处遇

体系，最早起源于美国，后来在欧洲及日本等国得以迅速发展。在域外国家中，这项制度基本都被称之为“少年司法”，未成年人司法在英文中的表述一般为Juvenile Justice，按字面直译过来就是“少年司法”。我国学术界也多使用“少年司法”的概念，“据考证，‘少年司法’一词是在引介西方和日本未成年人法律制度的过程中出现的”。[①] 而各国对“少年司法”中“少年”的界定又不尽相同。“域外少年司法中经常出现儿童、青少年、青年、未成年人等称谓，其内涵大体一致。联合国文件中对儿童及少年的定义相当，均指未满18周岁的人。域外在少年范围划分及称谓选取上，依其文化传统、社会实践等的不同稍有区别。如美国各州规定不同，但少年多指不满18岁的人；德国的少年被划分为‘少年（行为时已满14岁不满18岁）’和‘未成年青年（行为时已满18岁不满21岁）’；日本的少年则指未满20岁的人；我国台湾地区则将少年规定为12周岁以上不满18周岁的人。”[②] 可见，国外“少年司法”中“少年”的概念与我国传统概念中的“少年”略有不同，其对象范围更广，类似于我国“未成年人”的概念。

需要注意的是，近年来在欧洲地区出现的“青少年司法”（Youth Justice）的概念，其中“青少年”取自Youth，我国学者往往将其翻译为“青少年”。“青少年”在我国学者研究的语境下，是指儿童转变到成人角色的过渡时期，包括14—17周岁的中学时期和18—25周岁的大学时期两个阶段。以英国青少年司法为例，英国少年司法在20世纪以前还沿用美国少年司法中的“少年”（Juvenile）概念，在1998年新工党上台以后，学者们明确提出了“青少年司法”（Youth Justice）的概念，其目的是回应现实中青少年犯罪治理范围的扩大，不仅局限于未满

---

① 苑宁宁：《未成年人司法的法理证成与本土建设研究》，载《河南社会科学》2020年第10期，第84页。

② 王顺安、王妍蓓：《少年司法处遇种类比较研究》，载《预防青少年犯罪研究》2018年第3期，第32页。

18 周岁的未成年人，还扩大到身心发育不成熟的成年初期，比如大学时期。这一转变与近年来心理神经科学的研究发现以及各国未成年人司法理念模式的转变都密切相关。

三、我国未成年人司法的概念选择

在我国司法界和学术界，“少年司法”和“未成年人司法”的概念经常混用。如前所述，“少年司法”的概念作为舶来品，在早期的未成年人司法领域被普遍适用，在学术理论研究中更是占据主导地位，从一定程度上讲，也是为了和域外相关司法制度及理论研究有同一对话语境。在司法实践中，基于“少年司法”而出现的“少年法庭”“少年警务”“少年犯管教所”等冠以“少年”的概念也被广泛接受。近年来，随着我国涉及未成年人的法律规范逐渐完善，“未成年人司法”的概念得以更多地被使用。这主要基于两方面，一方面，在我国现行法律中，基本使用的都是“未成年人”这一概念，而非“少年”的概念。如《未成年人保护法》《预防未成年人犯罪法》《民法典》《刑法》《刑事诉讼法》等。同时相关司法解释文件中也规范地使用“未成年人检察”“未成年人审判”的称谓，而非“少年检察”“少年审判”的称谓。相应的司法办案单元，也称之为“未成年人检察办案组”“未成年人案件审判庭”。另一方面，从前述分析可以看出，在我国，“未成年人”的概念更为明晰，即未满 18 周岁的自然人。而“少年”的概念界定相对不够清晰，且范围较窄，不能覆盖我国“未成年人司法”所指向的全部对象。也正是基于以上原因，笔者认为，虽然在其他国家及地区更多使用“少年司法”的概念，但从我国的国情和法律规定来看，使用“未成年人司法”的概念更为科学、准确。至于与国外“少年司法”的对话和相关理论研究，并无大碍，也不会影响将国外“少年司法”的先进制度、理念、经验引入我国未成年人司法制度。所以，本书统一使用“未成年人司法”的概念，仅在介绍国外相关司法制度时，依照习惯，出现“少年司法”的称谓。

第二节　未成年人司法的理论基础

一项司法制度的诞生必然有其一定的理论基础，并在科学理论的指导下不断发展完善，因此，对制度理论基础的研究，是科学构建并完善相应制度的前提。现代未成年人司法制度起源于美国，一般意义上，将1899年美国伊利诺伊州《少年法院法》（Juvenile Court Law）的出台和少年法院的诞生作为美国乃至世界现代未成年人司法制度产生的标志。自此以后，未成年人司法制度与成人司法“二元分立”，并在世界各国得以推广、发展。关于未成年人司法产生和发展的理论基础，论述颇多，主要有国家亲权理论、实证犯罪学理论、教育刑理论、恢复性司法理论等。

一、国家亲权理论

国家亲权理论是未成年人司法理论建构的基石。所谓“国家亲权理论”或称“国家亲权思想”，是指在未成年人司法中，国家应当积极履行保护未成年人的职责，国家应当超越父母亲权，以代理父母的角色，依照未成年人的最佳利益行事。学者将其内涵分为三个层面：其一，国家是未成年人的最终监护人；其二，在父母亲权不当履行时，国家亲权应当超越父母亲权；其三，国家在履行亲权责任时，应该以未成年人最佳利益行事。[①] 这三个层面同时也是未成年人司法国家亲权实践的要求，国家亲权的介入也有一定条件和限度，不是无限制的干预，需要处理好

---

① 参见肖姗姗：《少年司法之国家亲权理念——兼论对我国少年司法的启示》，载《大连理工大学学报（社会科学版）》2018年第4期，第91－98页。

与父母亲权的关系，以未成年人最佳利益为基本指导。

《元照英美法词典》对国家亲权的界定为“君主作为国父，对无行为能力需要保护的未成年人与精神病人行使监护人的职能”。国家亲权理论最早出现在古罗马希腊法律中。在古罗马法律中，国家亲权是指在自然父亲缺位的情况下，国家顶替其角色，或者为了国家利益以国家亲权干预阻却自然亲权，比如贫困儿童国家抚养、限制自然父权的粗暴运用。①“国家亲权”的天然对立是“父母亲权”，尤其对于未成年人而言，父母亲权是自然亲权，父母对子女有绝对的处置权，可以杀害、出卖、鞭打、役使、监禁等。在古罗马时期，未成年人是宝贵的人力资源，为了国家发展需要，古罗马国家建立了初步的国家亲权理念，通过一系列的改革取消了父母对子女的生杀权、卖子权、鞭打权以及监禁权，将父母亲权限制在家庭范围内的直接劳动方面。②

现代国家亲权则产生于英国衡平法理论，在一定程度上超越了自然亲权的范围，纳入了准亲权的内容，对未成年人劳动、教育问题进行国家干预。在英国衡平法中“国家是少年儿童最高监护人，而不是惩办官吏”。③ 根据英格兰《关于国王特权的法律》中规定，国王承担保护其臣民的监护义务，这里当然包括了保护未成年人的监护义务。除了传统自然亲权，还包括保护性管辖权的准亲权内容，比如授权对患有精神病的女儿进行绝育手术，禁止一名42岁男子与幼女通信等。④

国家亲权理论对未成年人司法的产生和发展都产生了深远的影响。

---

① 参见徐国栋：《国家亲权与自然亲权的斗争与合作》，载《私法研究》2011年第1期，第3－23页。

② 徐国栋：《国家亲权与自然亲权的斗争与合作》，载《私法研究》2011年第1期，第3－23页。

③ 周长军、李军海：《论未成年人犯罪的刑事责任——从亲权到“国家亲权”》，载《青少年犯罪问题》2005年第5期，第6－10页。

④ 徐国栋：《国家亲权与自然亲权的斗争与合作》，载《私法研究》2011年第1期，第3－23页。

1899年世界上第一个少年法院的诞生正是国家亲权理论的实践结果。美国伊利诺伊州《少年法院法》认为，国家需要对偏差和越轨少年进行救助和干预，少年法院以国家亲权理论为基础，由国家出面代替父母履行其特定监护权。一方面，国家亲权为独立未成年人司法的产生提供了理论根据，另一方面，国家亲权理论也随着各国未成年人司法制度的发展与儿童权利保护、儿童福利、正当程序等内容不断交融发展。国家亲权理论为国家介入未成年人保护、涉罪未成年人处置等提供了理论依据，与此同时，国家亲权在发展的过程中也吸收了儿童权利保护中的儿童权利和福利理念，促进了困难、困境儿童的救助保护制度；与刑罚理论和正当程序理论相互影响，为国家亲权在未成年人司法中的应用提供了程序保障。

二、实证犯罪学理论

实证犯罪学尝试回答未成年人犯罪的根本问题，即未成年人为什么犯罪？实证犯罪学中有关未成年人犯罪的研究为未成年人司法提供了理论基础。实证犯罪学是相对于古典犯罪学而言的。古典犯罪学派以理性人的自由意志为前提，认为犯罪行为是由人的自由意志决定的，在刑事责任的认定上注重行为人的犯罪行为，而忽视犯罪人自身的特质。实证犯罪学派采用科学方法研究犯罪人的体貌特征，并且进行归纳、总结，最后得出了犯罪人的一般特征，实证主义犯罪学否定自由意志，排斥刑罚，主张根据犯罪人的特点进行个别化的矫正和治疗。[①] 实证犯罪学在关于青少年犯罪研究中实际上包含着不同的理论，其中社会控制理论、社会支持理论、紧张理论、生命历程理论等都从不同理论视角出发，围绕未成年人犯罪预防和犯罪干预进行了实证理论的探究，对未成年人司

① 参见曹震南：《古典犯罪学派和实证犯罪学派的差异》，载《净月学刊》2013年第2期，第76－80页。

法的发展起着重要的促进作用。

（一）社会控制理论

社会控制理论由美国犯罪学家赫希（Travis Hirschi）提出。赫希在《少年犯罪的原因》一书中提出，人之所以不犯罪，是在社会化过程中形成各种社会控制机制（社会键）的结果。① 社会控制理论认为“社会联系”（Social Bond），即个人与传统社会之间的联系，可以阻止个人进行违反社会准则的越轨行为。青少年与社会联系薄弱或者破裂是其走上犯罪的原因之一。社会控制理论中的社会联系主要包含四个相互关联的元素：依恋（Attachment）、奉献（Commitment）、参与（Involvement）和信念（Belief）。② 根据该理论，增强社会联系可以预防和减少青少年越轨行为的发生。社会控制理论为未成年人司法教育矫治越轨少年提供了理论和方法的支持。近年来，我国学者也在校园欺凌、青少年犯罪矫正以及再社会化等方面得到了实证验证，表明该理论也是适用于我国未成年人司法的。③

（二）社会支持理论

社会支持理论为未成年人司法中社会多方力量的介入以及其他专业干预提供了理论基础。基于对社会控制理论塑造的外在性控制和强迫性控制的被动预防形象的不满，美国犯罪学家弗兰西斯·卡伦（F. T. Cullen）

---

① 参见林崇德：《心理学大辞典》，上海教育出版社2003年版。

② 参见沈吟徵、钟华：《赫希的社会控制理论与中国城市青少年的越轨行为》，载《净月学刊》2015年第1期，第104-112页。

③ 参见郭晓红：《未成年犯罪人社区矫正的路径选择——以社会控制理论为视角》，载《法学杂志》2014年第7期，第62-70页；张青瑞、迟萍萍、宋占美：《社会控制理论视野下的青少年犯罪预防研究》，载《云南民族大学学报（哲学社会科学版）》2016年第4期，第118-121页；李玲、张兵娟、王涵：《社会控制理论视角下中学生校园欺凌成因及预防对策研究》，载《中国电化教育》2018年第8期，第1-8页。

将以积极预防姿态示人的社会支持理论引进犯罪学视域。[①] 社会支持理论认为应当重视在问题中的个人的社会网络以及获得支持的程度，协助个人发展或维持社会支持网络，以提升其因生活压力导致的事件的资源。[②] Cohen 和 Wills 根据社会支持所提供资源的不同性质将社会支持分成四类：其一，尊重的支持，即个体被他人尊重和接纳；其二，信息支持，即有利于对问题事件进行说明、理解和应对支持；其三，社会成员身份，即能够与他人共度时光，从事消遣或娱乐活动。这可以满足个体与他人接触的需要，转移对压力问题的忧郁或者通过直接带来正面的情绪影响来降低对压力的反应；其四，工具性支持（Instrumental Support），即提供财力帮助、物资资源或所需的服务。[③]

（三）紧张理论

紧张理论也是实证犯罪学派用来解释青少年犯罪原因的主要理论之一。紧张理论最初是由美国社会学家罗伯特·默顿（Robert King Merton）提出的，其后由后续学者的研究不断推进，该理论认为当社会文化将财富水平当成衡量成功的标准，而个人又缺乏合法手段来取得物质上的成功时，就会产生紧张，在此情况下，人们可能为了达到获取物质的目标而选择不合法的手段。[④] 根据该理论，青少年受社会环境的影响，也会对物质条件具有更大的期望和更多的渴望。当其期望越高、自身所具备的机会和条件又不足的情况下，两者之间的落差将会产生紧张，紧

---

① 参见崔海英：《社会支持理论蕴含的未成年人犯罪危险因子探讨》，载《净月学刊》2017 年第 1 期，第 32 – 37 页。

② 参见曾培芳：《我国青少年犯罪预防和矫正理论与实践模式的整合——以社会控制与社会支持为视角》，载《江西社会科学》2007 年第 12 期，第 173 – 177 页。

③ 参见管向梅：《青少年犯罪原因剖析——以社会支持理论为分析视角》，载《社会工作》2006 年第 10 期，第 29 – 32 页。

④ 参见张金武、刘念：《紧张理论视觉下的青少年犯罪原因实证研究——以广州地区为例》，载《青少年犯罪问题》2014 年第 3 期，第 58 – 68 页。

张程度越高的青少年，就越有可能采取犯罪行为去解决这个落差、满足自己的期望。

（四）生命历程理论

生命历程理论是实证犯罪学派近年来的最新发展，相比前文提到的社会控制、社会紧张等理论，也被称为发展犯罪学理论。该理论以生命历程的发展为视角，通常通过纵向的研究，探索在生命中的不同阶段影响未成年人走上犯罪道路的影响因素。美国犯罪学家谢尔登·格鲁克（Sheldon Glueck）和埃利诺·格鲁克（Eleanor Glueck）夫妇被称为该理论的奠基人，他们采用心理学方法对未成年犯罪人进行了一项纵向研究，连续追踪了部分犯罪人，探究社会、生理和心理因素对预测他们持续犯罪的影响。[①] 该理论在后续学者的推动下仍在不断发展，相关的研究结果已经对未成年人司法产生了深远的影响。生命历程理论将解释犯罪方式置于个体的生命历程中来考量，解释了为什么有些人比其他人更容易犯罪，为什么有些群体比其他群体有更高的犯罪率。该理论的发展视角对于未成年人犯罪的相关研究是至关重要的。因为未成年人身心尚未发育成熟，处于不断的变化之中，采用发展或者生命历程的视角能更好地体现未成年人发展性的特点。该理论的分支研究——美国犯罪学家劳布（John H. Laub）和桑普森（Robert J. Sampson）的逐级年龄非正式社会控制理论，以人的生命历程为视角，用非正式社会控制因素来解释童年期、青春期以及成人期的越轨和犯罪行为改变，认为许多因素，特别是与家庭、朋友、学校的社会联系的弱化（非正式控制因素）以及个体与可提供社会资本的社会机构之间社会关系的破坏，对于犯罪行为的发生具有重要性。该理论特别强调在生命历程中扮演转折点的关键事件

---

① 参见马岩、张鸿巍：《生命历程理论视野下的未成年人犯罪防控》，载《犯罪防控与平安中国建设——中国犯罪学学会年会论文集（2013 年）》，中国检察出版社 2013 年版，第 589 - 598 页。

有助于个体远离犯罪。①

三、教育刑理论

教育刑理论认为，刑罚不是对已然之罪的惩罚，而是对未然之罪的预防，主张通过教育改变犯罪人的思想，防止其再次犯罪，帮助其重新复归社会。相较于建立在行为基础上的报应刑，教育刑更关注行为人本身，强调特殊预防，目的是预防犯罪，这一点契合了未成年人的生理、心理发育的特殊性，也为预防未成年人犯罪，重新走上正常的生活成长轨迹提供了理论基础。德国学者阿尔布莱希特认为“尽管少年也应对犯罪负责，但最为根本的还是对其教育和使其康复，对少年的处理不是建立在其罪行或者罪行的严重程度之上，而是建立在少年犯罪者及其需要之上。”②

教育刑理论的代表是德国学者弗朗茨·冯·李斯特（Franz von Liszt），他认为最好的社会政策就是最好的刑事政策，主张改变报应刑主张的罪刑法定主义，以教育刑取代报应刑。以教育刑理论为代表的学派也被称为刑事新派，刑事新派理论在犯罪原因论、犯罪论和刑罚论等方面与刑事旧派有着本质的区别。刑事新派理论否认建立在理性人自由意志基础上的犯罪原因论，认为犯罪是由犯罪人的个体素质和社会环境共同决定的，犯罪人的性格、爱好、环境等在犯罪中起着重要的作用。③在犯罪论方面，刑事新派理论关注的重点不再是行为，而是行为人。意大利法学家加罗法洛（Baron Raffaele Garofalo）提出对罪犯的考察不应局限于其行为的客观危害结果，而应将“立法者的注意力引向罪犯者本

---

①　参见崔海英：《生命历程理论对未成年人犯罪危险防控的启示》，载《预防青少年犯罪研究》2017年第1期，第5－12页。

②　陈希：《教育刑理念下我国少年司法体系的完善》，载《中州学刊》2017年第6期，第46－52页。

③　参见杨新慧：《刑事新派理论与少年法》，西南政法大学2016年博士学位论文。

人，而不是犯罪行为，并且根据比较重要的目的因素来推动刑法的进步，保持刑法的尊严。”① 在刑法论方面，刑事新派理论主张预防而非报应，认为刑罚的本质是教育而非惩罚，主张通过对犯罪人的教育，避免其再次犯罪，通过防卫社会，教育挽救罪犯个人。教育刑理念的哲学基础在于犯罪人是可以被教化的，这与教育刑理念所持的犯罪原因论是一致的，通过教育可以改变导致犯罪人走上犯罪道路的个体和环境因素，可以预防犯罪人再次犯罪，帮助其康复。

虽然教育刑理论在我国成人刑事司法中一致备受争议，但是教育刑理论与未成年人司法有些天然的亲和，与未成年人司法教育挽救的理念有内在一致性，因此成为未成年人司法重要的理论基础之一。首先，教育刑理论所主张的科学实证主义，为探究未成年人犯罪的个人和社会因素提供了理论支持，域外未成年人司法的实践也都将科学的社会调查作为未成年人司法的重要前置程序。其次，教育刑理论主张教育矫正、观护、专门处遇等非监禁刑罚，为未成年人科学处遇提供了理论根据。教育刑理论主张的非监禁刑罚要求将成人罪犯和未成年人罪犯分别监禁，为独立未成年人刑罚和处遇机构的建立铺平了道路。最后，教育刑理论主张的预防目的促成了未成年人司法特殊的理念和原则，为未成年人司法的独立发展奠定了基础。

四、恢复性司法理论

恢复性司法在西方国家刑事司法以及未成年人司法实践中被广泛适用，是未成年人司法的重要理论基础之一。对于我国刑事司法而言，恢复性司法（Restorative Justice）是一个舶来品，其核心在于“恢复”，主张通过适当的赔偿使被害人得到救济，实现犯罪人与被害人的和解并使

① 杨新慧：《论少年法的理论源流》，载《南昌大学学报（人文社会科学版）》2019 年第 6 期，第 25－32 页。

犯罪人融入到他所在的社区和家庭当中，恢复被犯罪破坏的社会关系和家庭关系。[①] 我国学者认为恢复性司法理论实际上包括两个层面：其一，从程序层面指恢复性司法程序，重在强调程序的恢复性；其二，从价值层面，区别于传统的惩罚性司法，重在强调其治疗和非伤害性。[②] 恢复性司法的目标是恢复平等的社会关系，修复被犯罪破坏的社会关系。在恢复性司法模式中，加害人、被害人和社区是其运行的核心，被害人与加害人和解、家庭团体会议、量刑圈、社会矫正帮教、人民调解等都是恢复性司法理念的具体表现形式。

从本质上说，恢复性司法理论是建立在实证犯罪学派的目的刑罚理论、犯罪被害人理论、标签理论等的基础之上。[③] 因而，恢复性司法理论所主张的恢复性的程序和修复治疗理念与未成年人司法所要追求的非监禁、教育性的司法目标是一致的，而且在具体的方法运用上，通过赔偿、和解、协商会议等方式修复被犯罪行为破坏的社会秩序和社会关系，也更有利于未成年人改过自新，重新复归社会。恢复性司法理论在未成年人司法中的运用也有很多成功的典范，比如新西兰土著毛利人规定司法机关在青少年犯罪案件中要尽可能地使用恢复性司法方式，而以正规刑事司法程序作为补救。

恢复性司法理念是西方国家未成年人司法在福利模式和惩罚模式之外的一种折中选择，或者说恢复性司法理念在这两种模式中均有所体现。一方面，恢复性司法理论认为未成年人应该为自己的犯罪行为积极承担责任，是对惩罚模式中责任内涵的肯定；另一方面，恢复性司法理论又对惩罚模式中的责任进行了形式的弱化，不单强调惩罚的责任，而

---

① 参见刘东根：《恢复性司法及其借鉴意义》，载《环球法律评论》2006 年第 2 期，第 236－242 页。

② 参见刘方权：《恢复性司法：一个概念性框架》，载《山东警察学院学报》2005 年第 1 期，第 31－36 页。

③ 参见唐芳：《恢复性司法的困境及其超越》，载《法律科学（西北政法学院学报）》2006 年第 4 期，第 55－63 页。

且从被害人和社区角度出发，重在通过修复被损害的社会关系来弱化惩罚的色彩，恢复性司法的目标不是惩罚而是重在修复。基于此，各国未成年人司法都推出了不同形式的恢复性司法措施，修复的理念在各国未成年人司法中都有充分的体现。比如，恢复性司法理论就是英国未成年人司法的重要理论基础。英国青少年司法中的合适成年人制度、青少年犯罪小组、转处令、恢复令等都是恢复性司法理念的体现，其中青少年犯罪小组中要求社区的人员参与罪错未成年人处遇，青少年犯罪小组可以作出具有修复性质的转介令，通过非刑罚、非监禁的方式，对未成年人进行教育矫正。①

第三节　未成年人司法的基本原则

一、最有利于未成年人原则

最有利于未成年人原则是我国未成年人司法的首要基本原则。最有利于未成年人原则源自《儿童权利公约》中的“儿童利益最大化”，被我国《民法典》以及《未成年人保护法》吸收，确立为我国未成年人司法的基本原则。最有利于未成年人原则的内涵是指在处理涉及未成年人事项时，应优先考虑未成年人的各项合法权益和需求，所采取的措施应保障其能够健康成长。宋英辉教授从三个方面阐释了最有利于未成年人原则的基础地位。首先，最有利于未成年人原则为处理一切涉及未成年人事项提供了基本遵循，任何涉及未成年人保护工作的机关、单位等都应秉持最有利于未成年人的基本理念，遵循该基本原则。其次，从法律解释的角度阐释了该原则的作用，当不同部门法之间或同一法律不同

---

① 参见史立梅、张丽霞：《基于犯罪预防的多机构合作策略与实践——来自英国的经验及其启示》，载《刑法论丛》2020 年第 2 期，第 504－539 页。

条款之间，涉及未成年人事项的法律规定可能存在冲突或矛盾时，应以该原则为基本方向，作出最有利于未成年人的解释。最后，有关未成年人司法的具体规则，也应该以该原则为指导，以进一步促进未成年人司法体系的完善。①

最有利于未成年人原则是“儿童利益最大化”的本土化表达。要深刻把握最有利于未成年人原则的基本内涵需要深入理解“儿童利益最大化”的基本内涵。儿童利益最大化理念最早出现在联合国 1959 年的《儿童权利宣言》中，该宣言提出“以儿童最大利益为首要考虑”。② 1989 年《儿童权利公约》将其确定为各国有关未成年人立法、司法的基本法律原则。该公约第 3 条第 1 款规定：“关于儿童的一切行动，不论是由公私社会福利机构、法院、行政当局或立法机构执行，均应以儿童的最大利益为一种首要考虑。”儿童利益最大化是该原则的核心表达，学界也有将其翻译为儿童最佳利益原则。儿童利益最大化起源于自然法中的家庭法传统，是儿童权利脱离父权独立觉醒和儿童权利保护实践不断发展的结果。儿童利益最大化不再以父母利益、社会利益为先，而是要求在涉及儿童有关事务时，以儿童利益为本位，最大限度地保护儿童的最大利益。③ 何为“儿童的最大利益”，联合国儿童权利委员会并未给出明确的阐释，但是结合《儿童权利公约》，儿童的最大利益理应涵盖权利公约所规定的所有儿童权利，尊重和实现儿童权利是儿童最大利益的应有之义。我国有学者认为“最大利益”应该包括两方面的内涵，

---

① 参见常锋、郑志恒：《最有利于未成年人原则的阐释与落实——专访北京师范大学未成年人检察研究中心主任宋英辉》，载《人民检察》2022 年第 10 期，第 24－30 页。

② 参见陈奇伟、邱子芮、来文彬：《论“儿童利益最大化”在家事立法与司法中之贯彻与完善》，载《南昌大学学报（人文社会科学版）》2020 年第 5 期，第 83－92 页。

③ 参见肖姗姗：《儿童最佳利益原则——兼论对我国少年法的启示》，载《学习与实践》2019 年第 9 期，第 70－80 页。

一是应将未成年人视为拥有权利的个体；二是未成年人利益必须高于成年人社会利益。①

我国学者也对最有利于未成年人原则的内涵进行了阐释。学者陈奇伟等认为，可以从国家、社会和司法实践三个层面理解原则，在国家层面确立该原则的基本地位，在社会和司法实践层面将其作为处理儿童事务的准则，全面考虑儿童的实际情况，将最有利于儿童利益贯彻到立法、司法全过程。② 宋英辉教授则进一步提炼总结，提出最有利于未成年人原则的适用需要建立在充分掌握未成年人基本情况，对其做出科学的评估和衡量，进而选择最有利于未成年人的措施。他认为"最有利于"包括两个层面，一是考量未成年人各项合法权益时，应将其中的最大利益作为首要考虑，经全面综合权衡后，选择对未成年人最为有利的做法。二是"最有利于"的措辞也反映出未成年人利益并非总是单一的、高于一切的考量因素，而是经过评估权衡后的结果。③ 王广聪检察官认为适用最有利于未成年人原则，应当明确该原则的基础理念，将"保护和教育相结合"作为根本目标，尊重未成年人权利主体地位，适应未成年人身心发展的特点和规律，强化该原则司法适用的规则体系建设，通过操作性规则推进特殊保护、优先保护分层次地落实；应当注重协调特殊规则之间的冲突，以原则克服规则适用的局限；应当注意控制原则适用的司法权力，保持司法积极作为与理性克制之间平衡，最终推

① 参见郭开元：《论〈民法典〉与最有利于未成年人原则》，载《中国青年社会科学》2021 年第 1 期，第 118－125 页。

② 参见陈奇伟、邱子芮、来文彬：《论"儿童利益最大化"在家事立法与司法中之贯彻与完善》，载《南昌大学学报（人文社会科学版）》2020 年第 5 期，第 83－92 页。

③ 参见常锋、郑志恒：《最有利于未成年人原则的阐释与落实——专访北京师范大学未成年人检察研究中心主任宋英辉》，载《人民检察》2022 年第 10 期，第 24－30 页。

动形成最有利于未成年人原则的规则化、开放性的司法适用体系。①

二、教育为主、惩罚为辅原则

教育为主、惩罚为辅原则是我国法律确立的对实施犯罪行为的未成年人追究刑事责任的基本原则。虽然我国没有专门未成年人刑事司法，但是教育为主、惩罚为辅基本原则在我国 1991 年《未成年人保护法》、1999 年《预防未成年人犯罪法》中都有所体现。2012 年我国《刑事诉讼法》修订时设立未成年人特别程序，再次重申该基本原则，其中第 266 条规定："对犯罪的未成年人实行教育、感化、挽救的方针，坚持教育为主、惩罚为辅的原则。"②

教育为主、惩罚为辅，实际上也是我国宽严相济刑事政策的体现。该原则最初体现为我国刑法中所要求的"惩办与宽大相结合"的刑事政策，比如我国刑法规定"未成年人不适用死刑""从轻从宽处罚"。随着其内涵的不断发展，在未成年人刑事司法领域逐渐演变为"教育为主、惩罚为辅"基本原则。随后，最高人民检察院、最高人民法院、公安部等相继出台了一系列有关办理未成年人犯罪案件的意见和文件，进一步丰富了教育为主、惩罚为辅原则的基本内涵。所谓"教育为主"，即要求司法机关在办理未成年人刑事案件时，要充分考虑到未成年人特有的年龄特征及生理、心理特征，在办案过程中对未成年人进行有针对性的教育，以达到"感化和教育"的目的。所谓"惩罚为辅"，不等于不惩罚，但惩罚的目的是使未成年犯罪人吸取教训，改过自新。惩罚只是辅助手段，教育和挽救才是根本目的。③

---

① 参见王广聪：《论最有利于未成年人原则的司法适用》，载《政治与法律》2022 年第 3 期，第 134 - 147 页。

② 2018 年修订刑事诉讼法后，相关内容调整为第 277 条。——编者注

③ 参见肖姗姗：《中国特色未成年人司法体系的构建》，中南财经政法大学 2018 年博士学位论文，第 182 - 183 页。

教育为主、惩罚为辅原则虽然主要适用于未成年人犯罪或者办理未成年人刑事案件，但是该原则建立的基础乃是承认未成年人的特殊性，要求司法体系特殊对待未成年人。考虑到未成年人身心的不成熟性和发展性，秉持该原则有利于未成年人的健康成长，于未成年人本身，于国家发展而言都至关重要。加之，近年来，随着刑事司法中犯罪结构的变化，刑罚的轻缓化、非监禁刑罚成为主流，譬如刑事司法中的认罪认罚从宽、未成年人附条件不起诉等都是这一刑罚理念和趋势的体现，因此在我国未成年人司法中确立该原则是十分必要的。此外，学者们也提出了该原则的局限，建议对该原则进行调整和完善。有学者认为应该将保护理念再纳入其中，提出“教育为主、惩罚为辅，兼顾保护”。① 还有学者提出该原则在具体的落实过程中没有嵌入具体的程序，缺乏福利化的支持，建议对其进行福利化改造“保护优先，福利为底”。② 笔者认为，这些观点有其合理之处，在该原则中纳入保护和福利理念有利于完善该原则的具体内涵，扩大该原则的适用，使得该原则不再局限于未成年人刑事司法，而是作为整个未成年人司法体系的基本原则。

三、双向保护原则

双向保护原则强调对罪错未成年人和社会的双向保护，也是未成年人司法的基本原则之一。双向保护原则的基本内涵主要是两个方面：一方面，国家应当对罪错未成年人进行教育和惩戒，通过刑事司法追究罪错未成年人的责任，实现程序和实体的正义，进一步达到保护社会利益，稳定和防卫社会的效果；另一方面，强调保护未成年人的特殊利益，基于罪错未成年人生理心理特征，通过个别化处遇、教育帮教等措

---

① 肖姗姗：《中国特色未成年人司法体系的构建》，中南财经政法大学 2018 年博士学位论文，第 182 页。

② 王广聪：《“教育为主、惩罚为辅”刑事政策的福利化改造》，载《青少年犯罪问题》2019 年第 6 期，第 52－57 页。

施，保护未成年人的根本利益。这两个方面相辅相成，保护未成年人和保护社会是统一的，保护未成年人利益也是为了更好地保护社会利益。①

该原则最初是由《联合国少年司法最低限度标准规则》确定的。1985年联合国第七届预防犯罪和罪犯待遇大会通过《联合国少年司法最低限度标准规则》（也称《北京规则》），《北京规则》第1条第4款明确规定："少年司法应视为是在对所有少年实行社会正义的全面范围内的各国发展进程的一个组成部分，同时还应视为有助于保护青少年和维护社会的安宁秩序。"双向保护原则本质上还是在强调要对未成年人进行特殊保护，尤其是在刑事司法过程中。该原则的确立为少年司法在福利和惩罚之间的徘徊提出了折中的方案，在各国少年司法中均有所体现。英国少年司法委员会运营的基本理念是"首先他们是孩子，其次才是犯罪人"，对罪错未成年人首先要承认他们是身心尚未成熟的孩子，要保护未成年人的利益，其次才是考虑将其作为犯罪人进行教育矫正。诚然，在保护未成年人的同时，保护社会利益也不可忽略。低龄恶性犯罪是各国未成年人司法面临的共同问题，低龄恶性犯罪使民众对一味宽缓的保护持怀疑态度，后现代风险社会使得这种威胁更加紧迫，各国未成年人司法也都在积极寻求保护少年利益的同时兼顾保护社会。

双向保护原则也被我国未成年人司法积极吸收，在我国未成年人司法实践中得以确立。我国未成年人司法中的双向保护，更加强调在维护涉罪未成年人合法权益的同时，要注重保护未成年被害人的权益。2023年，最高人民法院、最高人民检察院、公安部、司法部联合发布《关于办理性侵害未成年人刑事案件的意见》，在总则部分明确提出"办理性侵害未成年人刑事案件，应当坚持双向保护原则，在依法保护未成年被害人的合法权益时，也要依法保护未成年犯罪嫌疑人、未成年被告人的合法权益。"双向保护原则在我国未成年人刑事司法实践中不断深化，

---

① 参见王仙菊：《试论我国未成年人司法中的双向保护原则》，载《文化学刊》2019年第6期，第177－179页。

最高检在全国检察机关未成年人检察工作会议上提出新时代对未成年人检察工作的要求，“要加强双向保护，既维护涉罪未成年人合法权益，也维护未成年被害人的权益，维护社会秩序和公共利益。”

虽然双向保护是未成年人司法工作者的共识，但是在具体的司法实践中，如何处理保护涉罪未成年人和未成年被害人以及保护未成年人和保护社会之间的关系，是贯彻落实该原则的重要内容。有学者认为，在现代社会，法律个人导向使得刑事司法倾向于保护个人权益，而忽略法律实践的社会效能，建议通过平衡权利保护和惩罚教育、修复被破坏的关系、完善社会监管体系等来寻求双向保护的平衡。①

四、司法机关专门化原则

司法机关专门化原则旨在应对新时代对司法适用科学化和高效化的诉求，其主要路径包括建立专门的司法机构如审判庭等，对专门案件进行集中管辖和审理以及建立专门的法院。② 鉴于未成年人司法的复合性，需要以该原则为指导成立专门的机构，由具有未成年人专门知识的人来推进未成年人司法工作。未成年人司法不同于成人司法，要求在传统闭合刚性的以成人为主的司法机构中，设立专门的柔性复合型的专门机构，以应对未成年人司法教育、感化、挽救未成年人的基本方针的具体要求。

司法机关专门化在未成年人司法的产生和发展中也起着重要的作用。从世界上第一个少年法院诞生起，未成年人司法机关专门化的改革在各国未成年人司法中均有体现。为了更好地实现未成年人司法特殊的价值目标，各国未成年人司法基本上均成立了专门的机构，以应对未成

---

① 参见邓泉洋、汪鸿波：《我国未成年人“双向保护原则”的实践困境及破解之策》，载《中国青年研究》2020 年第 5 期，第 100－106 页。

② 参见张玮：《区域间经济协作司法适用专门化的路径思考——基于对专门法院角色的分析》，载《上海法学研究》2021 年第 14 卷，第 92－102 页。

年人保护和犯罪预防工作，比如专门的少年警务、少年检察、少年审判到专门的少年处遇、监禁机构等。19 世纪，伴随美国少年司法改革运动，德日等国的少年司法改革也开始展开，专门的司法机构探索之路也开始发展。1908 年法兰克福成立了第一个专门审理少年犯罪案件的法庭，少年案件的侦查与起诉权被授予特定的检察官，专门的少年检察官制度也产生了。1922 年，日本少年法确立了检察官先议以及少年审判所专门审判。①

未成年人司法机关专门化也是我国未成年人司法工作的重要原则。近年来，最高人民检察院、最高人民法院、公安部等也在不断推进机构改革，建立专门未成年人警务、未成年人检察、未成年人审判机构。2018 年最高人民检察院进行内设机构改革，成立了专门负责未成年人检察工作的第九检察厅，地方检察机关跟进落实，设立专门的未成年人检察机构。2020 年最高人民检察院发布的《关于加强新时代未成年人检察工作的意见》也明确提出要有序推进未成年人检察业务集中统一办理。2020 年最高人民法院颁布了《关于加强新时代未成年人审判工作的意见》积极探索未成年人专门审判机构的实现路径，提出“深化涉及未成年人案件综合审判改革，将与未成年人权益保护和犯罪预防关系密切的涉及未成年人的刑事、民事及行政诉讼案件纳入少年法庭受案范围。”当然，司法机关专门化原则不仅体现为专门的未成年人警务、未成年人检察、未成年人审判机构，还包括未成年人保护、预防未成年人犯罪、教育矫正以及惩罚监禁的专门机构。司法机关专门化原则体现在未成年人司法的全过程，在不同的司法阶段秉持共同的未成年人司法理念，设立专门的机构由具备未成年人专业知识的人员集中处理未成年人相关实务。

---

① 参见刘灿华：《德国、日本少年司法制度的变迁及其启示》，载《时代法学》2011 年第 6 期，第 101－111 页。

五、社会支持协同原则

正是社会治理的功利需要催产了未成年人司法，未成年人司法的产生、发展都与社会参与和支持密切相关。① 由于未成年人司法关注的不仅仅是行为，还是背后的身心尚未发育成熟的未成年人本身，更好地促进未成年人的健康发展离不开社会的支持。同时由于未成年人司法社会支持具有综合性，不是单个部门可以完成的，因而需要多部门合作、多部门协同。我国学者认为可以从社会互动关系来理解社会支持，社会支持不仅仅是一种单向的关怀或帮助，它在多数情形下是一种社会交换，是人与人之间的一种社会互动关系。② “协同”则是从治理角度出发，要求打破学科壁垒，进行跨部门跨机构的合作协同。③ 具体到未成年人司法，社会支持协同原则要求在充分培育社会资源的基础上，建立未成年人司法社会支持体系，未成年人司法不同部门共同参与协同治理，落实国家监护责任，联合不同部门围绕未成年人工作进行跨部门、跨地区的合作。

社会支持协同原则是未成年人司法发展的内在动力。未成年人出现罪错行为，究其根源都与其生活的社会背景密切相关，许多未成年人犯罪是因为物质匮乏，家庭教育不当或者缺乏，或受不良同伴影响等。从未成年人犯罪的原因分析，影响其走上犯罪道路的因素是多种多样的，需要社会多方的协同治理。④ 构建未成年人司法多元化的社会支持体系，

---

① 参见林晓萌：《国家治理现代化视域下的少年司法社会支持体系：价值、立场及路径》，载《当代青年研究》2021 年第 1 期，第 46 - 52 页。

② 参见全宏艳：《社会支持研究综述》，载《重庆科技学院学报（社会科学版）》2008 年第 3 期，第 69 - 70 页。

③ 参见黄思棉、张燕华：《国内协同治理理论文献综述》，载《武汉冶金管理干部学院学报》2015 年第 3 期，第 3 - 6 页。

④ 参见崔海英：《社会支持理论蕴含的未成年人犯罪危险因子探讨》，载《净月学刊》2017 年第 1 期，第 32 - 37 页。

可以从国家和个人层面为未成年人提供充分的社会支持。国家、社会、家庭、学校、邻里、社区等在对未成年人的社会支持方面都可以发挥相应的作用，不同部门需要协同合作，共同致力于未成年人的健康发展。

社会支持协同也是未成年人司法规律的要求。我国学者认为保障儿童最佳利益的“责任伦理”是少年司法社会支持主体责任中政府主导、社会力量广泛参与的伦理基础，也是平衡“国家亲权”与“父母亲权”的伦理依据。社会力量对未成年人进行社会支持的过程中，应当遵循平等与尊重、接纳与认可、赋权与发展等基本伦理规范，以最大限度地保障儿童最佳利益。①

社会支持协同原则是未成年人发展的现实需要。虽然我国《未成年人保护法》《预防未成年人犯罪法》《刑事诉讼法》等都专门规定了与社会支持相关的内容，比如《刑事诉讼法》中的未成年人刑事案件诉讼程序专章中社会调查制度、合适成年人制度、附条件不起诉制度、犯罪记录封存制度等的实施都离不开社会的支持和协同，但是在具体的司法实践中，未成年人司法社会支持还面临着多方困难，各部门在未成年人保护和犯罪治理方面尚没有形成合力。另外，受制于地方经济水平而发展不均衡，统筹未成年人司法社会支持协同的部门缺位、资源链接机制不健全以及青少年专业社工力量和资金保障不足等原因限制，难以实现未成年人司法协同治理的目标。学者提出可以从政府、社会、社会组织出发，构建可持续发展的未成年人司法社会支持体系，制定社会力量参与未成年人司法的法律规范，增强社会力量有序参与的规范化；设置未成年人综合保护部门以统筹社会支持体系建设；探索制度化多元化的资金支持途径，特别是政府购买社会组织服务的制度化和规范化。② 近年

---

① 参见宋志军：《儿童最佳利益：少年司法社会支持体系之伦理议题》，载《浙江工商大学学报》2019 年第 5 期，第 60 – 70 页。

② 参见宋志军：《社会支持体系建设的着力点》，载《人民检察》2017 年第 22 期，第 47 页。

来，由最高人民检察院牵头推动的未成年人检察社会支持体系的建设，开始探索我国未成年人司法社会支持协同发展的路径。2018 年 2 月，最高人民检察院与共青团中央联合签署的《关于构建未成年人检察工作社会支持体系合作框架协议》是我国未成年人司法社会支持协同发展的重要成果之一。

第四节　未成年人司法基本原理与检察制度的契合

从上述未成年人司法的理论基础、基本原则和检察制度的发展渊源、职能定位等多个方面来看，未成年人司法基本原理与检察制度都具有很强的契合性。检察机关推动未成年人司法的建设和发展，是其自身职能定位的应有要求和必然需要。

一、检察制度起源与检察官的职能定位

从检察制度的起源与检察官的职能定位来看，监督未成年人保护相关法律的正确实施，是检察机关作为法律监督机关的份内职责；确保未成年人合法权益得到特殊、优先保护，则是检察官人权保障工作的重要内容。

以古今中外的多元视角进行观察可以发现，我国检察制度具有三重起源。

第一，从世界范围来看，一般认为，现代检察制度起源于 13 世纪的英国与法国。① 英国与法国当时的一个共同特征就是都处于封建割据状态。与此社会状况相应的是司法管辖的不统一，除了王室法院，还有

① 对此学术界有不同认识。部分学者认为，现代检察制度只起源于法国，英国检察制度形成较晚，是在法国检察制度借鉴和改造基础上形成的，英国不是现代检察制度的起源。

领主法院、庄园法院、教会法院等机构分别对领地居民行使司法权，王室法院只能管辖王室领地内的案件。后虽经一系列旨在强化王室权威的司法改革，如司法令状、陪审制度等，使一些重大案件的管辖权专属于王室法院，但仍有部分案件由其他法院和王室法院享有平行管辖权。由于这种司法的不统一性，国王为了维护自己的利益不得不借鉴罗马法的代理人制度，向各种法院派驻代理人以应对危害国王利益的诉讼，加强各种税收的征收，监督赎金和各种罚没的执行。这些代理人也就是现代检察官的起源。① 具体到大陆法系，检察制度经过初期的发展后，正式诞生于法国大革命。1808 年的《法国刑事诉讼法典》全面规定了检察官在刑事诉讼中的地位和职权。此后的两百年间，法国检察制度的基本格局没有大的变化。这一制度随着法国大革命的影响广泛传播。时至今日，凡属大陆法系国家，如德国、意大利和日本，都大体上沿袭了法国式的检察制度。② 由此可以看出，西方国家的检察制度在很大程度上生发于司法制度之中，检察官主要在诉讼程序尤其是刑事诉讼程序中发挥作用。这与我国检察制度有较大的差异。

第二，对中国古代法律制度进行梳理可以发现，类似于检察制度的权力监督制度在我国具有悠久的历史。首创于秦代的御史制度，是以作为中央政权重要组成部分的御史台为中心，由其他监察性机关和官员相辅助，主要行使对行政和司法的监察权力的一种古代法律制度。③ 御史的基本职能是纠察百官、追究官吏犯罪，拥有侦查、逮捕、审判等广泛的权力。④ 以现代视角来看，御史行使的职权中就包括对各类行政主体

---

① 参见樊崇义主编：《检察制度原理》，中国人民公安大学出版社 2020 年版，第 15 – 16 页。

② 参见姜伟主编：《中国检察制度》，北京大学出版社 2009 年版，第 3 – 4 页。

③ 参见龙宗智：《检察制度教程》，法律出版社 2002 年版，第 48 页。

④ 参见朱孝清：《中国检察制度的几个问题》，载《中国法学》2007 年第 2 期，第 108 – 131 页。

的法律监督。[①] 从中可见，我国检察机关的法律监督职能既是学习域外经验的产物，也在很大程度上受到了本土传统法律文化的滋养。

第三，从我国引入检察制度的历史来看，清末出现的检察制度在很大程度上借鉴自欧美国家，新中国的检察制度则主要来自于苏联。[②] 近代中国检察制度出现在清末，受日本明治维新变法自强成功的影响，1906年，清政府为变法自强、维系统治宣布“预备立宪”，开始全面修律改制。清末变法主要借鉴模仿了日本的法律规定内容，而日本的法律体系和检察制度则大多来源于欧洲大陆法系国家，因此我国近代检察制度更多是受大陆法系的影响。1906年，清政府颁布《大理院审判编制法》，规定各级审判厅附设检察局，各检察局置检察长一人，负责刑事案件的公诉、监督审判和监视判决执行。1907年，清政府颁布《高等以下各级审判厅试办章程》，对检察制度作了进一步的规定：除法律规定须亲告案件外，凡刑事案件都由检察官提起公诉，并明确规定了检察官的具体职权。1910年颁布的《检察厅调度司法警察章程》则进一步规定检察官有权调度司法警察以指挥侦查、批捕人犯、押送人犯、取保传人等。[③] 与此同时，清末“三法司”——刑部、大理寺、都察院在三权分立原则下以新的面貌出现了，即法部、法院、检察厅的职能。虽然在组织架构上法院、检察厅共同隶属于法部，且检察厅附设于法院，但从职能的角度来考察，这时在法律层面已基本形成了拥有相对独立地位的近代司法体制。[④] 至此，我国近代检察制度在清末得以构建。十月革命胜利后，列宁提出要建立社会主义检察制度。列宁针对检察制度提出的

---

① 参见姜伟主编：《中国检察制度》，北京大学出版社2009年版，第22页。

② 参见樊崇义主编：《检察制度原理》，中国人民公安大学出版社2020年版，第18页。

③ 参见孙谦主编：《中国特色社会主义检察制度》，中国检察出版社2015年版，第89页。

④ 参见王桂五主编：《中华人民共和国检察制度研究》，法律出版社1991年版，第44页。

法律监督理论可以概括为三个方面，一是社会主义国家的法制应当是统一的，为了实现统一，必须建立专门的法律监督机关；二是加强法律监督对实现制度文明有着极为重要的意义；三是必须保证检察机关独立行使检察权。[①] 苏联的检察机关在侦查职能、公诉职能和诉讼监督职能之外，具有权力广泛的一般监督职能。对于公职人员的违法行为，由检察机关以检察长的名义向相关单位提出抗议；对于与法律和决议相抵触的文件，也由检察机关以检察长的名义向发布该项文件的机关或其上级机关提出抗议。[②] 由此可见，与西方检察制度不同，苏联的检察制度远远超越了司法制度的范畴，在更广阔的领域发挥着一般监督的功能。新中国成立初期，虽然我国对苏联的检察制度进行了较多的借鉴，但我国检察机关的法律监督职能与上述一般监督职能在内容、范围和职权等多个方面仍存在较大的不同。

新民主主义革命时期，根据地检察制度的建立和发展，一方面继承了清末引进西方检察制度的尝试，另一方面也切实探索了人民检察制度的发展道路。当然，由于战争环境和其他条件的限制，当时的检察制度还存在许多缺陷，其重要性和独立地位没有得到应有的重视、承认和保障。例如，在组织上不独立，实行审检合署，检察机关只是审判机关的附属部分等。新中国的检察制度是伴随着新中国的诞生而建立起来的，是一种新型的、社会主义的检察制度。1949 年 9 月颁布的《中国人民政治协商会议共同纲领》和《中华人民共和国中央人民政府组织法》为组建中华人民共和国国家政权提供了法律依据。《中国人民政治协商会议共同纲领》规定要建立人民司法制度。《中华人民共和国中央人民政府组织法》明确设立最高人民检察署，并对政府机关公务人员和全国国民之严格遵守法律，负最高的检察责任。同年 12 月 20 日，《中央人民政府最高人民检察署试行组织条例》颁布，这是新中国第一部关于检察制

---

① 参见姜伟主编：《中国检察制度》，北京大学出版社 2009 年版，第 22－23 页。

② 参见刘方：《检察制度史纲要》，法律出版社 2007 年版，第 96－97 页。

度的单行法规，确立了我国检察制度初创时的基本内容，为全面系统地建立人民检察制度奠定了法律基础。应该说，我国检察制度在初创时吸取了苏联检察制度的许多先进经验。当时虽然没有直接提出法律监督的概念，但是就检察机关的职权内容来看，检察权的定位接近保障国家法律统一、正确实施的法律监督权。随着中国政治经济的发展，特别是民主与法制建设的发展进程，中国特色社会主义检察制度逐步发展完善。1954 年第一部《中华人民共和国宪法》对人民检察院的设置、职权、领导关系和活动原则等作了原则规定。同年颁布的第一部《中华人民共和国人民检察院组织法》，更为系统和具体地规定了检察制度的基本内容。虽然后来随着我国政治生活中“左”的思想的兴起，检察制度的发展遭受了严重挫折，经历了一个波折和中断时期，但 1978 年党的十一届三中全会以来，我国检察制度步入重建和发展时期。1978 年通过的第三部《中华人民共和国宪法》，重新规定设置人民检察院，并对其性质、职权和领导关系作了原则规定。1979 年颁布的第二部《中华人民共和国人民检察院组织法》第一次明确规定了人民检察院是我国的法律监督机关，规定上级人民检察院领导下级人民检察院工作，取消了“一般监督”职能。1979 年我国第一部《刑事诉讼法》对检察机关在刑事诉讼中的职能以及活动原则、与相关司法机关的关系等作了基本规定。后期随着刑事诉讼法、民事诉讼法、行政诉讼法三部诉讼法的修订完成，以强化检察机关的法律监督为核心的我国检察制度得到了进一步的巩固和发展，检察机关在三大诉讼中的监督职能得到进一步强化。经过七十多年的发展，中国检察制度基本完成了定型化、现代化和中国化三段发展过程，形成了中国特色社会主义检察制度。①

综上所述，我国检察制度既非完全脱胎于司法制度，也没有在司法制度之外形成泛化的一般监督制度，而是在理论与实践相结合之下，逐

---

① 参加孙谦主编：《中国特色社会主义检察制度》，中国检察出版社 2015 年版，第 92 - 100 页。

渐具备了中国特色。具体来说，宪法和有关法律将我国检察机关定性为法律监督机关，这是我国检察机关最为重要的特征。“法律监督”确定了我国检察机关的性质，由检察机关代表国家按照法律规定的职权和程序，督促和纠正有关法律执行、实施中的严重违法行为。这种监督主要是一种事后的、程序性的、专门的法律监督。[①] 进一步而言，法律是人权保障的最重要手段。因此可以说，检察机关是人权保障的专门维护者。[②] 基于此，检察官的职能定位并不只是追诉犯罪，也不只是在诉讼程序中保障人权，还包括在诉讼程序内外对人权保障的法律实施情况进行长效监督。

检察官的上述职能定位与未成年人司法的基本理念不谋而合。一方面，未成年人司法并不以惩罚犯罪为最主要的目标，而是在最有利于未成年人原则的指导下着力于罪错未成年人处遇和未成年被害人保护。因此，检察机关在未成年人司法中应充分尊重未成年人的身心发展规律，给予未成年人恰当、充分的教育和特殊、优先的保护。从前述内容来看，这正是检察机关人权保障职能在未成年人保护领域的具体体现。另一方面，未成年人司法所处理的未成年人犯罪与未成年人被害案件，是一面观察社会的“镜子”，能够集中反映未成年人保护的缺失之处。检察机关在办理这类案件的过程中，基于未成年人司法的基本理念开展社会调查等工作，可以较为广泛和准确地了解未成年人保护方面的法律未能得到充分落实的现象及其成因。由此，未成年人保护工作的漏洞得以充分暴露。这是检察机关在未成年人保护领域开展法律监督的宝贵基础，为检察机关有效履职提供了重要保障。同时，在未成年人司法领域，检察机关也是唯一全程介入的司法机关，前承公安、后接法院，从

---

① 参见樊崇义主编：《检察制度原理》，中国人民公安大学出版社 2020 年版，第 101－102 页。

② 参见樊崇义主编：《检察制度原理》，中国人民公安大学出版社 2020 年版，第 47 页。

一般犯罪预防到个案的介入引导侦查、强制措施及羁押必要性审查、不起诉审前分流、提起公诉、出庭支持公诉、审判监督、刑罚执行监督乃至全程帮教，检察机关都要积极履职参与，更应在未成年人司法领域发挥重要作用。

二、国家监护人与国家亲权理念

在家庭监护缺失或者存在严重问题时，国家监护人应当及时予以补位；在自然亲权严重不利于未成年人成长时，国家亲权应当替代其发挥抚养和保护未成年人的作用。有关国家监护与国家亲权的上述理念对未成年人司法具有重要的指引功能，也在具体实践中与检察机关的职能定位相吻合。

国家监护是“二战”后特别是20世纪60年代后，随着福利国家的发展而提出来的。根据福利国家理念，国家有保障公民生存权实现的义务。公民依法有从社会获得基本生活条件的权利，当公民不能从社会获得基本生活条件时，有权依法要求国家提供基本生活条件，这是国家为保障公民的生存权所承担的给付义务。国家监护是福利国家理念在儿童保护领域的具体体现，其目的在于明确未成年人的监护不仅是个人或家庭的责任，而是父母、社会和国家三者的共同责任。国家通过运用各种公权手段和社会公共机制干预和介入未成年人监护领域，实践其保护未成年人合法权益的职责。① 从介入先后来说，国家监护具有补充性，在一般情况下，家庭监护优位，父母应该承担子女最主要的责任，这种责任是第一性的，也是直接责任；从介入程度来说，国家监护具有替代性，不仅能够监督父母监护权的行使情况，必要时还能够剥夺父母的监

① 参见陈翰丹、陈伯礼：《论未成年人国家监护制度中的政府主导责任》，载《社会科学研究》2014年第2期，第81－86页。

护权并代行监护。[1]

从亲权的角度来看，国家能够承担监护人的职责，是基于国家亲权的理念。通常认为，国家亲权理念有以下三个基本内涵：第一，国家居于未成年人最终监护人地位，负有保护未成年人的职责，并应当积极行使这一职责。第二，国家亲权高于父母的亲权，即便未成年人的父母健在，但是如果其缺乏保护子女的能力以及不履行或者不适当履行监护其子女职责的时候，国家可以超越父母的亲权而对未成年人进行强制性干预和保护。第三，主张国家在充任未成年人“父母”时，应当为了孩子的利益行事，即应以孩子的福利为本位。[2]

作为法律监督机关，检察机关具有监督国家监护制度落实的职责；作为国家机关的组成部分，检察机关也有责任在未成年人司法中履行国家亲权所要求的国家责任。作为从事未成年人检察的检察官，在办理涉未成年人案件中，也在一定程度上扮演着国家监护人的角色。由此可见，在未成年人司法中，国家监护人与国家亲权等理念对检察机关提出了不同于成人司法的特殊要求。这些要求既与未成年人司法的基本理念一脉相承，也与检察机关自身的职能定位具有一致性。

三、教育刑理论与检察机关的犯罪预防职能

教育刑理论重在预防犯罪，而不在惩罚犯罪。主张多采取非监禁措施，教育感化涉罪人员，避免其重新犯罪。未成年人由于身心发育不成熟，教育程度不高，涉嫌犯罪后更容易通过教育矫正。因此，教育刑理论在未成年人司法中的意义更为重要。

检察机关全过程参与未成年人司法，履职过程从前端的介入侦查到

---

① 参见冯源：《儿童监护模式的现代转型与民法典的妥当安置》，载《东方法学》2019 年第 4 期，第 150 – 160 页。

② 参见姚建龙：《国家亲权理论与少年司法——以美国少年司法为中心的研究》，载《法学杂志》2008 年第 3 期，第 92 页。

最后的刑罚执行监督贯穿始终，在犯罪预防方面有着天然的优势地位。新修订的《预防未成年人犯罪法》也明确规定，人民检察院通过依法行使检察权，对未成年人重新犯罪预防工作等进行监督，赋予了检察机关在未成年人犯罪预防方面更重的职责。未成年人检察长期以来形成的“捕、诉、监、防、教”一体化办案模式中，犯罪预防也是重要的一个环节。检察机关通过社会调查，结合个案深入分析未成年人犯罪背后的家庭、社会原因，在对涉罪未成年人开展精准帮教的同时，有针对性地开展家庭教育指导，通过检察建议和公益诉讼推动社会治理，为未成年人提供健康的成长环境，可以更好地进行未成年人犯罪预防。同时，检察机关通过依法履行附条件不起诉、不起诉职能，实现诉前分流，可以最大化地教育感化涉罪未成年人，避免更多的涉罪未成年人被定罪处罚，契合教育刑理论。

四、恢复性司法中检察机关的重要地位

“恢复性司法最早是在未成年人犯罪领域产生发展起来的。最初实践是加拿大安大略省基奇纳市对一起少年犯罪案件的处理。直到今天，从国际范围看，在该领域中的实践也是最为成熟的，无论从未成年罪犯角度考察，还是从被害人角度考察乃至从控制未成年人犯罪方面考察，恢复性司法适用于未成年人犯罪领域具有天然优势。”①

恢复性司法通过刑事和解、赔偿、社区矫正等方式，修复被破坏的社会关系，最大可能地使被害人的心理创伤得以疗愈，同时帮助涉罪人员尽快复归社会。在西方国家少年司法制度中，由于大多普通法系国家少年法院具有先议权，法官可以决定将罪错未成年人纳入司法系统走司法程序或直接排除在司法系统之外，因此恢复性司法实施的主体主要是

---

① 丁青青、窦长友：《恢复性司法与未成年人刑事司法制度的完善》，载《中国检察官》2016 年第 5 期，第 10 - 12 页。

法官。而在我国的未成年人司法制度中，法官不享有先议权，法院作为审判机关处在未成年人司法处置的末端，主要是被动地受理审判检察机关提起公诉的涉罪案件。检察机关则可以通过附条件不起诉、不起诉等进行诉前分流，可以说在一定程度上享有先议权。而化解矛盾、达成赔偿、刑事和解等恢复性司法手段主要是在诉前完成，检察官自然成为恢复性司法的实施主体。同时，检察机关可以通过恢复性司法的实际效果，进一步决定对涉罪未成年人不起诉或者提起公诉交付审判。由此可见，在我国未成年人恢复性司法中，检察机关具有重要地位，发挥着极其重要的作用。

五、检察机关作为公共利益的代表与最有利于未成年人原则

2017 年，习近平总书记在致第二十二届国际检察官联合会年会暨会员代表大会的贺信中指出，检察机关作为公共利益的代表，肩负着重要责任。[①] 在公共利益受到损害时，检察机关应当为维护和恢复公共利益而实施必要的行为。[②] 一般来说，检察机关主要通过提起诉讼的方式，督促法院作出有利于国家和社会的司法裁决，以制裁和遏制损害公共利益的行为。这种损害公共利益的行为，既可以是具有严重社会危害性的犯罪行为，也可以是来自个人或单位的民事侵权行为，还可以是来自行政机关的行政侵权行为。为使这些行为依法受到惩治，检察机关分别可以提起两种诉讼：一是刑事公诉；二是公益诉讼，包括民事公益诉讼和

① 参见《习近平致信祝贺第二十二届国际检察官联合会年会暨会员代表大会召开》，载《检察日报》2017 年 9 月 12 日，第 1 版。

② 参见樊崇义主编：《检察制度原理》，中国人民公安大学出版社 2020 年版，第 60 页。

行政公益诉讼。[①] 此外，检察机关还可以通过诉讼之外的手段监督行政机关依法履职，以保护公共利益，如制发社会治理检察建议等。

最有利于未成年人原则是儿童利益最大化原则的中国化表达。《未成年人保护法》2020 年修订后，在第 4 条正式确立起最有利于未成年人原则，并对涉及未成年人事项的处理提出了 6 项要求：给予未成年人特殊、优先保护；尊重未成年人人格尊严；保护未成年人隐私权和个人信息；适应未成年人身心健康发展的规律和特点；听取未成年人的意见；保护与教育相结合。根据法律适用的原理，《未成年人保护法》是未成年人保护领域的特别法和新修订法，在适用位阶上应当优先于其他部门法，因此上述原则和要求的适用范围并不局限于该法规定的内容，而应当成为处理包括未成年人刑事案件在内的所有涉及未成年人事项的指导原则。[②]

相关研究表明，未成年人利益与公共利益往往具有关联性和一致性，也是公共利益的重要一面。从检察机关的角度看，这种关联性将检察机关维护公共利益的职责与保护未成年人的职责联系了起来。具体来说，有研究认为，公共利益具有三个层次，分别是国家利益、不特定多数人的利益和特殊保护界别的利益，其中特殊保护界别包括老年人、儿童、妇女和残疾人等特殊群体。[③] 也有研究认为，公共利益原则上指向多数人的利益，只有在利益源于弱势群体的基本权利之时，私人利益才可以成为公共利益，其中的弱势群体可能是妇女、老人、儿童，也可能

---

① 参见陈瑞华：《检察机关法律职能的重新定位》，载《中国法律评论》2017 年第 5 期，第 53－61 页。

② 参见何挺：《未保法修订：未检工作面临“迭代升级”》，载《检察日报》2020 年 11 月 11 日，第 3 版。

③ 参见韩波：《公益诉讼制度的力量组合》，载《当代法学》2013 年第 1 期，第 31－37 页。

是消费者、贫困人口等。[①] 虽然观点内容有所不同，但是这些研究都将未成年人利益与公共利益进行了某种程度的对接，展现出二者的关联性。由此可见，检察机关维护公共利益与保护未成年人，在很大程度上是一体两面的关系。很多保护未成年人的工作本身就具有维护公共利益的功能，维护公共利益往往也能够给未成年人提供更好的成长环境，二者相辅相成，相互促进。因此，《未成年人保护法》第106条明确规定，“未成年人合法权益受到侵犯，相关组织和个人未代为提起诉讼的，人民检察院可以督促、支持其提起诉讼；涉及公共利益的，人民检察院有权提起公益诉讼”。这也是目前除英烈、军人、妇女外，以特定人群保护（未成年人）而非特定领域保护（如环境保护、食品质量安全等）授权检察机关可以开展公益诉讼的法律规定。可见，检察机关作为公共利益的代表，更需积极践行最有利于未成年人原则，在未成年人司法保护中必将承担更重的职责。

---

① 参见郑贤宇：《公益诉讼界定的困境和出路》，载《云南大学学报（社会科学版）》2012年第5期，第98页。

第二章　未成年人司法的发展与模式

第一节　域外少年司法的发展与模式

一、美国少年司法

在美国，各州的未成年人司法制度由各州自行制定，各州都有自己的少年司法体系，联邦法律不能直接干涉。1974 年《少年司法与预防犯罪法案》出台，联邦通过项目管理和资助的方式指导各州按照联邦设定的最低标准来推行联邦层面的少年司法制度。总体来说，作为世界范围内少年法院的发源地，美国的少年司法历经百年嬗变，形成了理论深厚、体系完备的少年司法模式。

（一）美国少年司法的历史发展

关于美国少年司法的发展历史，我国学者有较多研究。学者姚建龙从内容上将美国少年司法发展历史分为福利型少年司法时期、严惩型少年司法时期和折中型的犯罪控制时期。他认为少年司法起源与变迁背后的推动力均主要源自成人社会控制少年的需要，而少年司法政策的演变规律则呈现出在福利与惩罚之间调整其立场，在总体上走向折中主义的趋势，其中福利是建构少年司法的根基。① 学者张鸿巍则从时间角度出

① 姚建龙：《福利、惩罚与少年控制——美国少年司法的起源与变迁》，华东政法大学 2006 年博士学位论文，第 3 页。

发，梳理了美国学者[①]对美国少年司法发展阶段的观点，将美国少年司法的发展分为：前少年法院时期、少年法院创设与探索期、少年权利时期以及少年司法晚近变革期四个阶段。[②] 根据美国科学院2013年发布的报告，美国少年司法经历了四次变革，分别是19世纪末至20世纪初的进步主义改革阶段，20世纪60年代的正当程序改革阶段，20世纪八九十年代的严惩未成年犯罪人阶段以及21世纪开始的新的反思、变革阶段。[③]

从美国少年司法的发展脉络来看，美国的少年司法制度总体上是以少年法院为中心的，少年法院的创设和发展在整个少年司法体系中扮演着重要角色。结合以上学者的不同划分，以少年法院为中心，可以分为少年法院的创设、少年法院的发展及少年法院的改革三个阶段。

1. 少年法院的创设

19世纪，美国中产阶级掀起对儿童进行救助的自由改革运动，例如1885年成立的芝加哥女性和儿童保护机构，致力于犯罪人员的康复以及受害者的援助。该活动的创始人简·亚当斯（Jane Addams）和朱丽亚·拉斯洛普（Julia Lathrop）积极奔走倡导建立单独的少年法庭。[④] 1899年美国伊利诺伊州通过《少年法院法》，成立世界上第一所少年法庭，开启了独立的美国少年司法体系的发展历程。围绕少年法院“一系列对少

---

① 美国著名的刑法学家卡门将美国百余年的发展分为：前少年法院时期、少年法院时期、少年权利时期与犯罪控制时期。犯罪学家特瑞通等学者则将少年司法发展分为四个阶段，即清教徒时期、庇护所时期、少年法院时期和少年权利时期，参见张鸿巍：《百年嬗变：美国少年司法之溯源、衍变及展望》，载《南京大学法律评论》2011年第1期，第269－317页。

② 参见张鸿巍：《百年嬗变：美国少年司法之溯源、衍变及展望》，载《南京大学法律评论》2011年第1期，第269－317页。

③ 参见夏菲：《美国矫正型少年司法的科学回归——发展型少年司法》，载《青少年犯罪问题》2020年第3期，第57页。

④ 参见张鸿巍：《百年嬗变：美国少年司法之溯源、衍变及展望》，载《南京大学法律评论》2011年第1期，第269页。

年负有管制和矫正职责的附属机构，其中包括警察、少年法院及其辅助工作人员、检察官和辩护律师、少年拘留所和少年矫正机构”[①] 被纳入少年法院体系。最初的少年司法福利色彩浓厚，少年法院的运转经费主要依靠慈善及公众募集资金，缺乏公共资金的支持。在少年司法建立的初期，各项经费都由露西·弗劳尔（Lucy Flower）所募集，[②] 社会支持力量在整个少年司法体系中发挥着重要的作用。有学者认为“城市精英与少年司法制度”的结合是少年法院初创时期稳步发展的主要原因。在该阶段，进步的改革家们对传统的法律理念提出质疑，比如政府的权力是否应当受到严格的限制，是否只对社会进行有限的干预？一系列的革新运动使得国家权力延伸到城市有产阶级的私人生活中。少年法院的改革运动使得少年法院在传统的刑事司法体系和社会公众之间搭建了桥梁。曾任联邦儿童局局长的莱思罗普（Lathrop）曾发表演讲，她认为“公共机构与私立机构之间的持续合作”是少年司法制度历史的特征，“这项合作在过去是如此有益，如果少年法院运动的精神要永葆活力，就必须继续坚持”。[③]

2. 少年法院的发展

20 世纪 60 年代，在少年法院的思潮下，美国各州建立了大量的少年矫正机构，用“福利”的枷锁将少年安置到各种矫正机构里。例如，少年庇护所的建立。纽约防止贫困协会最先提出建立少年庇护所的想法，少年庇护所的矫治方式以要求少年劳动为主，主导思想是通过劳动、教育、训练来使罪错少年得以挽救。但是由于过于强调福利，没有

---

① ［美］玛格丽特·K. 罗森海姆、富兰克林·E. 齐姆林、戴维·S. 坦嫩豪斯、伯纳德·多恩编：《少年司法的一个世纪》，高维俭译，商务印书馆 2008 年版，第 341 页。

② 参见张璇：《中国少年司法制度建构的相关问题探讨》，中国政法大学 2011 年博士论文，第 34 页。

③ ［美］玛格丽特·K. 罗森海姆、富兰克林·E. 齐姆林、戴维·S. 坦嫩豪斯、伯纳德·多恩编：《少年司法的一个世纪》，高维俭译，商务印书馆 2008 年版，第 57 页、第 77 页。

正当程序的保障也引起了新的社会问题。少年法院在福利的名义下，将少年长期关押在各种矫治机构，却没有证据显示这种方式真正取得了恢复性效果。20 世纪五六十年代，民权运动蓬勃发展，社会公众以及专业人士对少年司法体系提出更多的质疑，推动了少年司法中基本程序性权利的复归。1967 年 Gault 案件，联邦最高法院裁定，宪法修正案五对犯罪嫌疑人和被告人的保护同样适用于未成年人。此后的 In re Winship 案件以及 Breed v. Jones 案件在少年犯罪诉讼程序中确立了诸如不能自证其罪，对指控有知情权，提供和质问证人的权利，以及获得律师帮助等基本正当程序权利，将少年审判程序关注的重点从少年的背景和需求转向证明少年的犯罪行为。①

3. 少年法院的改革

20 世纪 80 年代，城市少年暴力犯罪的攀升，使得人们将少年看作是“超级掠夺者”（Super predators），各州少年立法都采取严惩的态度。犯罪少年更多被移交刑事法庭，甚至获得最严厉的惩罚，比如死刑和无假释的监禁（LWOP）。各类少年矫正机构被关闭，开始建立以社区为基础的替代和教育项目。面对不断攀升的少年犯罪率，社会公众认为少年没有得到很好的保护是由于联邦和各州没有提供足够的资源来有效地解决少年犯罪问题。1974 年联邦政府出台《少年司法和预防犯罪法》，根据该法案联邦政府成立了少年司法和预防犯罪办公室（OJJDP）负责将联邦资金分配给各州，用于将少年罪犯从成人监狱中隔离出来，建立失控少年庇护所、咨询项目和犯罪预防项目。为了适应时代发展该法案历经了多次修订，最近的一次修订是 2018 年，下文将结合美国少年司法的最新发展详细展开。

---

① See Feld, Barry C. （1988）. The juvenile court meets the principle of offense: Punishment, treatment, and the difference it makes. Boston University Law Review, 68（5）: 821 –915.

（二）美国少年司法的最新发展

1.《少年司法和预防犯罪法》重获批准

2018年在两党支持下，《少年司法和预防犯罪法》重新获得批准，其核心思想是在少年司法体系（包括少年法院和刑事法院）中的儿童、青年和家庭应遵守联邦的保护和监禁的标准，同时也应维护社区安全和防止侵害受害儿童的利益。该法案的重新批准，强化了联邦与各州的合作关系，确保各州获得必要的联邦资源，以维持和创造新的实践和实证项目，以指导各州少年司法和预防犯罪。法案强调对触法少年的核心保护，倡导使用监外管教办法，支持治疗创伤情况的循证做法；呼吁消除监禁并实行问责制。

2. 少年司法循证实践发展迅速

循证实践是21世纪美国少年司法改革的主流方向，它在少年司法研究者、管理者和实践之间搭建桥梁，推动了世界范围内少年司法改革的浪潮。少年司法循证实践的主要特征是以数据为驱动，以研究为导向。循证实践最开始围绕项目的有效性展开，随着近年来最新科学的进展，少年司法复归理念重新被重视，传统的少年司法在循证理念的指导下，以更加科学、高效的方式吸引了政府管理者。基于经济成本的分析，循证实践能有效改变政府的购买决策，确保政府财政投入的有效性。研究表明，在一个证实有效的项目上投入1美元，可以给纳税人带来7—10美元的收益。① 奥巴马政府上台以后，将犯罪学领域的研究进展落实到改革政策中，鼓励各州以循证为基础的方法来预防和控制犯

① See Peter W. Greenwood, Brandon C. Welsh. (2012). Promoting Evidence - Based Practice in Delinquency Preventionat the State Level: Principles, Progress, and Policy Directions. Criminology & Pub. 11 (3): 493.

罪，开启了少年司法新的改革浪潮。[①] 循证实践的核心是风险评估，风险需求响应是其基本原则，也可以说是最新发展型少年司法的典型特征。此外，循证实践将最新的科技发展的成果纳入其中，信息技术、计算机技术的发展等在风险评估领域的应用也体现了循证实践数据驱动的特征。

3. 少年司法的科学性和综合性不断增强

我国学者将美国少年司法最新的发展称之为发展型少年司法。其本质与循证实践改革也有内在一致性，科学性和综合性不断增强。发展型少年司法的核心目标是针对未成年人的特殊性进行设计，并尽量避免监禁。科学研究在其中起了非常关键的作用，而且涵盖了不同学科的知识，采纳医学、生物学、心理学、神经科学等最新的研究成果。比如有关青春期问题的研究是近二十年美国未成年人犯罪问题研究的重点领域。虽然发展心理学早就有相关结论，但是近期的研究多用实验、实证方法就具体问题进行数据分析，尤其是关于青春期个体的脑结构与脑神经发育，这种通过核磁共振等仪器检查获得的结论因其直观性而更具有说服力。[②]

（三）美国少年司法的基本特点

1. 少年法院占据核心地位

自 1899 年美国伊利诺伊州的第一个少年法院建立以来，美国少年司法制度的发展历史实际上也是美国少年法院的发展历史。福利、司法、权利等理念的实现都是以少年法院的变革为基础的，少年法院在美国少年司法体系中占据重要地位。有学者根据少年案件设立机构的模

---

① See Donna M. Bishop. （2012）. Evidence - Based Practice and Juvenile Justice. 11 Criminology & Pub. Donna M. Bishop. （2012）. Evidence - Based Practice and Juvenile Justice. Criminology & Pub. 11 （3）: 483.

② 参见夏菲：《美国矫正型少年司法的科学回归——发展型少年司法》，载《青少年犯罪问题》2020 年第 3 期，第 57 页。

式，将美国的少年法院模式作为典型。从全球少年司法的发展来看，美国少年法院对世界影响都很大。①

2. 恢复性司法影响不断扩大

作为一种政策模式，恢复性司法已经超越了刑事司法的界限，并被用作解决民事纠纷和实现严重不公正后政策转型的一种手段。在美国刑事司法和少年法庭的背景下，恢复性司法影响已经不断扩大，恢复性司法的方式包括恢复原状、道歉和其他承认伤害的行为，面对面的会议，如受害者罪犯调解和受害者罪犯和解方案，量刑圈，家庭小组会议，以及犯罪人和受其影响的人之间的其他直接接触等。

3. 不同模式之间逐渐融合

虽然中外学者对美国司法模式有不同的分类和观点，但是整体上不同的模式之间逐渐融合，在具体的实践中虽然整体上有侧重，但是往往吸取不同模式的优点。复归、惩罚、权利保护、最小化干预、风险理念、恢复性理念等都在具体的实践中有所体现。

（四）美国少年司法的模式选择

美国少年司法发展是一个渐进的过程，其间司法与福利、国家与社会的关系的变化和抉择造就了美国少年司法模式选择的发展进程。关于美国少年司法模式选择，国内学者往往以福利和司法的偏向来进行划分。比较典型的如学者姚建龙以及专门研究少年司法模式的学者侯东亮，将美国少年司法模式归纳为“惩罚·福利”二元模式。侯东亮认为美国百年以来的少年司法模式的显著特征表现在福利和惩罚之间进行着钟摆式的往复震荡。以“儿童最大利益”和非正式程序为特征的少年司法福利模式在犯罪率增长的背景下逐步转型，强硬化、正当程序和严罚思想挑战着少年司法存在的正当性。进入 21 世纪以来，这种钟摆式政

---

① 参见肖姗姗：《美国少年法院之百年嬗变》，载《青少年犯罪问题》2017 年第 6 期，第 49 – 59 页。

策调整最终形成了美国少年司法“惩罚·福利”模式。在这种二元模式下，刑事司法和少年司法相互交错，形成了既认同儿童福利和少年保护，又关注社会危害性和可责性的糅合程序。同时，在福利重构方面体现在少年司法对社会福利机构和父母责任的强调。[①] 此外，学者夏菲研究了美国少年司法的最新发展趋势，认为目前的美国少年司法处于发展型少年司法的模式。她的划分是矫正模式、严惩模式和发展模式。本质上发展型少年司法是矫正型少年司法的科学回归。发展型少年司法以有关青春期个体生理、心理发展的医学、生物学、心理学、社会学研究成果为基础，重申刑事司法体系对于未成年人和成年人应当区别对待，要关注青春期个体的特殊性。同时，认同保护未成年人利益与保障公共安全并重以及宪法正当程序对切实保护未成年人利益的重要性。[②]

域外学者对美国少年司法模式的划分相较于国内学者在研究内容上较为细致。例如，美国学者 Sonya Marie Goshe 在其博士论文中以政策的变迁为切入点，将美国少年司法模式分为复归模式、严惩模式、权利模式、最小化干预模式、恢复性司法模式以及风险模式。这六种模式并不是彼此不相容的，在具体的实践中都有所体现。

1. 复归模式

复归模式强调建立独立于成人的司法体系，儿童应该得到适合其需求的个性治疗，并应免受成年人的严厉惩罚。根据美国学者的观点，复归（Rehabilitation）通常指的是一个向好的方向转变的过程，它导致了犯罪行为的停止（Desistance）。此外，其他社会目标也被纳入其中，比如修复关系、治愈社区、恢复公民身份和过“美好生活”。与我国学者归纳的福利模式或者矫正模式本质相同。

---

① 参见侯东亮：《论美国少年司法惩罚·福利二元模式》，载《厦门大学法律评论》2013 年第 2 辑，第 330－351 页。

② 参见夏菲：《美国矫正型少年司法的科学回归——发展型少年司法》，载《青少年犯罪问题》2020 年第 3 期，第 57 页。

2. 严惩模式

严惩模式根植于传统刑事司法中关于刑罚的法律依据中，往往采用使其丧失行为能力、惩罚和威慑等手段，直接的后果是监狱人口暴增。典型的是美国少年司法发展时期针对不断提升的犯罪率采用严惩的手段，不断扩大监禁范围。

3. 权利模式

权利模式被认为是以权利为基础的少年司法制度，它被视为复归和严惩之外的出路。美国学者认为美国应对儿童权利采取强有力的人权模式。《儿童权利公约》没有要求各州将青年放在首位，也没有要求儿童的利益高于其他利益。这一模式与欧洲国家最新的儿童权利或者儿童友好模式是一致的。

4. 最小化干预模式

最小化干预模式强调对涉罪未成年人尽量减少污名化，主张非机构化、转处和非刑罚化。基于社会反应和标签理论，最小化干涉的模型认为，不良少年之所以成为不良少年，主要原因不是因为他们内在的不同，也不是因为他们周围有缺陷，而是因为他们被少年司法系统作为不良少年处理。根据标签理论，正式的制裁带有“污名”，这改变了年轻人被他人对待的方式。

5. 恢复性司法模式

恢复性司法是一种更具道德辩护性和建设性的少年司法模式。恢复性司法的关键思想是恢复，强调通过重建信任、尊重、相互义务和弥补来“治愈”受害者、犯罪者和社区。恢复的概念指的是通过受影响的所有各方，特别是受害者的包容和尊重的参与，承认责任，表达悔意，并致力于弥补和纠正错误的愈合过程。将青年人视为一个有价值的人，并为其在社区中获得宽恕和重新融入社会创造了可能性。宽恕、修复犯罪后造成的伤害以及追求尊重的正义是恢复性司法模式的基本原则。

6. 风险模式

风险模式是目前英美国家少年司法的主导模式。简单来说，它的核心要义是确定预测犯罪的因素，然后设计合理的干预措施。以最新的发展性犯罪学为基础，被学者大卫·法林顿（David P. Farrington）提炼总结为风险因素预防范式。这一范式的核心思想是识别未成年人犯罪的风险评估，根据不同的风险等级，进行不同的干预，高风险的加强干预，低风险的尽量转出司法体系。这里的风险与我国刑事司法中的风险、人身危险性等有内在一致性。这一模式的核心原则是风险需求响应原则，风险评估是其核心内容和核心技术。①

二、英国少年司法

从严格意义上说，英国的少年司法包括两个部分，即英格兰的少年司法和苏格兰少年司法。英格兰和苏格兰的少年司法系统都致力于预防性目标，而不是报复性目标，但追求这些目标的方式截然不同。在苏格兰，是一个基于福利的系统，致力于防止对儿童的伤害，涵盖了犯罪儿童和处于社会危险中的儿童。法院作为事实和法律仲裁者的职能与作为治疗法庭的儿童听证会的职能是彻底分离的。英格兰的少年司法则是致力于预防犯罪的矫正型的制度。它否定了早期让年轻罪犯在最少的国家干预下“不再犯罪”的观点。确立了少年司法体系的辅助目标，即罪犯和父母的责任、修复和案件处理效率。英格兰还对组织机构进行创新，建立了多机构合作的青少年犯罪小组。②

① See Sonya Marie Goshe.（2015）. Lost Causes and Social Injustice：Going Beyond the Dominant Paradigms of Juvenile Justice Policy. Pro Quest Dissertations Publishing.

② See Anthony Bottoms，James Dignan.（2004）. Youth Justice in Great Britain. Crime and Justice：A Review of Research，31：12.

（一）英格兰和苏格兰少年司法的历史发展

从历史上看，英格兰和苏格兰的少年法庭都根源于1908年的《儿童法》，然而其早期的少年法庭与美国早期的少年法庭不同。美国的早期少年法庭是根据国家亲权原则建立的社会化的法庭，强调儿童福利以及犯罪的非机构（Dematerialization of the Offense），远离正式的刑事程序。社会化的少年法庭强调的不是孩子所做的行为，而是真正导致孩子出庭的社会事实和环境。相比之下，在英格兰和苏格兰，早期的少年法庭被称为“修改过的刑事法庭”。本质上，它是符合正当程序的刑事法院，与其他法院没有区别。只是审判必须在单独的大楼里或在与成人法庭不同的时间举行，公众进入受到限制。少年法庭有两种管辖权，一种涉及少年犯，另一种涉及“需要照管和保护的”儿童。①

直到20世纪60年代，英格兰和苏格兰对少年司法系统进行了一系列改革。在苏格兰，《1968年社会工作法（苏格兰）》于1971年全面实施。它废除了以前的苏格兰少年法庭，代之以一个新的民事司法系统，称为儿童听证系统，处理违法儿童和需要照管和保护的儿童。这一制度保持了三十多年，基本上没有改变。1995年《儿童法（苏格兰）》赋予了它一个新的法定框架，但这并没有扰乱早期立法确立的原则或机构。直到今天，苏格兰的儿童听证制度还一直稳定存在，这也是苏格兰少年司法系统的核心。②

英格兰的改革则更加频繁。1969年的《儿童和青少年法案》保留了原有英国少年法庭的外在形式和人员组织，但在该框架内试图对程序、命令和支持服务结构进行彻底的改革。但是，由于国内政治复杂，

---

① See Anthony Bottoms, James Dignan. (2004). Youth Justice in Great Britain. Crime and Justice: A Review of Research, 31: 23.

② 苏格兰的少年司法的核心是儿童听证程序，自1971年建立以来，一直稳定发展，有关儿童听证程序的最新资料详见李美佳：《苏格兰儿童听证制度对我国少年司法制度的影响》，北京师范大学2019年硕士学位论文。

该法案只得到部分实施。1997 年，联合王国在执政 18 年后选出了新的工党政府。改革英国处理青少年犯罪的制度是新政府的主要政策重点之一。1998 年的《犯罪与社会失序法案》和后来的 1999 年《青少年司法和刑事证据法》对英格兰少年司法产生了深远的影响。这个新的青少年司法系统比之前的方法更具干预性和矫正性。英国少年法庭原双重管辖权中的“照管”管辖权被 1991 年 10 月生效的《1989 年儿童法》完全改变。与儿童有关的监护改由“家庭诉讼法院”的下级民事法院处理。因此，在英格兰，对于出庭的儿童和青少年，现在制度上有意将“照料管辖权”由家庭诉讼法院行使，“刑事管辖权”由现在所谓的青少年法院行使。①

（二）英格兰和苏格兰少年司法的最新发展

1. 组织机构的变革

随着联合政府上台，少年司法领域也发生了一些变化。2010 年联合政府司法部秘书发布了一项咨询报告《打破循环：有效的惩罚、再社会化和审判犯罪》，该报告要求简化审前处置，针对儿童和少年的初次犯罪或者轻微犯罪，给警察、皇家检控以及青少年犯罪小组更多的自由裁量权，甚至建议取消少年司法委员会，以进一步提高地方政府管理少年司法服务的灵活性。报告认为青少年犯罪小组已经稳固地嵌入少年司法体系，不再需要一个独立机构进行监督，而应该把更多的精力放在如何有效干预初次犯罪的少年，减少再犯率和监禁刑的适用。2011 年少年司法委员会由司法部接管并在之后的几年里不断精简机构。2017 年将少年监禁和缓刑服务职能分离到少年监禁和缓刑服务部门，② 将委托服务的

---

① See Anthony Bottoms, James Dignan.（2004）. Youth Justice in Great Britain. Crime and Justice: A Review of Research, 31: 25.

② 2017 年皇家监狱和缓刑服务部门成立专门的少年监狱和缓刑服务部，少年司法委员会对少年监禁和安置的服务转移到该部门。

责任转到司法部。此外，在少年司法委员会内部成立了一个少年司法顾问专门小组来整理收集关于少年司法的观点和建议，并建立少年司法体系监督小组（Youth Justice System Oversight Group），将不同部门的高级政府官员集合在一起面对少年司法系统的挑战。①

所有的变化都顺应政府少年司法改革，使得少年司法委员会的定位更加清晰，职能更加集中。根据少年司法委员会2018—2019年度报告，青少年犯罪小组的使命是在整个少年司法系统中，减少犯罪儿童和青少年的数量、降低再犯率、改善和提高儿童和青少年的安全状况以及行为表现、促进更加积极有效的干预结果。少年司法委员会秉持“首先他们是儿童，其次他们是犯罪人”理念，致力于实现儿童最大利益，鼓励儿童发展潜能，减少少年犯罪对其自身和对社区的影响，确保每一个少年儿童都生活在一个安全的环境，对社区作出有益的贡献。具体表现为：少年司法服务以发展为导向，识别少年特殊性，优先考虑儿童的最大利益；以未来为导向，通过建立良好的社区支持关系，促进儿童亲社会属性的发展；鼓励儿童和社会的积极参与，通过儿童和社会力量的广泛参与来共同改善犯罪行为；尽量通过提前预防、转处和最小限度的干预，促进儿童脱离司法系统，避免犯罪带来的不良影响。②

2. 儿童友好型司法的发展

儿童友好型司法是英国少年司法的最新发展趋势。主要是针对1998年新少年司法系统，也被称为“新新少年司法系统”。联合政府上台以后，对既往的司法体系进行了审查，提出了新的改革方案，新的改革吸收了积极青少年司法理论的相关观点。

---

① 史立梅、张丽霞：《基于犯罪预防的多机构合作策略与实践——来自英国的经验和启示》，载《刑法论丛》2020年第2辑，第504－539页。

② Youth Justice Board Annual Report and Accounts, 2018 to 2019, https://assets.publishing.service.gov.uk/government/uploads/system/uploads/attachment_ data/file/820763/YJB_ Annual_ Report_ and_ Accounts_ 2018－19_ pages_ web.pdf，最后访问时间：2019年7月29日。

积极青少年司法理论是由英国学者 Stephen Case 和 Kevin Haines 共同建构的理论，它的核心思想是将青少年自己作为罪错问题解决的一部分，源于《联合国儿童权利公约》中对儿童权利的保护，强调儿童优先和儿童的参与。未成年人风险评估工具需要考虑未成年人司法的具体需求。该理论模型包括五个方面：儿童友好、转处和系统管理、促进积极行为和结果、循证合作关系以及负责任的成人。① 儿童友好是该模型的首要原则，它将儿童放在首位，“首先他们是儿童，其次才是罪犯”（Children First，Offenders Second）是这一原则的核心阐释。他们反对将儿童当作缩小版的成人，强调优先考虑儿童的地位和他们在身体、认知、社会的不成熟性等，反对潜在的标签和污名化。他们认为青少年会随着成长停止犯罪，强调转处和最小化的干预。

该理论采用系统管理的视角将未成年人司法体系看作一个相互联系、相互促进的，包括审前羁押、保释、还押、惩罚、量刑、监禁、释放等一系列决策点在内的集成系统，主张在所有的决策点都贯彻儿童第一、转处和促进积极的改变的思想。在这个过程中强调三个关键概念：参与（Participation）、投入（Engagement）和正当（Legitimacy），② 强调未成年人应该参与并投入整个司法过程中，并在整个过程中感受到法律的正当性。其中“投入”优于其他两项，要求未成年人投入司法流程的各个阶段，包括评估、量刑和干预计划的制订等，是整个系统管理的关键部分。这三个概念对未成年人刑事司法中的风险评估的研发也具有重要的理论意义。如何在评估的过程中体现这三个概念的核心目标是需要深入思考的问题。

---

① Stephen Case.（2018）. Youth Justice：a critical introduction. Routledge. p. 280.

② 合法性是指对社会法令的服从，合法性理论认为个体更愿意服从他们能从中感受到符合道德、司法和公平的权威。

（三）英格兰和苏格兰少年司法的基本原则

1. 英格兰少年司法的基本原则

1998 年的《犯罪与社会失序法案》（The Crime and Disorder Act）在许多基本方面改变了英国青少年司法的方向，确立了以下四项关键原则。

（1）预防犯罪的基本原则

预防犯罪在四个基本原则中居于首要地位。1998 年《犯罪与社会失序法案》第 37 条规定，英国青少年司法系统的主要目标今后将是防止儿童和青少年犯罪。同一节还规定，除了他们必须履行的任何其他义务之外，履行与青少年司法系统有关的职能的所有个人和机构都有义务考虑新的主要目标。以量刑为例，根据其他法律规定，在正常情况下，他们目前需要在监禁和非监禁刑罚之间作出决定，并通过考虑适用的刑罚是否与罪行的严重性相称的问题来确定监禁刑罚的期限。此外，在所有与青少年有关的决定中，还要求考虑到儿童或青少年的福利，并在适当的情况下应采取步骤，确保为其教育和培训提供适当的经费。除此之外，裁判者现在还必须考虑新的预防目标，即预防犯罪。预防犯罪目标的确立标志着英国青少年司法系统方向的重大转变。新工党认为“我们需要一个更有效的少年司法系统……优先考虑具有成本效益的早期干预和密集的社区监督，将犯罪扼杀在萌芽状态”。

（2）修复原则

除了预防的首要目标之外，新的青少年司法系统从一开始就努力确保，应该给予青少年更多的关注……确保判决中的修复因素，并使年轻罪犯了解其对受害者和社区造成的伤害。虽然 1998 年前的青少年司法制度有一些修复特点，但新制度旨在大大推进这些修复特点。

（3）效率原则

20 世纪 90 年代中期的工党评论员对该体系的拖延持怀疑态度，他们认为这是对程序的过分强调，而牺牲了防止罪错的有效行动。因此，他们认为应该更好地利用青少年司法系统目前的资源。在追求效率目标时，特别强调加快案件处理。此外，为了加强国家对该系统的领导和指导，成立了一个新的国家青年司法委员会。

（4）响应性原则

响应性原则由英国少年司法学者 John Muncie 提出，它有双重含义：第一，它强调年轻罪犯现在在更大程度上被要求为自己的行为负责；第二，它强调了工党的观点，即有必要改变以前的情况，即“父母往往不能正视他们对年轻人犯罪行为的责任”。

2. 苏格兰少年司法的基本原则

苏格兰少年司法制度所依据的原则的主要来源是 1995 年《儿童法（苏格兰）》第 16 条，该条阐述了苏格兰少年司法的基本原则。

（1）福利至上原则

1995 年法案第 16 条的原则中最重要的是儿童福利至上的原则，即当儿童听证会或法院决定或裁定与儿童有关的任何事项时，该儿童整个童年的福利应是其首要考虑因素。“福利原则”和第 16 条的其他原则一样，均适用于犯罪案件和照管案件。因此，在违法案件中，系统寻求的是福利目标，而不是惩罚，在正常情况下，儿童听证会需要使用福利原则作为决定对儿童生活的任何强制干预程度的关键考虑。福利原则认为儿童的任何犯罪行为都可以归咎于环境中的不正常因素。因此，司法系统的任务是识别、治疗和治愈犯罪的潜在社会原因。

（2）不得发布非受益命令原则

1964 年的基尔布兰登委员会的报告认为，只应出于一个原因将案件提交少年治疗法庭，即该儿童明显需要强制性的特别教育和培训措施。这一基本方法后来被纳入苏格兰立法，该法现在被制定为一项原则，即不得对儿童提出任何要求或命令，除非提出要求或命令比完全不提出要求或命令对儿童更好。

（3）参与原则

作为对福利至上和不得发布非受益命令原则的补充，1995 年法案第 16 条还包含第三项主要原则，即在对儿童作出决定之前，儿童听证会或法院应尽可能考虑到儿童的年龄和成熟程度，给予该儿童表达其观点的机会。此外，如果表达了任何意见，法庭在作出裁决时必须考虑到这些意见。

（4）对福利至上原则的减损原则

1995 年法案第 16 条还有一项规定，有时被称为对福利至上原则的减损原则。该原则认为如有必要，儿童听证会或法院可以搁置福利至上的原则，以保护公众成员免受严重伤害。

（5）裁决和处遇双重原则

该原则也是苏格兰少年司法体系的重要原则，虽然它并不在第 16 条规定中，苏格兰的儿童听证制度同时处理犯罪和照管两类案件。①

3. 英格兰和苏格兰少年司法基本原则的比较

英格兰和苏格兰的少年司法系统在理念上有很大的不同。第一，英格兰将民事照管和刑事犯罪相分离，重视责任、修复和效率。英格兰选择了在刑事案件和照管案件之间的制度分离，并在这两个子系统中应用不同的原则。其他重要的区别涉及修复和效率，这两个问题现在在英格兰处理刑事案件的体系中都很突出，但在苏格兰传统中很少受到重视。第二，苏格兰少年司法以福利为基础，更强调福利。在苏格兰制度中，儿童的福利是至高无上的，这一特点在英格兰的儿童照管管辖区得到了复制，但在刑事管辖区却没有。与这一点相关的是，苏格兰优先考虑在同一法律框架内根据统一的原则对待年轻罪犯和需要照料的儿童。第三，就刑事案件而言，英格兰坚决反对 1998 年以前盛行的“最低干预”理念。相比之下，苏格兰仍然信奉“No Non - Beneficial Order Principle”

① See Anthony Bottoms, James Dignan.（2004）. Youth Justice in Great Britain. Crime and Justice: A Review of Research.

的基尔布兰登原则。尽管英格兰和苏格兰少年司法系统的理念存在非常重要的差异，但这两个司法管辖区确实有一些共同的特点。两者现在都明确采用预防原则作为主要目标。尽管预防工作的重点不同，在英格兰表现为预防犯罪，在苏格兰则是防止对儿童的伤害，但都旨在防止犯罪的发生。①

（四）英格兰和苏格兰少年司法的基本流程

1. 英格兰少年司法的流程

英格兰少年司法改革的一个关键特点是为整个青年司法系统制定了一项法定“主要目标”，即防止儿童和青年犯罪。1998 年法案要求所有负责青年司法的机构和个人考虑到这一目标，根据内政部的文件，这一目标将在以下六个关键目标方面实现：快速司法；确保年轻人正视自己犯罪的后果；确保在任何干预措施中解决与犯罪相关的风险因素；根据犯罪的严重性和频率给予适当的惩罚；鼓励年轻罪犯向受害者或更广泛的社区提供赔偿；加强父母的责任。学者常常称之为“新青少年司法”。在这个体系中有两个组织发挥着重要的作用。

（1）“新青少年司法体系”的组织建构

①青少年犯罪小组

根据 1998 年《犯罪与社会失序法案》第 39 条，地方政府应该联合警察、缓刑委员会以及医疗卫生机构等团体或个人成立一个或者多个青少年犯罪小组（Young offending teams，简称 YOT），负责为该地区少年司法提供支持服务，并履行当地政府制定的少年司法计划规定的其他职能。该法案明确规定了最低限度的组织要求，该小组至少应包括以下成员：1 名缓刑委员会的官员、1 名地方政府社会服务局的社会工作人员、1 名警察、1 名本地区教育局指定教育官员以及 1 名本地区医疗机构指

① Anthony Bottoms，James Dignan，Youth Justice in Great Britain，Crime and Justice：A Review of Rcsearch，Vol. 31，2004，p. 44.

定的健康专员。此外，还可以包括地方政府在与警察局、缓刑委员会或者医疗机构协商后选派的其他专业人员。[①] 根据少年司法委员会 2018 年 8 月的统计数据，英格兰和威尔士地区共有 154 个青少年犯罪小组，以伦敦市为例，有 31 个青少年犯罪小组。少年司法委员会定期更新各地青少年犯罪小组的联系信息，包括联系人、联系地址和方式，方便需要少年司法支持服务的人员查找相关信息。[②]

青少年犯罪小组工作的指导原则是预防儿童和青少年犯罪，具体职能主要集中在三个方面。首先是预防少年犯罪，主要集中在审前阶段通过早期干预、教育警告少年违法者，预防其进一步犯罪，创办培训中心，对轻微犯罪少年实施教育辅导，提高其能力，促进其重新融入社会，比如被警察处以警告、附条件警告的监督等。其次是提供与少年法庭相关的支持服务，比如在犯罪少年讯问过程中承担合适成年人职责、提供保释服务、向法庭提供评估和报告等。最后是协助法庭处置的执行和监督，比如为被监禁和安置在当地居住设施的少年提供支持服务，转处法令，监督社区法令的执行，监督监禁法等。

②青少年司法委员会

根据《犯罪与社会失序法案》第 41 条，成立非官方的公众组织少年司法委员会，委员会由内政部指派 10—12 名人员组成，其中应该包括具有少年司法相关经验的人员。根据法案要求，青少年司法委员会的职能具体包括：指导整个少年司法体系的运行，监督少年司法服务；围绕如何有效地实现少年司法预防犯罪的核心目标给内政部提出建议；从相关机构收集少年司法相关信息并及时发布；跟踪观察 YOT、少年法庭以及安全看护条件等，监督少年司法支持服务的实现程序，制定国家少年司法服务标准；为地方政府少年司法服务提供财政支持、技术援助和

① The Crime and Disorder Act 1998, Sec39.

② 史立梅、张丽霞：《基于犯罪预防的多机构合作策略与实践——来自英国的经验和启示》，载《刑法论丛》2020 年第 2 辑，第 504－539 页。

研究支持，促进少年司法最佳实践。①

（2）1998 年以后的新司法体系的流程②

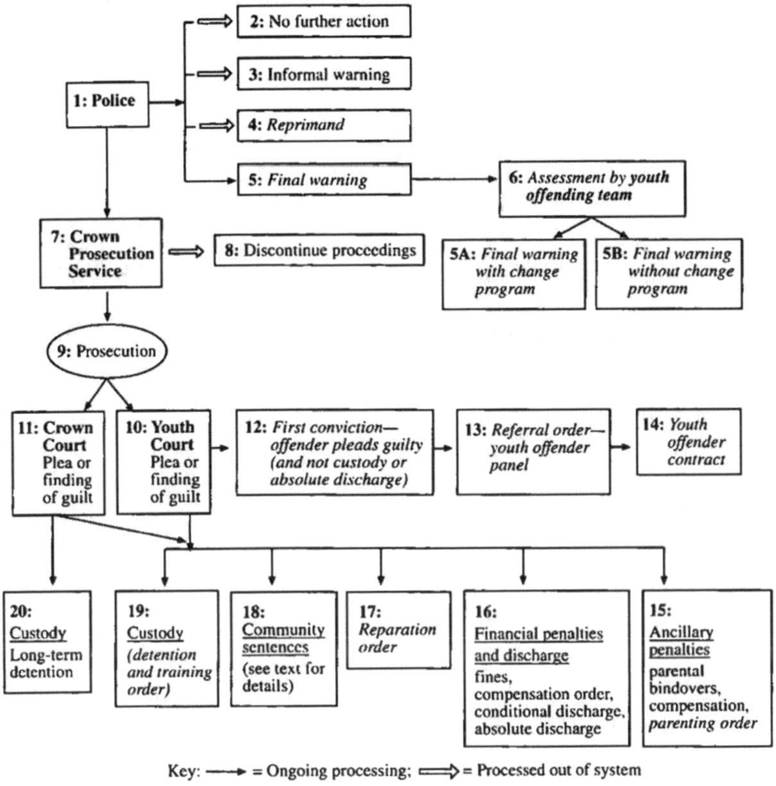

（3）英格兰少年司法流程

英格兰目前的少年刑事司法体系总体上是以 1998 年《犯罪与社会失序法案》为基础建立的，之后经过其他不同的法案不断更新和修订具

① Crime and Disorder Act 1998，Sec 41.

② 之后随着相关法案的出台，司法流程也进行了一定的变更，所以对于最初的流程不做详细阐述，仅附上英文流程图。

体的内容①。在整个刑事司法流程中涉及警察、青少年犯罪小组、皇家检控署、少年法庭、刑事法院以及各类少年安置机构，不同的机构各司其职、相互配合，共同致力于预防少年再犯，保护少年利益。总的来说，英格兰少年刑事司法程序可以分为庭外处置程序、起诉程序、法庭裁判和处置程序。②

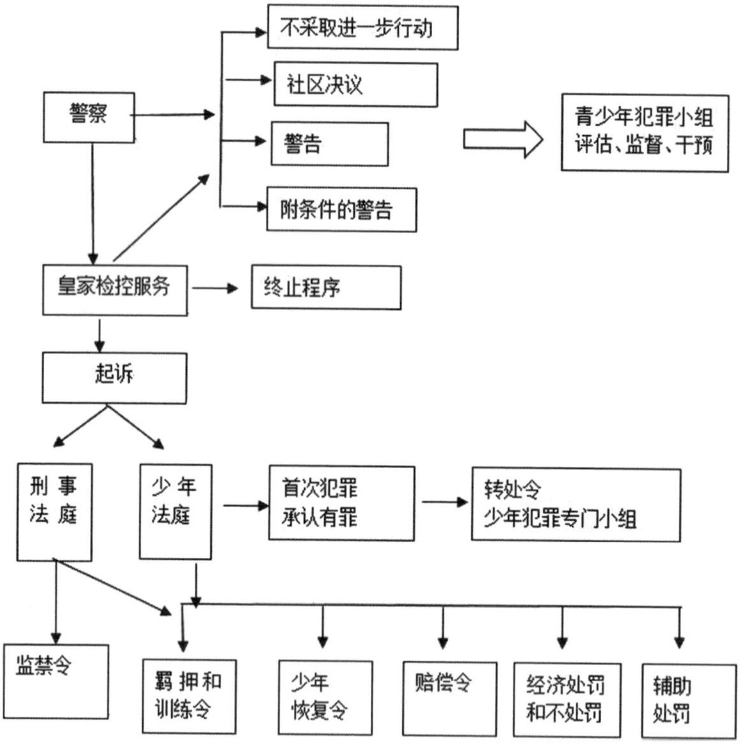

① 英格兰没有一个综合单独的少年刑事司法法案，目前的少年刑事司法体系散见于不同的法案中，主要包括1998年《犯罪与社会失序法案》、1999年《少年司法刑事证据法案》、2000年《刑事法庭权力法案》、2001年《刑事司法和警察法案》、2003年《刑事司法法案》、2004年《儿童法案》、2008年《刑事司法和移民法案》、2012年《法律援助裁判和惩罚犯罪法案》等。

② 史立梅、张丽霞：《基于犯罪预防的多机构合作策略与实践——来自英国的经验和启示》，载《刑法论丛》2020年第2卷。

①庭外处置程序

英国未成年人刑事司法程序中设置了庭外处置程序，作为正式刑事程序的前置程序进行司法转处和分流。2012 年以前，英格兰和威尔士地区少年司法庭外处置措施主要包括训诫和最终警告，目前的庭外处置框架则是根据 2012 年《法律援助裁判和惩罚犯罪法案》建立的。具体而言，针对少年的法定庭外处置包括：青少年警告和青少年附条件警告，此外，还包括一种非法定的选择，通常称为庭外决议。庭外处置程序主要针对罪行轻微的青少年案件，不涉及法庭审判或判决，其目的是使青少年今后不再参与刑事司法系统，这符合儿童和司法的最大利益。

总体来说，在法庭外处置程序中，涉及的机构主要是警察和青少年犯罪小组。庭外处置会产生四种结果：不采取进一步行动、社区决议、青少年警告和青少年附条件的警告。当少年犯罪被警察发现或者逮捕，如果经调查没有实质性犯罪行为或者少年不认罪且没有足够的证据提起诉讼，警察会释放该少年不采取进一步行动。如果少年承认犯罪，但是初次犯罪且罪行轻微，在考虑受害者意见的前提下，警察可以选择社区决议，即在犯罪少年、受害人以及相关利益方达成非正式的协议，也被称为“街头恢复性司法”。[①] 社区决议记录会保存在当地警察系统，但不构成犯罪记录，警察可以通知青少年犯罪小组协助该协议的执行。

如果少年承认犯罪，且有足够的证据证明犯罪，但是起诉不符合公共利益，警察可以向少年发出警告处置。当警察做出警告处置时，必须通知青少年犯罪小组，如果少年之前有警告记录，则青少年犯罪小组必须对少年进行评估，实施相应的康复计划，以防止其进一步犯罪。少年

---

① See Out – of – court disposal work in youth offending teams，https：//www. justice-inspectorates. gov. uk/cjji/wp – content/uploads/sites/2/2018/03/Out – of – court – disposal – work – in – youth – offending – teams – reportb. pdf，访问时间：2019 年 8 月 4 日。

是否参与康复计划是自愿的，不遵守也不会受到惩罚，但是会影响未来处置办法。当少年承认犯罪，且有足够证据证明，但出于公共利益不起诉，警察还可以做出附条件的警告，青少年附条件警告最长期限 3 个月。当少年因某项罪行获得附条件警告时，该罪行的刑事诉讼便会停止，如果少年遵守相关条件，检控程序通常不会展开。附条件警告所附的条件具有强制性，可以是补偿性的，比如与英国皇家法院服务机构达成协议收取罚款，也可以是恢复性的，比如与警方达成协议适用宵禁，只有在恢复和赔偿条件不适合或者不足以处理罪行时，才可采用惩罚性条件。附条件警告的执行期限一般是 16—20 周，由青少年犯罪小组负责监督执行，不遵守条件，又缺乏合理理由，则可能导致原来的罪行被继续起诉，附条件警告不再生效。警告只适用于 10—17 岁的犯罪少年，18 岁或以上的触法者，不论他们在何时触犯法例，均应给予附条件的警告，如果属于应当公诉的犯罪，则需咨询皇家检控署的意见并得到授权后方可做出附条件的警告处置。此外，在英格兰和威尔士地区除了皇家检控署和警察以外，虽然还有其他机构可以提起诉讼，但是警告和附条件的警告只能由警察做出。

②起诉程序

如果警察决定起诉涉罪少年，案件将被转移到皇家检控署（the Crown Procecution Service），由皇家检控署来决定是否最终起诉该少年。皇家检控署是少年司法系统中的一个中立机构，检控官将根据证据情况和公共利益来综合判断是否提起诉讼，考虑的因素包括犯罪行为、证据情况以及犯罪结果、受害人以及未成年人之前的犯罪历史等。在起诉程序中会出现三种结果：终止程序、将案件返回给警察和向法庭提起诉讼。经皇家检控署审查，认为证据不足或者不符合公共利益，会被终止诉讼；如果认为尽管有充分证据证明犯罪，但是起诉不符合公共利益，也可将案件移送回警察，由警察做出庭外处置，如果警察未能做出庭外处置，应该向皇家检控署做出解释，由皇家检控署通过还押听证会决定是否起诉；如果有充分的证据表明有定罪的现实可能性，且起诉符合公共利益需要，皇家检控署会提起公诉。其中，18 岁以下的少年犯罪案件一般会被移送少年法庭[①]，皇家检控署或者律师提出诉讼的案件、涉及死亡的案件、涉及恐怖主义或者国家机密的案件、涉及仇恨犯罪或者家庭暴力的案件、暴力斗殴的犯罪行为、造成严重人身伤害的犯罪行为、对 18 岁以下少年性犯罪行为以及 2003 年授权法案规定的罪行等，则被直接移送刑事法庭。此外，皇家检控署必须确保青少年犯罪小组可以获得任何有关犯罪的可以写入庭前报告的内容，包含证据相关内容，复制警察笔录、证人证言以及之前的犯罪情况等。

③法庭裁判和处置程序

少年法庭的设置相对不那么正式，受理范围包括保释的未成年人、声称无罪的、承认严重罪行但应被判处 2 年以下的案件。少年法庭可能做出罚款、赔偿令、转处令、恢复令、训练和监禁令、亲职令等裁判。

对于罪行轻微的少年犯罪，少年法庭可以做出赔偿令，赔偿令要求犯罪少年向被害人或者社区进行补偿，旨在让犯罪少年承担犯罪行为的后果，对被害者做出实际的补偿。[②]

转处令是一项特殊的法庭判决，首次在少年刑事司法领域纳入社区因素，最早由 1999 年的《少年司法与刑事证据法》提出，现在规定于 2000 年的《刑事法院审判权力法案》。英国学者认为转处令的创设实际上是以苏格兰儿童听证程序为基石，以福利原则为指导，其基本的理念是恢复、赔偿和帮助少年重新融入社会，其目的是改善少年犯罪行为，

---

① 对于刑事案件的审理，英国设有两级初审法院，即治安法院和刑事法庭。少年法院属于治安法院，负责审理 18 岁以下少年犯罪的案件，少年法院由 1 名地区法官或者 3 名非职业治安法官构成，且必须包含女性治安法官 1 名。参见宋英辉、孙长永、朴宗根等:《外国刑事诉讼法》，北京大学出版社 2011 年版，第 7 页。

② 修复令、亲职令贯彻了新少年司法体系责任性的精神，是对之前借口文化的反映，要求犯罪少年在经被害人同意的情况下，做出实际补偿，或者在所在社区进行无薪劳动。

防止少年再犯。如果少年是初次犯罪，少年法庭可以做出转处令，将少年转移给青少年转处专门小组，青少年转处小组负责召集犯罪少年及其父母以及受害人等就改进少年犯罪行为达成具体协议，协议的内容可以包括赔偿、宵禁、和解或者参加特定的教育培训等。青少年犯罪小组必须在法庭做出转处令 20 天内招募培训社区志愿者建立转处专门小组，并向转处专门小组提供转介报告。转介报告不能提出任何有关协议的建议，主要是提醒专门小组考虑法庭量刑关注的重点以及受害者可能接受的赔偿方式。转处专门小组包括一名青少年犯罪小组成员和两名经过资格认证的社区工作人员，其中青少年犯罪小组成员担任顾问和监督的角色，负责向社区工作人员提供少年背景信息和建议并监督少年行为，社区工作人员是转介小组的决策者。犯罪少年及其家长必须参加该协商会议，如果被害人同意，被害者被要求尽量参加。转介期与犯罪行为的严重程度相适应，3 个月至 12 个月不等。如果达成了协议，转处专门小组将负责监控该协议，并在少年遵守协议的前提下，解除转介令。如果不能达成协议，或者少年违反协议条件，少年罪犯则会被送回法庭，以原罪判刑。①

2008 年《刑事司法和移民法案》创立了少年恢复令，该法令重新建构了少年法庭的裁判框架，取代了 1998 年《犯罪和社会失序法案》确立的 9 种社区处置，包括行动计划令、监管令、缓刑令、社区服务令等，简化了法庭裁判程序，提高了干预措施的灵活性，被英国学者称为“点菜式的判决”“自助餐厅式的司法”。少年恢复令需要与少年犯罪严重程度相匹配，需要根据少年犯罪特点选择相应附加条件，最长期限是 3 年。其理论基础在于对犯罪的干预需要与少年犯个性需求和风险因素相匹配。少年恢复令提供了一揽子的附加要求，根据少年司法委员会的

---

① See Referral Order Guidance October 2018，https：//assets. publishing. service. gov. uk/government/uploads/system/uploads/attachment _ data/file/746365/referra l - order - guidance - 9 - october - 2018. pdf，访问时间：2019 年 7 月 30 日。

指导，少年恢复令可以附加 18 项具体要求，比如禁止具体活动要求规定特定的时间禁止做某事、宵禁要求、电子监控要求、毒品测试要求等。少年恢复令需要基于精算风险评估的结果，根据罪行严重程度选择相应的社区干预计划，最长期限是 3 年。对于附加要求的数量没有限制，但是附加要求必须与少年犯罪严重程度相适应。

转处令、恢复令、赔偿令都是以社区为基础的法庭裁判令，要求在社区执行。青少年犯罪小组通过审前报告向法庭提出建议，协调被害者，负责恢复令的执行。

少年法庭还可以做出羁押和训练令，也被称为无缝判决，该处置的前半部分在羁押设施中服刑，后半段则在社区的监督下服刑。这样的羁押安排使少年罪犯能够“无缝地”从羁押场所转移到社区，其重点是明确的“判决计划”，以确保羁押时间得到建设性的利用，并在释放后得到有效的监督和支持。①

此外，少年法庭还可以做出亲职令等辅助性处置，其中亲职令较为特殊，之前提到的刑罚都是针对少年本身的，亲职令的裁判对象则是少年的父母或者监护人。亲职令包括两种情况：第一种情况要求父母或者监护人参加咨询或者指导会议，最长期限 3 个月；第二种情况要求父母或者监护人对少年进行某种程度的控制，比如确保少年上学或者确保其避开特定的人和地方。该命令也是由青少年犯罪小组负责执行，如果父母不遵守相关命令，则可能构成刑事犯罪，最高可罚款 1000 英镑。

---

① Anthony Bottoms，James Dignan，Youth Justice in Great Britain，31 Crime&Just. 21（2004），p. 89.

2. 苏格兰少年司法流程

苏格兰少年司法流程图

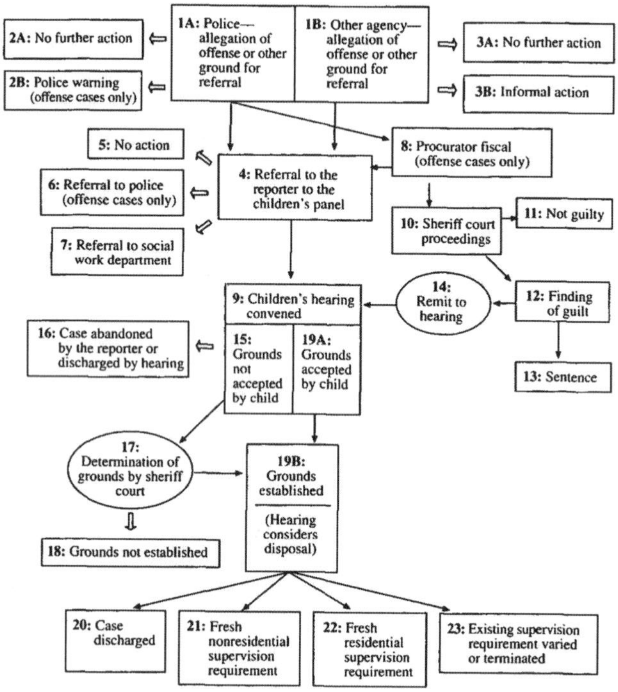

苏格兰少年司法体系的核心是儿童听证程序。①

绝大多数基于犯罪的案件最初都是向警方报告的（方框 1A）。如果警方认定有人犯罪并且某个儿童负有责任，那么他们有四种选择：他们可以不采取进一步行动（方框 2A）；正式警告孩子（方框 2B）；将孩子交给一名被称为“儿童报告者”的官员（方框 4）；或者，在有限的案件范围内，将儿童移交给国家检察官，以便可能起诉（方框 8）。这些选项中的第二个（正式警告孩子）是迄今为止最常选择的。儿童听证会

① 苏格兰的少年司法的核心是儿童听证程序，自 1971 年建立以来，一直稳定发展。有关儿童听证程序的最新资料详见李美佳：《苏格兰儿童听证制度对我国少年司法制度的影响》，北京师范大学 2019 年硕士学位论文。

的报告者在苏格兰系统中占据着关键的把关角色，这可以从图中方框4的中心位置看出。在收到转介后，报告人首先要让自己确信（如果有必要，寻求额外信息），有证据支持所谓的转介理由（例如，该儿童确实犯了罪，他或她确实不受父母控制，等等）。如果不满足该条件，报告人不会对转介采取任何行动（方框5）。如果认为有理由存在，那么报告者必须进一步评估——必要时再次寻求补充信息——儿童是否有可能需要强制性照料措施；只有在报告者对问题的回答也是肯定的情况下，该案件才应提交儿童听证会（方框9）［如果第二个问题的答案是否定的，报告者可以但没有义务不采取行动（方框5）；报告者也可以将案件提交给当地社会工作部门，后者可以非正式地帮助儿童（方框7），或者，在违法案件中，报告者可以将儿童送回警察局，以便获得正式的警方警告或类似程序（方框6）］[①]。

法院和儿童听证会之间的职能分工是建立听证会制度的基尔布兰登委员会的核心思想。儿童听证，仅仅是一个处遇法庭，在结构上被排除考虑与听证的所谓“理由”有关的任何事实或法律争议，而治安法院，在结构上被排除考虑适当处遇的问题。应当补充的是，这种裁决/处遇的区别并没有穷尽苏格兰少年司法在基于犯罪的案件中的“双重制度”的特征。在有限的案件范围内，警察可以将案件提交财政检察官（方框8）；在这种情况下，财政检察官可以酌情在治安法院起诉案件（方框10）。两个平行系统（报告者—儿童听证；检察官—治安法院）是相互联系的，因为检察官或法院可以将案件提交或移交给儿童听证系统（方框4、14）。然而，非常重要的是要注意，虽然裁决/待遇区别（以及由此产生的双重制度特征）是基尔布兰登核心理念的组成部分，但“监控路线”案件（方框8、10、11、12、13）最初也是根据基尔布兰登委员会的建议创建的，只能被适当地视为相当故意地将某些案件排除

① Anthony Bottoms，James Dignan，Youth Justice in Great Britain，Crime and Justice：A Review of Research，Vol. 31，2004，p. 47.

或排除在该理念之外，理由是（主要是）所指控罪行的性质（特别是严重性）。①

考虑儿童听证本身，假设听证的理由已被儿童接受或由治安法院确定（方框19A、19B）。苏格兰的每个地方都有一个所谓的儿童小组，该小组由公众中的非专业人士组成，他们被政府部长任命为主持儿童听证会的合适人选。当召集儿童听证会时，安排从儿童小组中挑选3名成员主持案件（在3名成员中，至少有1名必须是女性，有1名男性）。在基于犯罪的案件中，青少年作为一个群体犯罪当然很常见，但因为儿童听证会的重点不是犯罪，而是儿童及其需求，在这种情况下，如果将所有儿童都提交给儿童听证会，将为每个儿童举行单独的听证会。儿童听证会是私人场合（公众不得入内，媒体几乎从不参加）；必须在法院或警署以外的建筑物内进行。听证会关注的是孩子的需求，在基于犯罪的案件中，警察和受害者都不会出席。然而，这位报告者确实会出席，而且，在通常情况下，会持有所有相关的警方报告。当地政府社会工作部门的一名社会工作者也参加会议。该系统的目的是让儿童、父母、社会工作者和进行听证的儿童小组成员有充分的机会在非正式的气氛中，不仅在讨论中仔细探讨导致听证的情况（例如，犯罪或持续旷课），而且探讨儿童社会和家庭状况的所有其他相关方面。考虑到这一意图，在听证会期间，所有参与者通常都围坐在一张桌子旁。

举行儿童听证会的规则规定，儿童及其父母可自行决定在这些讨论中请人代表他们发言（“代表”），该代表可以是律师。然而，不允许代表作为代理人，也就是说，不允许代表他们所代表的当事人发言（换句话说，即使有代表在场，听证会仍然可以直接提问孩子和父母）。如果孩子第一次参加听证会，他们只有三个选择。第一，用官方术语来说，他们可以撤销案件（方框20），这仅仅意味着没有下令采取强制性护理

① Anthony Bottoms, James Dignan, Youth Justice in Great Britain, Crime and Justice: A Review of Research, Vol. 31, 2004, p. 50.

措施。正如哈米什案件所示，听证会可以采取这一步骤，因为他们认为儿童可以得到非正式的监督或帮助，因此没有必要采取强制措施。第二，儿童听证会可以提出非居住监督要求，允许儿童在社会工作者的监督下留在家中（方框21）。第三，可以制定寄宿监管要求（方框22），将儿童安置在特定类型的寄宿机构中，如招待所、地方当局之家或寄宿学校。如果提出了寄宿监管要求，且符合规定的标准，儿童听证会还可以发出“安全住宿授权”，允许高级社会工作人员将儿童安置在安全的住所，期限为他们认为合适的时间。①

最后，如果已经处于监管要求之下的儿童以新的理由或复审再次出现在听证会上（见关于听证会“持续管辖权”的第29条），听证会还有改变或终止监管要求的额外选择（例如，非居住监管要求可能会改变，成为居住监管要求［方框23］）。根据法定的“不得发布非受益命令”原则，监督要求——居住或非居住通常只有在他们认为“做出要求或命令比根本不做出要求或命令对儿童更好”的情况下才会由听证会做出（否则他们应该撤销案件）。这些原则适用于即使犯下了相当严重的罪行的情况，除非适用所谓的减损至上原则。②

3. 英格兰和苏格兰少年司法的模式选择

总体上，苏格兰的少年司法是一种福利模式，英格兰1988年以后的新少年司法体系从理论上与美国最新的风险模式有内在一致性，也是司法和福利多年博弈的一种折中的选择，也被称为是司法和福利之外的第三条道路。该模式主要的理论基础是发展性的风险因素理论，也是前文提到的风险因素预防范式的一个典型表现。该模式的特点是注重风险因素的预防，纳入风险评估对传统的司法和福利模式进行了折中的改

---

① Anthony Bottoms, James Dignan, Youth Justice in Great Britain, Crime and Justice: A Review of Research, Vol. 31, 2004, p. 53.

② Anthony Bottoms, James Dignan, Youth Justice in Great Britain, Crime and Justice: A Review of Research, Vol. 31, 2004, p. 54

造，也被称为一种现实主义或实用主义的道路选择。也就是说，它不再拘泥于司法和福利的二元争论，而是以风险因素的预防为核心，在两者之间取得一种平衡。实际上也是一种以实务或者实用为目的的现实选择。

国内学者在谈及英国少年司法模式时，往往只是侧重英格兰而忽略了苏格兰。国内学者往往将英格兰的少年司法归纳为协作模式，主要是基于其青少年犯罪小组和青少年司法委员多机构合作的组织架构。比如我国学者侯东亮认为英格兰少年司法模式基本上是在福利和惩罚的两难选择中摇摆并最终实现了对固有模式的超越。英格兰少年司法政策最终回归到预防和矫正，其具体表现为更多依靠社会力量的介入，专业人士的参与，依靠社会专业机构的支持。在此模式的框架下，政府和社会专业机构共同协作，通过干预政策的强化和调整，达到预防和矫正少年犯罪的目标。①

三、法国少年司法

法国1912年的法律创建了现代少年司法制度，未成年人刑法与成年人刑法区分开来。法国的未成年人司法制度经历了从保护模式向混合模式的变化。②

1. 保护模式

保护模式强调重视未成年人本身，而非未成年人违法犯罪行为扰乱社会秩序，认为未成年人违法犯罪属于越轨行为。法国少年司法制度保护模式的构筑，主要依据有二：其一，少年否定观念——儿童和少年都处于弱势和未成熟状态，无行为能力，也不具备承担法律责任的能力，

① 侯东亮：《英格兰少年司法协作模式》，载《社会科学家》2014年第7期，第104页。

② 法国的资料主要参见王娜：《法国未成年人司法制度的变迁——兼论对中国未成年人司法制度完善的启示》，载《青少年犯罪问题》2013年第3期，第94-101页。

仅能从保护与教育中获益。其二，法国“新社会防卫论”，即违法犯罪行为是少年承受社会带来的痛苦的表现，应按照马克·安塞尔关于治疗措施是打击犯罪、保护社会的学说进行实践。①

2. 混合模式

1993 年 1 月 4 日，修复措施纳入了法律体系中。司法平衡也因此发生了变化：由于要求未成年人对本人产生的损害进行弥补，受害人可直接获偿，或间接进行援助行动、对社会进行修复。2002 年 9 月 9 日 2002 - 1138 号司法指导与计划法，除了再次强调未成年人只要具有是非分辨能力，就应对其行为承担刑事责任外，该法律还准备设立“封闭式教育中心”。2004 年 3 月 9 日关于与犯罪变化相应的司法调整 2004 - 204 号法对于最高判处 5 年监禁的轻罪案件，设置了以未成年人认罪为条件到庭参与审判的程序，这一程序使得监禁替代性惩罚更加有效，比如假释考验、强制戴电子手镯的收容方式、公益劳动等。2007 年 3 月 5 日关于预防违法犯罪的 2007 - 297 号法主要包括承认和强化检察机关预防犯罪功能。为实现这一目标，市长在市镇预防政策中处于中心，并且加强检察官的功能，其中按照四个方面来促进社会健康化：对于弱势家庭予以辨别和援助；城市建设管理与居民生活方面的安全必要性；对于存在危险的精神障碍患者予以帮助；对吸毒者的惩戒与治疗。这一系列法律建立了混合模式。“该模式致力于修复，鼓励调解、刑事补偿（赔偿）等刑事路径的替代措施，同时并不抛弃传统刑罚。该模式优先对实施的违法犯罪行为进行明确、迅速的响应，为少年提供法律支持和保障。”②

---

① 参见王娜：《法国未成年人司法制度的变迁——兼论对中国未成年人司法制度完善的启示》，载《青少年犯罪问题》2013 年第 3 期，第 94 - 101 页。

② 王娜：《法国未成年人司法制度的变迁——兼论对中国未成年人司法制度完善的启示》，载《青少年犯罪问题》2013 年第 3 期，第 94 - 101 页。

四、德国少年司法

德国少年司法政策一直比较稳定。德国《少年法院法》与欧洲和北美的同类法律一样，是19世纪的产物。它的出现与现代性、工业化和城市化有关，也与承认未成年人是社会、心理和教育科学培育的社会和法律范畴有关。德国《少年法院法》在处理青少年罪犯方面做出了深刻的变革，并为青少年的犯罪行为提供了独特的法律框架。《少年法院法》是现代德国刑事立法中复归思想的第一个重要成果。“现代刑法学派”表达了复归的理念。该学派拒绝了经典的惩罚理论和使用惩罚性制裁，支持行为矫正康复措施，主要人物弗朗茨·冯·李斯特认为，“如果一个青少年犯了刑事罪，我们让他逍遥法外，那么犯罪复发的风险低于我们惩罚他后面临的风险”。①

（一）德国少年司法的模式选择

德国《少年法院法》规定对涉罪少年优先适用教育处分，其少年司法模式一般被称之为“教育刑罚”模式。德国少年司法实行双轨制，青少年刑事犯罪和福利问题分开处理。少年刑法适用于18—20岁年轻人，而少年福利法仅适用于18岁以下的未成年人。这两种方法都是建立在国家亲权理念基础上，即父母在养育子女和提供适当教育方面的失败，使国家有责任提供由青年部门或少年刑事法院组织的公共教育。德国由检察机关确定是否进入刑事司法系统和少年刑事法院。由具有专门知识的家庭法院根据儿童和青少年的护理和教育需求来决定何时进入青少年福利系统。

德国少年刑法以教育和改造青少年罪犯为目标。虽然青少年对犯罪

① Albrecht, H. (2004). Youth Justice in Germany. Crime and Justice: Review of Research 31, 443 - 494.

负有法律责任（必须证明犯罪意图），但主要目标是教育和康复。重点不是犯罪或其严重性，而是犯罪者及其需求。在确定刑事责任时，成年人和青少年必须遵守同样的基本规则。不同之处在于可能施加的惩罚的类型和范围。少年起诉、法院和审判的程序规则也有所不同。与其他司法系统不同，《少年法院法》不允许放弃少年权利或将少年犯移交成人法庭。相反，18—20 岁的年轻人可以从成人法院转到少年司法系统。①

（二）德国少年刑事司法的程序

德国的刑事起诉始于警方对犯罪的调查。警察无权驳回刑事案件（例如，在警告少年之后），但必须将每一名嫌疑犯移交检察官办公室。未经检察官办公室正式起诉，不得将少年案件提交少年刑事法院。然而，如今警察在转移程序中的地位得到了加强。一些司法管辖区的警察现在有权提出驳回（或不起诉）案件所需的条件。因此，警察会影响谁会被转移，谁不会被转移。刑事诉讼启动后，调查人员收集与评估相关的个人和社会情况信息——少年犯的人格和制裁的选择（《少年法院法》第 43 节）。启动后，必须立即通知少年法庭助理。社会工作者调查少年犯的个人和社会情况，以便向法院提供有关适当制裁的信息。法庭助理有权在审判期间出庭。少年法庭在接纳社会调查报告方面没有酌处权。法院必须听取报告，以遵守一般程序规则，即必须听取与定罪和适当判决有关的任何证据。除少年犯的父母外，法庭听证会不向公众（包括媒体）开放。

近年来，受害者的地位得到了加强。受害者不仅可以在审判期间在场，还可以作为共同原告。在 1987 年的一次重大刑法改革中，德国刑事诉讼法增加了一系列受害者的权利（其中包括查阅法院档案和了解刑事审判结果的权利）。目前，这些权利不存在于少年法庭诉讼中。关于

---

① See Albrecht, Hans - J. rg. (2004). Youth Justice in Germany. Crime & Justice (Chicago, Ill), 31, 445.

少年司法，是否有理由限制受害者的权利，正在进行辩论。少年犯的上诉权受到限制，与成年人不同，少年犯必须在两种选择中做出选择：全面重审或基于法律理由对其案件进行复审，成年罪犯的案件可以复审两次。

审前拘留仅限于少年诉讼。对于年龄在14—15岁之间的少年嫌疑犯，只有当少年试图逃跑或没有永久居住地时，才可以承担为证明审前拘留的正当性而逃跑的风险（《少年法院法》第二节）。对成年罪犯有效的任何理由都不能作为对少年犯进行审前拘留的理由。此外，法院在决定审前拘留时，必须考虑是否可以将少年犯安置在寄养家庭。如果少年犯被置于审前拘留，必须通知法院助理（《少年法院法》第72a节），以确保提供所有相关信息，包括可能的替代办法，如寄养。少年审前拘留的组织方式必须有利于教育。因此，被安置在审前拘留中心的少年犯必须工作。①

五、荷兰少年司法

荷兰少年司法整体上偏向福利模式。自20世纪80年代初以来，荷兰的青少年司法一直充满矛盾。青少年参与财产犯罪的情况相对稳定，暴力犯罪有所增加。在实践中，对福利价值观的承诺仍然很强烈，福利机构在应对青少年罪犯方面发挥着积极作用。改变后的标准使得成人法庭放弃年轻罪犯的权利变得更容易，但被放弃的人数有所下降，大多数被放弃的人都会受到社区惩罚。法律已经授权对年轻罪犯延长监禁期限，但长期监禁的使用已经减少。社区惩罚（包括社区服务和受害者赔偿）的使用大幅增加，新的计划赋予警方更大的权力对涉嫌犯罪者采取

① See Albrecht, Hans - J. rg. （2004）. Youth Justice in Germany. Crime & Justice (Chicago, Ill), 31, 471.

行动。国际公约和条约也对荷兰的青少年司法产生了重要影响。①

(一) 荷兰少年司法的福利传统

要了解荷兰少年司法、其起源以及它是如何变化的，就必须了解社会福利制度的起源，这是基本背景。两个主要因素决定了荷兰国家及其社会福利和儿童保育系统的发展。首先，从很早的时候起，地方政府就由富有的商人组成，而不是贵族阶级，这与大多数欧洲国家相反。从中世纪开始，许多繁荣的城市取得了很大的独立性。尽管荷兰的资产阶级统治者与奥兰治家族（House of Orange）之间存在着激烈的冲突，特别是在17世纪，但该国长期以来一直被描述为一个接受君主立宪制的共和国。其次，教会和国家之间关于贫困救济、儿童保育和少年司法责任的历史性权力斗争一直持续到20世纪。正是在这种背景下，社会福利、儿童保育和少年司法不断发展。许多不同的宗教派别和国家声称对社会福利、儿童保育和教育负有特殊责任。统一和连贯的国家政策的需要迫使当局制定一种基于协商、谈判和共识的决策模式。其一直存在到今天，被称为“Polder Model”。

少年司法的变化并不独立于成人刑事司法的变化。一个突出的特点是福利传统的影响。从16世纪开始，福利系统在儿童保育和青少年犯罪方面发挥了重要作用。在19世纪，关注虐待、忽视和犯罪儿童的机构变得越来越普遍。在20世纪，少年司法基本上发展成为一种福利和保护制度。大多数青少年被关在体制外。警方非正式地处理了大量案件。只有少数年轻罪犯被送上法庭。然而，在20世纪80年代，人们的情绪发生了变化，转向了一种为青少年分配更多个人权利但变得更加压抑的制度。这导致青少年机构的增加，以容纳不断增长的人口。欧洲少年和成人司法还受到了国际规则的影响，包括欧洲《保护人权和基本自

---

① 荷兰少年司法的资料主要来源于：Josine Junger－Tas.（2004）. Youth Justice in the Netherlands. Crime & Justice（Chicago，Ill），31，293－347.

由公约》，以及联合国《儿童权利公约》。

荷兰的少年司法，包括新的（预防性）措施和制裁，是一个混合体。尽管某些特征无疑比以前更具惩罚性，但许多要素尤其是在实践中保持了福利传统。例如，在虐待儿童和“问题”行为的案件中，尽一切努力说服父母自愿接受服务，这样就没有必要将案件诉诸法庭。一个社会机构网络帮助父母解决债务问题，并在药物使用、健康问题和养育问题的情况下提供治疗。

（二）荷兰少年司法的新发展

1995年荷兰制定了《少年司法法》，引入了许多影响警察、检察官、少年法官和儿童保护委员会的变化。此外，刑事诉讼程序也发生了变化，青少年获得了更多的正当程序权利，但这被认为是必要的，因为惩罚变得更加严厉。少年司法系统也得到了简化，成人刑事司法和少年司法程序之间的差异大大缩小。设立了荷兰司法和儿童保护协会HALT（Het Altrnatief），这是一个独立机构，负责在刑罚机构内保护囚犯权利，机构成员包括检察官和法官。HALT最初是非正式的，是基于警方、项目、青少年及其父母之间的自愿合作。现在，它已被法律采纳为警方提供的官方活动。现在对青少年罪犯只有两种主要制裁：罚款和青少年拘留。此外，还有三种替代制裁，分别是：为社区利益提供的社区服务、对受害者造成损害的赔偿、培训令。近些年，荷兰少年司法越来越重视处遇结果的有效性。一些机构正在缓慢采用已被证明有效的治疗干预措施。更多的重点还放在干预的效果上。同时，恢复性司法作为一种新的形式被引入。“恢复性司法”一词涵盖了许多类型的干预，从调解到社区中的修复活动。让受到惩罚的重罪罪犯与其受害者会面，目的是“恢复”这些人之间的关系。通过举行家庭小组会议，让少年犯会见受害者及其家人。通过在学校开展特别调解会议，以解决学生之间的冲突，在社区中，公民由调解员志愿者协助解决冲突，避免冲突升级。另一个相关的发展是建立地方检察机关（一个名为“邻里司法”的项目，以法国模式为基础）。当然，这样做主要是为了快速、非正式地处理轻微的犯罪行为，但检察官越来越倾向于这样做来参与解决当地问题。他们与所在地区的公民协会和学校会面，他们往往在维持社会和平和良好社区关系方面发挥调解作用。①

六、瑞典少年司法

瑞典的少年司法体系由两个部分组成，儿童和青年社会服务系统以及青少年法院。瑞典的刑事责任年龄为 15 岁，一些特殊政策适用于年轻被告，包括免予起诉、限制监禁以及将罪犯移交给当地社会福利委员会。社会福利委员会对 15 岁以下的罪犯负责。经县行政委员会许可，可使用强制感化治疗。福利委员会对 15—20 岁之间的非犯罪问题行为以及法院提交给它的那些年龄段的罪犯拥有管辖权。15 岁是负责任的年龄，社会福利委员会的目标是将未成年罪犯从有害的监狱经历中解救出来。②

七、丹麦少年司法

严格来说，丹麦没有少年司法制度。刑事责任年龄为 15 岁，年幼的罪犯由社会福利机构处理。15 岁及以上的罪犯在普通刑事法院按照与成年人相同的法律、程序处理。实际上，社会福利机构可以将儿童安置在安全的机构中，尽管他们很少这样做。18 岁以下的罪犯拥有许多成年人无法获得的判决政策和选择。这些措施包括缩短刑期、转送福利机构和特殊判刑选择。在 20 世纪 90 年代，丹麦犯罪率总体上保持稳定，年

① See Josine Junger - Tas. (2004). Youth Justice in the Netherlands. Crime & Justice (Chicago, Ill).

② See Janson, Carl - Gunnar. (2004). Youth Justice in Sweden. Crime & Justice (Chicago, Ill), 31, 391 - 442.

轻罪犯的犯罪率也在下降。关于青少年罪犯的刑事司法政策已日益政治化，并颁布了更严格的法律和政策。然而，由于国际条约以及国际准则的影响，人们对矫正计划信心的恢复以及丹麦人对监禁年轻罪犯的怀疑态度，20 世纪 90 年代对年轻罪犯的惩罚并未变得明显严厉，监狱判决的执行有所下降。

八、芬兰少年司法

“儿童最大利益”的理念是芬兰社会对少年司法的整体思考。社会福利机构、社会工作者和家外安置机构等社会力量参与少年司法，从而形成独具特色的福利模式。少年司法福利模式的目的在于帮助和满足触法少年及其家庭需要，而不是惩罚。同时，刑事司法系统在处理少年触法案件时也呈现出福利化趋向。①

九、日本少年司法

（一）日本少年司法制度的发展

1883 年，日本施行旧刑法，参照法国刑法规定了少年司法制度的内容：一是将少年的刑事责任年龄规定为 12 岁，对 18 岁以下的少年采取了刑事处分和保护处分并存的措施；二是创立了将违法少年送入惩治场进行教育的制度。由此出现了日本少年司法制度的萌芽。由于惩治场依附于监狱，被监禁的少年往往得不到预期的教育效果。1903 年日本公布实施《感化法》，并于 1909 年进行了修改，删去了关于惩治场收容等项规定，1909 年开始实施的新刑法规定“未满 14 岁者的不良行为由感化院处遇”。自此以后，感化院在日本开始设立。1923 年，日本正式施行

---

① 参见侯东亮：《芬兰少年司法福利模式及其启示》，载《预防青少年犯罪研究》2012 年第 1 期，第 59 页。

了旧少年法和矫正院法，标志着日本少年司法制度日渐成熟。旧少年法继承了日本刑法的传统，对 18 岁以下的少年采取刑事处分和保护处分并存的措施，其具体的区分由检察官决定。第二次世界大战后，日本青少年犯罪急剧上升，为了处理这一严重的社会问题，日本参照美国少年司法制度从 1947 年到 1949 年先后制定施行了《儿童福利法》《少年法》《少年法院法》和《少年审判规则》，日本少年司法制度得到了进一步发展。日本少年司法经历了从刑法主义、惩治主义到国家亲权、儿童最佳利益的思路转变。目前的少年司法制度也体现了司法与福利相结合的特性，建立了一套以家庭裁判所为核心的非行少年处理程序，除了少数案件作为刑事案件处理外，大部分少年案件都可以作出保护处分决定。日本少年司法经历的从惩治刑罚到观护矫治的过程，表明少年法院并不能在实质上限制刑罚适用，只有通过刑罚以外的观护措施和矫治系统，依靠制度体系的功能，才能实现教育为主的少年司法理念。①

（二）日本少年司法模式

日本少年司法模式尽管有较强的刑事法特性，但仍具有浓厚的保护与福利色彩。日本少年司法认为，对少年的基本刑事政策不应该是科处作为报应的刑事处罚，而应该主要是科处以教育为目的的保护处分。国家的介入是出于对少年的保护。② 可见，日本的少年司法模式更倾向于“保护”模式。近年来，一些低龄恶性案件也引起日本社会对此种模式的反思，相应地对相关法律做出调整，加大了惩罚的一面，但尽管如此，总体上说，日本的少年司法还是以保护为中心。作为少年案件审理机构的家庭裁判所也一直秉承着这种理念。日本少年法的管辖对象比较

---

① 参见徐家力、林琳：《域外视角：少年司法观护制度的演进及借鉴》，载《人民法治》2019 年第 11 期，第 41 页。

② 参见刘建利：《日本少年司法制度及其对我国的启示》，载《青少年犯罪问题》2013 年第 2 期，第 98 页。

宽泛，被称为“非行少年”，包括犯罪少年、触法少年与虞犯少年（具有不良品行可能犯罪的少年）三类。日本对三类非行少年规定了相应的法律制度，即刑事司法制度、少年保护司法制度和儿童福利行政制度，①这也体现了日本少年司法与保护和福利有着密切的联系。

第二节　我国未成年人司法的历史沿革

一、秦汉以来未成年人司法萌芽

由于深受儒家“矜老恤幼”思想的影响，我国古代很早就出现了对未成年人采取一些特殊司法处遇的做法，主要集中在未成年人犯罪与刑罚等方面，如未成年人司法管辖范围、刑罚减免、刑事诉讼活动等。

秦代以身高作为刑事责任能力的认定标准是学术界一直以来的共识。② 如睡虎地秦简《法律答问》载：“甲盗牛，盗牛时高六尺（系）一岁，复丈，高六尺七寸，问甲可（何）论？当完城旦。③ 甲小未盈六尺，有马一匹自牧之，今马为人败，食人稼一石，问当论不当？不当论及赏（偿）稼。”④

《二年律令》所见刑事责任年龄的有关规定比秦律要细密，它摒弃了秦以身高划分刑事责任的做法，改为以自然人的年龄作为划分的标准。汉律将自然人的年龄划为三分四段，即不满 10 岁，已满 10 岁至 17

---

① 参见刘拥军：《少年司法制度比较与启示》，载《公民与法》2011 年第 7 期，第 62 页。

② 参见吴海航、蒋宗言：《秦代刑事责任能力标准辨析》，载《西北师大学报（社会科学版）》2020 年第 3 期，第 82－89 页。

③ 《睡虎地秦墓竹简》，文物出版社 1978 年版，第 153 页。

④ 《睡虎地秦墓竹简》，文物出版社 1978 年版，第 218 页。

岁以下，已满 17 岁至 70 岁以下及 70 岁以上。[①]《具律》曰："有罪年不盈十岁，除；其杀人，完为城旦舂。"[②] 即不到 10 周岁的儿童，除犯杀人罪以外，不负刑事责任，并排除了 10 岁以下儿童的死刑和肉刑。同律简八三："公士、公士妻及行年七十以上，若年不盈十七，有罪当刑者，皆完之。"[③] 即已满 10 岁到不满 17 岁者及年满 70 岁者，除死刑外，其刑事责任是受限制的，受刑者皆排除肉刑。据此可以推知，年满 17 岁至 70 岁者触犯刑律要负完全的刑事责任，其余年龄段的刑事责任都受到限制。或者说，汉律在年龄界限上没有免除刑事责任的规定。再者，汉律对不满 10 岁者在诉讼权利上也给予限制，如 10 岁以下者不享有告诉权，即他们的告诉不予受理。[④]

《二年律令》所载刑事责任年龄与惠帝时相比，有可能更宽松。《汉书·惠帝纪》："惠帝初即位，定'民年七十以上若不满十岁有罪当刑者，皆完之'"。[⑤] 景帝后三年诏："年八十以上，八岁以下及孕妇未乳，师、侏儒当鞫系者，颂系之。"[⑥] 宣帝元康四年诏："自今以来，诸年八十以上，非诬告杀伤人，它皆勿坐。"[⑦] 成帝鸿嘉元年定令："年未满七岁，贼斗杀人及犯死者，上请廷尉以闻，得减死。"[⑧] 平帝元始四年："其明敕百僚，妇女非身犯法，及男子年八十以上七岁以下，家非坐不

---

① 参见南玉泉：《张家山汉简〈二年律令〉所见刑罚原则》，载《政法论坛》2002 年第 5 期，第 25－31 页。

② 朱红林：《张家山汉简〈二年律令〉集释》，社会科学文献出版社 2005 年版，第 76 页。

③ 朱红林：《张家山汉简〈二年律令〉集释》，社会科学文献出版社 2005 年版，第 74 页。

④ 参见南玉泉：《张家山汉简〈二年律令〉所见刑罚原则》，载《政法论坛》2002 年第 5 期，第 25－31 页。

⑤ 参见南玉泉：《张家山汉简〈二年律令〉所见刑罚原则》，载《政法论坛》2002 年第 5 期，第 25－31 页。

⑥ 参见《汉书·刑法志》。

⑦ 参见《汉书·宣帝纪》。

⑧ 参见《汉书·刑法志》。

道，诏所名捕，它皆无得系。”① 东汉建武三年诏：“男子八十以上，十岁以下，及妇人从坐者，自非不道，诏所名捕，皆不得系，当验问者，即就验。”② 由此可知，汉代有关未成年人界定在不同时期有不同的标准，总体在7岁至10岁。

在监狱管理方面，汉代对未成年人也有特殊照顾，汉景帝后元三年令：“年八十以上，八岁以下，及孕者未乳，师、侏儒鞫系者，颂系之。”“颂”通“容”，“颂系”即宽容而不加桎梏。从该规定可以看出，8岁以下未成年人犯罪，在执行刑罚时可以不带刑具。

在未成年人诉讼权利方面，根据《二年律令》，汉代对未成年人的诉讼权利也进行了很大程度的限制，正如《具律》（八十三）：“年未盈十岁为气（乞）鞫，勿听。”《告律》：“年未盈十岁及膝觋者、城旦舂、鬼薪白粲告人，皆勿听。”这表明，在汉代，10岁以下幼者是没有告诉权的，即使诉至官府，官府也不受理。这反映了汉律对当事人的行为能力与刑事责任关系的认识。10岁以下幼者乃无行为能力人，他们不享有告诉权及上诉权。③

基本上，汉承秦治，在对未成年人保护方面有着许多共同之处，如都对有幼儿的家庭进行减徭役方面的优待，都对未成年人实施恤刑政策等。

二、清末民初未成年人司法初创

我国对少年司法制度的认识最早始于清末。这一制度的引入和发展主要集中在晚清和南京国民政府两个时期。鸦片战争后，晚清开启了西

---

① 参见《汉书·平帝纪》。

② 参见《后汉书·光武帝纪》。

③ 参见南玉泉：《张家山汉简〈二年律令〉所见刑罚原则》，载《政法论坛》2002年第5期，第25－31页。

法东渐之路，少年开始为人们更多的关注。[①] 这一时期的法制处于急速转型期，不仅继承了古代历朝历代的法治精髓，而且本着“去糟存精”，借鉴和移植西方发达国家的法律制度，有关未成年人刑事诉讼程序的法律或草案也陆续被修订。[②]

（一）清末民初未成年人界定

1911 年《大清新刑律》第 11 条规定：“凡未满十二岁之行为不为罪，但因其情节得施以感化教育。”[③] 沈家本在《大清新刑律》的文本中，较为系统地阐释了引入感化教育制度，倡导国家代替法定监护人施以感化教育，推动未成年人司法改革的设想。[④]《大清新刑律》第 50 条规定：“喑哑人或未满十六岁人或八十岁人犯罪者，得减本刑一等或二等。”[⑤] 从以上可以看出，晚清时期刑事责任年龄为 12 岁，具体而言，未满 12 岁，完全不负刑事责任，但需要因情节实施感化教育；12 岁以上未满 16 岁，负刑事责任，但可减轻刑罚一等或二等。

1928 年北洋政府颁行《中华民国刑法》，其中，刑事责任年龄由 12 岁上升为 13 岁，并明确 13 岁至 16 岁的涉罪未成年人，减刑一半。1935 年南京国民政府颁行《中华民国刑法》，该法再次将刑事责任年龄提高到 14 岁，对于 14 岁以上不满 18 岁的涉罪未成年人，可以减轻其刑罚；对于未满 18 岁的未成年人犯罪，不适用死刑和无期徒刑；对于未满 14 岁而不受处罚的，可以令其进入感化教育处所，施以三年以下感化教

---

① 参见周颖：《近代中国少年司法的启动》，法律出版社 2019 年版，第 4 页。

② 参见自正法：《我国未成年人刑事特别程序之演进逻辑及其启示》，载《江淮论坛》2018 年第 3 期，第 122 - 127 页。

③ 高汉成主编：《〈大清新刑律〉立法资料汇编》，社会科学文献出版社 2013 年版，第 720 页。

④ 参见自正法：《我国未成年人刑事特别程序之演进逻辑及其启示》，载《江淮论坛》2018 年第 3 期，第 122 - 127 页。

⑤ 高汉成主编：《〈大清新刑律〉立法资料汇编》，社会科学文献出版社 2013 年版，第 725 页。

育。而到新民主主义革命时期，关于未成年人犯罪及其司法处遇的有关规定，则可分为中央苏区和抗日战争两个时期，如抗日战争时期三部法律为：《陕甘宁边区抗战时期惩治盗匪条例（草案）》《陕甘宁边区抗战时期惩治汉奸（条例）》和《晋察鲁豫边区违警处罚暂行办法》，这些法律涉及未成年人的主要内容为：在 14 岁以下的未成年人犯罪得减刑，年龄在 14 岁以下充当汉奸的，应当减刑或免除其刑，未满 13 岁则不予处罚等。①

（二）清末民初未成年人司法相关特殊机构

1. 监狱的设立情况

《大清监狱律草案》第 2 条规定："未满十八岁之处徒刑者，拘役于特设监狱，或在监狱内区分一隅拘禁之。但刑期不满二月者，不在此限。"从该规定可以看出，未满 18 岁需要处以徒刑刑罚的，设立特殊监狱用于拘役，或者在普通监狱中区分特殊场所进行拘役。但是刑期不满 2 个月的，不适用该规定。

从幼年监狱的实践来看，晚清中国尚无幼年监，但是租界内却最早出现了独立设置的少年监区。② 在上海公共租界华德路监狱（提篮桥监狱）中，最早出现了单独监禁幼年犯的场所——幼年监。③

民国以来，少年监狱的创建，与其他少年司法机构相比，显得相对完善。少年监狱的相对发达，主要得益于近代中国监狱改良事业的持续推动。自 1934 年第一所山东少年监狱开始，民国不仅创建了 3 所少年监狱，还颁布了专门的少年监狱规则。此外，在一些没有条件设立少年监狱的地方，还设立了相对独立的少年监区或少年监房。④

---

① 参见自正法：《我国未成年人刑事特别程序之演进逻辑及其启示》，载《江淮论坛》2018 年第 3 期，第 122－127 页。

② 参见周颖：《近代中国少年司法的启动》，法律出版社 2019 年版，第 74 页。

③ 参见孙雄编：《监狱学》，商务印书馆 2011 年版，第 71 页。

④ 参见周颖：《近代中国少年司法的启动》，法律出版社 2019 年版，第 268 页。

2. 感化院的设立情况

1911 年《刑事诉讼律（草案）》第五编专门设置了“特别诉讼程序”，规定了“感化教育及监禁处分程序”，同时规定了指定辩护人制度。1911 年许世英所撰写的《考察司法制度报告》中提到，“我国监狱虽已改良，而感化事业尚未兴办”，从当时的报纸期刊来看，仅有一所感化院成立，即 1908 年由安徽巡抚札饬藩司创立的安徽感化院。感化院收容的对象为 13 岁以上 20 岁以下，并符合一定条件者，如无亲人收养，有乞讨游荡的行为或者家人经过官方认可后送入，或者由司法部门判令入院等。①

1922 年民国政府司法部正式颁布了《感化学校暂行章程》，并建立了感化院和未成年人监狱，其中，感化院旨在专门收容因社会、学校或家庭教育的缺失而触犯法律的不良未成年人，并授予必要的教育和职业训练的感化教养机构，截至 1935 年，公立和私立感化院合计已有 44 所，其核心着重于感化教育，而并非彰显刑罚惩罚。② 同时，于 1933—1934 年在济南、武昌等地建立了未成年人监狱，在总结未成年人监狱建设的基础上，1946 年公布了《监狱行刑法》，该法对未成年人监狱的设置、个别化处遇的实行、保护教育等都作出了有别于成年犯的规定。

随着清末监狱行刑制度的近、现代化转型，西方的感化院模式逐渐被引入中国传统的行刑领域。至南京国民政府时期，感化教育被法定为保安处分的一种形式，感化院即成为保安处分的执行处所。③

---

① 参见周颖：《近代中国少年司法的启动》，法律出版社 2019 年版，第 75 页。

② 参见张东平：《近代中国少年感化院的创设》，载《青少年犯罪问题》2012 年第 2 期，第 90－94 页。

③ 参见张东平：《近代中国少年感化院的创设》，载《青少年犯罪问题》2012 年第 2 期，第 90－94 页。

晚清民国感化院设立情况

时期	年份	事件	影响
	感化教育萌芽		
晚清	1908 年	安徽巡抚札饬藩司奏设创立感化院并议定章程	感化院章程设定了收容范围、程序、管理及经费等规范，可谓是拟定了近代最早的感化院的开办纲要。
	民国以后，感化院设办的努力尝试未有中断		
民国	1922 年	北京香山慈幼会为教育不良儿童而设立香山感化院	少年感化机构创建的标志。
	1922 年	民国政府司法部颁布了《感化学校暂行章程》	根据该章程规定，感化学校设立之目的在于“预防幼年犯罪或再犯”。未满 16 岁之幼年犯而被认为可施感化教育者，以及未满 12 岁不守家规，经其父母请求入校者（此项学生应由其父母缴纳补助费），经司法部核准皆得收入感化学校。
	1923 年	司法部筹设感化教育机构，乃商诸于香山感化院，合组为北京感化学校	
	南京国民政权建立后，感化院的开办规模继续扩大		
民国	1935 年及以后	各省市创办感化院	根据 1935 年司法行政部统计室关于各省保安处分执行处所的调查，感化教育机构已有 44 所，其中公立 25 所，私立 19 所。1935 年以后，感化院成为执行保安处分的法定处所，但仍远未达到在各地区普及的程度。

3. 审判庭的设立情况

在未成年人审判程序上，清末称未成年人法庭为“幼年审判庭”，并拟定了《奉天高等审判厅幼年审判庭试办简章》，该简章共10条，从内容来看，规定了幼年审判庭的设置、受案范围、法官选任、社会调查制度、审判形式采用合议制、与成年人分开原则及对未成年人权利特殊保护原则。①

直到1936年，较为系统地规定未成年人刑事审理程序的法律才初步呈现，国民政府司法行政部颁行了《审理少年案件应行注意事项》，对未成年人案件审理过程中应注意的事项归纳为15个方面，其中包括司法官选任考核制度、社会调查制度、不公开审判、审判程序的弹性化、非监禁化、司法分流与特殊保护原则等，《审理少年案件应行注意事项》较之于清末《奉天高等审判厅幼年审判庭试办简章》内容更加丰富和完善。②

少年法庭是最晚出现的少年司法机构，直至1948年才在南京地方法院开始试行，设立时间最短。不过我们也注意到，在此之前少年法庭虽然未设立，《审理少年案件应行注意事项》已实施多年，作为暂缓设立少年法庭的权宜之计，法院被要求采用指定专办或兼办推事的方法审理少年案件。③

（三）清末民初未成年人司法中的检察角色

清末时期检察机关的职权主要包括逮捕权、取证权、公诉权、上诉权、判决执行的监督权、特定民事案件的干预权等。④ 清末在移植西方

① 由于史料记载有限，无法考证幼年审判庭的实际运行及其他省市推广情况。

② 参见姚建龙：《少年法院的学理论证与方案设计》，上海社会科学院出版社2014年版，第23－24页。

③ 参见周颖：《近代中国少年司法的启动》，法律出版社2019年版，第268页。

④ 参见刘红立主编：《中国检察文化的发展史》，中国检察出版社2017年版，第114页。

以公诉权为核心的现代检察制度过程中，其检察法律监督性更多的是以一种公诉权力存在的，主要体现为对审判、执行活动的监督。① 参照《法院编制法》相关规定，清末并无对于未成年人检察相关特殊制度的专门规范，但在检察官监督审判中，对涉及家族亲属、嗣续等检察官预审或公判时莅庭监督作出了特殊规定，如《各级审判厅试办章程》第110条规定："预审或公判时均须有检察官莅庭监督，并得纠正公判之违误。"其第111条规定："检察官对于民事诉讼之审判，必须莅庭监督者如下：婚姻事件、亲族事件、嗣续事件。以上事件，如审判官不待检察官莅庭而判决者，其判决无效。但案经提起上诉者，上诉衙门得咨询同级检察官之意见，仍予受理。"②

民国初立时，前清《法院编制法》得到沿用，检察制度得以存续。南京临时国民政府时期检察体制基本上沿袭清末旧制。③ 北洋军阀时期混乱的政局并没有阻滞检察制度的发展，但随着军阀独裁统治的加强，检察制度在运行中呈现了非常明显的军政化、行政化色彩。民国后期，南京国民政府时期构建了较为完备和成体系的检察制度。经翻阅民国时期检察相关规范，目前并未发现关于未成年人检察相关的特殊规定。

因此，近代中国少年司法制度的引入始于晚清，发展于民国。1948年南京少年法庭的试办以及少年法拟定工作的开始，标志着近代中国少年司法的初步建成。④

---

① 参见刘红立主编：《中国检察文化的发展史》，中国检察出版社2017年版，第116页。

② 闵钐、谢如程、薛伟宏：《中国检察制度法令规范解读》，中国检察出版社2011年版，第34页。

③ 参见刘红立主编：《中国检察文化的发展史》，中国检察出版社2017年版，第134页。

④ 参见周颖：《近代中国少年司法的启动》，法律出版社2019年版，第267－268页。

三、新中国未成年人司法的构建

新中国成立后，我国开始逐步构建未成年人司法体系，逐渐形成了未成年人司法国家保护主义与国家亲权思想的雏形。未成年人司法发展历程大致可分为三个阶段。

（一）探索阶段：1949—1978 年

新中国成立初期，废除了国民政府制定的法律、法令及司法制度，开始制定法律法规，涉及未成年人保护的一些规定散见于相关法律法规及“批复”中。例如，1949 年实施的《中国人民政治协商会议共同纲领》第 48 条中提到“推广卫生医药事业，并注意保护母亲、婴儿和儿童的健康”；1950 年颁布实施的《婚姻法》第四、六、七章中对父母子女间的关系、父母离婚后对子女的抚养和教育义务等方面作出详细规定。1951 年 11 月，中央人民政府法制委员会对中南军政委员会《关于未成年人被匪特利用放火投毒是否处罚问题的批复》中规定：“未满 12 岁者的行为不予处罚。未满 14 岁者犯一般情节轻微的罪不予处罚，但应交其亲属、监护人或其所属机关团体，预防管理教育”“但已满 12 岁者如犯杀人罪、重伤罪、惯窃罪以及其他公共风险性的罪，则可由法院认定。如法院认为有处罚之必要者，亦得酌情处罚，并得对其家长或监护人予以警告。14 岁以上未满 18 岁者的犯罪，一律予以处罚，但得比较 18 岁以上的成年人犯罪从轻或减轻处罚”。1954 年《宪法》第 94 条第 2 款规定：“国家特别关怀青年的体力和智力的发展。”第 96 条第 2 款规定：“婚姻、家庭、母亲和儿童受国家的保护。”作为我国的根本大法，以上规定代表了我国对于青年、儿童等保护的基本方向，也为后续相关立法提供了指引。1954 年《劳动改造条例》第 3 条第 3 款规定：“对少年犯应当设置少年犯管教所进行教育改造。”对少年犯与成年罪犯实施分别羁押、分别管理的模式。在 1954 年《宪法》的基础上，1957

年颁布的《治安管理处罚条例》对未成年人违法行为予以规定，该条例第26条规定："不满十三岁的人的违反治安管理行为，不予处罚；已满十三岁不满十八岁的人的违反治安管理行为，从轻处罚。但是应当责令他们的家长或者监护人严加管教。如果这种行为出于家长、监护人的纵容，处罚家长、监护人，但是以警告或者罚款为限。"1957年5月，最高人民法院、司法部在《关于城市中当前几类刑事案件审判工作的指示》中对未成年犯的处罚进行了较详细的规定，该指示规定："对未成年犯，必须贯彻教育为主，惩罚为辅的方针。对于罪行严重或恶习已深、屡教不改的未成年犯罪分子应当依法判处适当的刑罚，强制改造；但应当比照18周岁以上的成年人同类犯罪从轻或减轻处刑。对于恶习不深、罪行较轻，本应判处短期徒刑的未成年犯，如果是有人能够负责管教的，可以采用缓刑的办法，交其家长、监护人或其所属机关、团体、学校，严加管教。对那些按其年龄或犯罪程度尚不够负刑事责任的，如有家庭监护，交其家庭管教，如果无家可归或家庭实在管教不了，要求政府帮助教育的，可由有关部门收容，教育改造。"① 1960年实施的《全国农业发展纲要》第29条至第31条及第38条中对未成年人生存、受教育、参与劳动等相关问题作出规定。1963年10月的刑法草案规定，已满14岁不满16岁的人，犯杀人、重伤、放火、严重偷窃罪或者严重破坏交通工具罪，应当负刑事责任，犯其他罪，不负刑事责任。②

新中国成立初期，这些规定显得尤为重要，不仅体现了国家对未成年人健康成长的关心，同时也拉开了我国未成年人权益保障工作的序幕。但是客观地说，新中国成立后较长一段时间，未成年人司法工作基

---

① 参见赵国玲主编：《未成年人司法制度改革研究》，北京大学出版社2011年版，第62页。

② 参见高铭暄：《中华人民共和国刑法的孕育和诞生》，法律出版社1981年版，第40页。

本还处于探索期，没有相应的机构，更无特殊的工作机制可言。

（二）初创阶段：1979—2012 年

“文化大革命”结束后，我国犯罪率骤然上升，尤其是未成年人违法犯罪现象凸显。针对该情况，中共中央于 1979 年批转了中宣部、教育部等 8 个单位《关于提请全党重视解决青少年违法犯罪问题的报告》（中发〔1979〕58 号），引起了全国上下对未成年人犯罪的广泛关注。经过“文化大革命”时期停滞的立法阶段，1979 年我国首部《刑法》得以颁布，将既有的以条例形式发布的内容上升到法律层面，其中有关刑事责任年龄的划分将原《治安管理处罚条例》中不予处罚的年龄上限提高为 14 周岁，① 并首次确立了“因不满十六岁不处罚的，责令其家长或者监护人加以管教；在必要的时候，也可以由政府收容教养”的法条内容，该条文也在《劳动改造条例》后，首次为我国完善未成年犯管教所等少年矫正机构提供了法律层面的正当性。在同年颁布的《刑事诉讼法》中，也同样确立了未成年人讯问时法定代理人到场权、未成年人获得法定辩护权、未成年人刑事案件不公开审理权等内容，这些赋予未成年人专门的程序权保障措施，进一步充实了我国未成年人司法相关的立法内容。

1985 年 10 月，中共中央发布了《关于进一步加强青少年教育、预防青少年犯罪的通知》（中发〔1985〕20 号），要求全社会重视解决青少年犯罪问题，并建议立法机关根据宪法精神，加紧制定保护青少年的有关法律，用法律手段保护青少年的合法权益不受非法侵犯。同年 11 月，《北京规则》通过，其所倡导的“应建立受权实施少年司法的机构，

① 1979 年《中华人民共和国刑法》第 14 条规定：“已满十六岁的人犯罪，应当负刑事责任。已满十四岁不满十六岁的人，犯杀人、重伤、抢劫、放火、惯窃罪或者其他严重破坏社会秩序罪，应当负刑事责任。已满十四岁不满十八岁的人犯罪，应当从轻或者减轻处罚。因不满十六岁不处罚的，责令他的家长或者监护人加以管教；在必要的时候，也可以由政府收容教养。”

以满足少年犯的不同需要，保护他们的基本权利”等内容，对我国未成年人刑事司法理念与实践产生了较大影响。

在此背景下，1987 年 6 月，上海市人大常委会通过《上海市青少年保护条例》，这是我国第一部未成年人立法，该专门而系统的立法成为我国大陆地区迄今为止未成年人立法的蓝本。该条例明确以“保障青少年合法权益，保护青少年健康成长”为基本宗旨和基本任务，从国家机关保护、家庭保护、学校保护、社会保护、自我保护和特殊保护等六个方面构建了青少年全面保护的基本框架，并对违法犯罪青少年的教育、矫治和安置帮教等进行了初具系统的规制。该条例还规定：“公安机关、人民检察院和人民法院要分别组织专门的预审组、起诉组、合议庭，采取适合青少年特点的方式方法讯问、审查和审理青少年违法犯罪案件。”至此，我国第一部关于青少年保护的地方性立法诞生。此后，全国许多省市也陆续出台地方性的青少年保护法规。①

1991 年 9 月，第七届全国人大常委会第二十一次会议通过了《未成年人保护法》。该法对《上海市青少年保护条例》的基本精神、基本内容和基本制度进行了较为全面的吸纳，成为我国大陆地区迄今为止最为重要的全国性未成年人专门立法。该法以专章规定了“司法保护”，以国家基本法律的形式对未成年人司法制度的基本原则、组织机构等予以明确规定，确立了对未成年人“教育感化挽救”方针和“教育为主、惩罚为辅”原则，并规定了“公安机关、人民检察院、人民法院办理未成年人犯罪的案件，应当照顾未成年人的身心特点，并可以根据需要设立专门机构或者指定专人办理”。《未成年人保护法》的出台，标志着中国大陆地区少年司法制度的正式确立。② 1999 年 6 月，第九届全国人民代表大会常务委员会第十次会议通过了《预防未成年人犯罪法》，该法旨

---

① 参见王贞会：《未成年人刑事诉讼法制发展史略》，载《青少年犯罪问题》2013 年第 5 期，第 82 - 87 页。

② 参见高维俭：《少年法学》，商务印书馆 2021 年版，第 143 - 145 页。

在“保障未成年人身心健康，培养未成年人良好品行，有效地预防未成年人犯罪”，试图对《未成年人保护法》予以某些方面的补足，侧重强调对少年违法犯罪的预防。《未成年人保护法》和《预防未成年人犯罪法》构成了我国未成年人专门立法的基本框架。

此后，直至2012年《刑事诉讼法》修订增设“未成年人刑事案件诉讼程序”专章，该章内容包括关于办理未成年人刑事案件原则和总体要求，关于为没有委托辩护人的未成年犯罪嫌疑人、被告人予以法律援助的情形，关于司法机关办理未成年人案件可以进行社会调查，关于对未成年犯罪嫌疑人、被告人严格适用逮捕措施，以及对未成年人关押、管理、教育的形式，关于讯问、审判未成年犯罪嫌疑人、被告人的特别规定，关于检察机关办理未成年人案件可以作出附条件不起诉决定的情形，对被附条件不起诉的未成年犯罪嫌疑人进行监督考察的规定，对适用附条件不起诉的人作出起诉或者不起诉决定的规定，关于未成年人案件不公开审理原则的规定，关于未成年人犯罪记录封存的规定以及关于办理少年刑事案件如何适用法律的规定，对于指导未成年人刑事案件办理发挥了非常重要的作用。同时，专章规定的社会调查、附条件不起诉、圆桌审判、犯罪记录封存等一系列适合未成年人的司法工作机制，为未成年人司法的发展注入了强大动力。

从司法实践看，改革开放以后，青少年犯罪的综合治理得到重视和积极发展。作为社会综合治理的重要组成部分，未成年人司法逐步得到重视。为顺应国内国际的形势，1984年上海市长宁区人民法院从刑庭的五个合议庭中，选择了一个合议庭，挑选了一名具有一定审判经验，懂得心理学、犯罪学等方面基础知识，热心审理少年案件的审判员，同两名人民陪审员一起，组成刑事案件“少年庭”，或称“少年犯合议庭”，集中审理未成年人犯罪案件。同年11月，这一新中国大陆地区的第一个少年法庭开始受理少年刑事案件。此举标志着司法界开始意识到对未成年人犯罪案件进行区别对待的必要性，同时也促进了同是司法机关的检察机关对未成年人刑事检察制度的实践尝试。1986 年，全国检察机关第一个未检专门机构于上海市长宁区人民检察院成立，名称为少年刑事案件起诉组，从属于起诉科，作为承担未成年人刑事案件的审查起诉、出庭公诉等职责的专门机构。此举标志着我国未成年人检察工作从普通刑事检察工作中分离，开始朝着专业化方向发展。之后各地检察机关持续推进专门机构建设，持续加强专业化队伍建设，并逐步形成“捕诉监防教一体化”的工作模式。① 同年，长宁区公安分局建立了第一个“少年嫌疑犯预审组”。1987 年 10 月，上海市长宁区人民法院与上海市少年管教所签订《关于建立业务协作的协议书》，初步形成了对少年犯羁押、预审、起诉、审判、辩护、管教的完整工作体系。以成立这样专门的未成年人刑事案件办案组织为起点，我国未成年人司法工作开始发端。此后，上海长宁经验迅速在全国推广。这些专门办案组改变打击惩治为主的做法，开始注重教育、挽救涉罪未成年人，着手探索有别于成年人案件的办案方式方法。1991 年 1 月，最高人民法院制定下发《关于办理少年刑事案件的若干规定（试行）》，1991 年 6 月，最高人民法院、最高人民检察院、公安部、司法部等部门联合下发《关于办理少年刑事案件建立互相配套工作体系的通知》等文件，规范了未成年人刑事案件的立案程序，确立了基本原则，促进了未成年人保护工作的开展，推动了社会治安综合治理措施的落实。这一时期，未成年人司法制度的“两条龙”工作体系在许多省市基本形成。所谓“两条龙”工作体系，一条龙是指公、检、法、司于一体的“少年司法一条龙”；一条龙是指工会、共青团、妇联、教育系统、街道、乡镇管理部门等在内的，对失足少年实行帮教的“社会帮教一条龙”。与此同时，少年法庭的种类也从单一的少年刑事案件合议庭向多元少年法庭体系发展，形成了少年刑事案件合议庭、少年刑事案件审判庭、少年综合案件审判庭等多种形式并存的

---

① 参见童建明、万春、宋英辉主编：《未成年人检察业务》，中国检察出版社 2022 年版，第 4 页。

局面。中国的未成年人司法制度基本完成了由地方性制度向全国性制度的转变，标志着未成年人司法制度雏形在中国已经建立。

应该说，我国的未成年人司法实践并不是一帆风顺发展起来的，而是在曲折中艰难发展的。由于 1996 年《刑事诉讼法》修订没有对办理未成年人案件的程序作专门规定，在此后的机构改革中，最高人民检察院于 1997 年撤销了少年犯罪检察工作指导处。少年法庭与未成年人检察机构一样纷纷撤并。虽然独立机构和办案组织遭遇撤并，但关于未成年人司法制度的探索并未中断。2006 年 7 月，设立独立建制的少年审判庭试点改革工作在全国部分中级人民法院中正式铺开，进一步推动了地方三级法院少年法庭组织机构的巩固发展，促进了涉及未成年人民事权益司法保护审判制度的建立和完善。在中级法院试点工作的示范和带动下，全国少年法庭机构建设呈现出新的发展态势。少年司法审判机构受理案件的范围从单纯刑事案件发展到同时受理涉及未成年人权益保护的民事案件。

（三）发展阶段：2013 年至今

这一阶段，《刑法》以及相关修正案进一步加强了对未成年人的刑事保护。同时，伴随着法律的逐步完善，最高人民法院、最高人民检察院相继制定了涉未成年人相关司法解释及规范性文件，比如，2013 年《关于依法惩治性侵害未成年人犯罪的意见》（已失效）① 提出，依法惩治性侵害未成年人犯罪，加大对未成年人合法权益的司法保护。2014 年，最高人民法院、最高人民检察院、公安部、民政部联合印发《关于依法处理监护人侵害未成年人权益行为若干问题的意见》，切实维护未成年人合法权益，加强未成年人行政保护和司法保护工作。2020 年，最高人民检察院等九部门制发《关于建立侵害未成年人案件强制报告制度的意见（试行）》，加强对未成年人的全面综合司法保护，及时有效惩治

① 2023 年“两高两部”发布《关于办理性侵害未成年人刑事案件的意见》。

侵害未成年人违法犯罪。这些共同构成了我国未成年人保护法律体系，对于惩治侵害未成年人犯罪、教育挽救罪错未成年人、促进未成年人健康成长发挥了重要作用。2020 年颁布的《民法典》对未成年人的人身自由和人格尊严、家庭权利、财产权利等作出规定，对完善未成年人民事权益保护具有重要意义。《未成年人保护法》《预防未成年人犯罪法》颁布实施后，2020 年进行了全面系统的修订，确立了最有利于未成年人原则，构建了“家庭、学校、社会、网络、政府、司法”六大保护体系，有力完善了未成年人法律制度。

自 2012 年 5 月召开全国第一次未成年人刑事检察工作会议以后，最高人民检察院开始在强化未成年人司法保护方面频繁发力，加强了顶层设计和指导力度，陆续下发了《人民检察院办理未成年人刑事案件的规定》《关于进一步加强未成年人刑事检察工作的决定》《未成年人刑事检察工作指引（试行）》《检察机关加强未成年人司法保护八项措施》《关于加强未成年人检察工作专业化建设的意见》《关于加强新时代未成年人检察工作的意见》等一系列司法解释、规范性文件，组织召开专题会议、培训班，对各地的做法进行总结提升，对工作进行部署和推动，全国未成年人检察工作呈现整体推进、快速发展的良好局面，专门机构和专业化、规范化建设都取得了长足进步，迎来了更为广阔的发展前景。据《未成年人检察工作白皮书（2021）》统计，截至 2021 年底，最高人民检察院、31 个省级检察院、255 个市级检察院和 536 个县级检察院设立了独立未成年人检察机构，有 1385 个市级、县级检察院设立了未成年人检察办案组。有 1 万余名检察官从事未成年人检察工作。

这一时期，少年法庭工作也取得了一定进展。2012 年最高人民法院在河南郑州召开人民法院第六次少年法庭工作会议。会后经中央政法委同意，最高人民法院进一步扩大了未成年人综合审判庭试点范围。试点法院由原来的 17 个扩大到 49 个，基本涵盖了除西藏拉萨以外的各省会城市的中级人民法院。2013 年全国首个高级法院未成年人案件审判庭在北京市高级人民法院成立，主要职责是审理二审未成年人刑事案件以及涉及未成年人权益保护的二审民事、行政案件。2014 年 12 月，最高人民法院召开少年法庭 30 周年座谈会暨少年审判论坛，进一步推动了少年法庭工作的开展。2016 年，最高人民法院在全国范围内选择 118 家中级、基层法院开展为期两年的少年家事审判改革试点，以江苏省为代表的多个省份广泛建立起少年家事审判庭。在加强未成年人保护的制度建设方面，最高人民法院单独或者会同有关部门，出台了一系列司法解释和指导意见，比如《关于进一步加强少年法庭工作的意见》《关于进一步建立和完善办理未成年人刑事案件配套工作体系的若干意见》《关于审理拐卖妇女儿童犯罪案件具体应用法律若干问题的解释》《关于依法严惩利用未成年人实施黑恶势力犯罪的意见》《关于加强中小学生欺凌综合治理方案》《关于进一步加强事实无人抚养儿童保障工作的意见》等，对相关法律适用和政策把握的具体标准作了明确规定，进一步织密了未成年人保护的法网。2021 年 1 月，最高人民法院发布《关于加强新时代未成年人审判工作的意见》。同年 3 月，最高人民法院成立少年法庭工作办公室，并在六个巡回法庭设立少年法庭巡回审判点。从顶层设计上，为少年审判工作提供指引。截至 2022 年 6 月，全国法院共有独立建制或通过加挂牌子方式设立的少年法庭 2181 个、员额法官 6025 名。

尽管未成年人司法实践近些年取得了长足的进步，但也应该看到，我国未成年人司法制度尚未定型，仍然处于初始阶段，在理论研究、立法规范和组织体系建设等方面还有很长的路要走，建立中国特色的未成年人司法制度还需要我们积极探索和付出艰苦的努力。①

① 参见孙谦：《关于建立中国少年司法制度的思考》，载《国家检察官学院学报》2017 年第 4 期，第 3－18 页。

第三节　我国未成年人司法模式及未成年人检察的发展

从上文对域外国家及地区少年司法模式的介绍可以看出，在各国少年司法模式的演变中贯穿着一条主线，即模式的确定始终在惩罚犯罪和保护未成年人之间摇摆，但都注重对触法少年的教育与保护。没有社会完全认同少年犯罪是无辜的，对他们只能保护，惩罚是少年司法的应有之义；也没有任何社会完全认同触法少年应当负全责。我国改革开放以后，未成年人犯罪问题凸显。在党中央领导下，青少年犯罪的综合治理引起高度重视。作为社会综合治理的一个组成部分，未成年人司法工作开始起步，并不断探索着适合我国国情的未成年人司法模式，在此过程中，以未成年人检察改革快速发展为代表，未成年人司法制度改革进入一个新的发展阶段。但总体来说，我国未成年人司法制度尚处于发展的初级阶段，[①] 未成年人司法模式也一直处于变动发展过程中，但不同历史时期呈现不同的特点和走向值得关注。

一、初期的“惩罚·教育”模式

惩罚是报应刑论的直接体现，刑罚的直接原因在于犯罪，通过残酷的刑罚来预防犯罪。作为特殊主体的违法犯罪未成年人在生理、心理层面都有特殊的需要，这种需要也与成年犯罪人有着本质上的区别。教育是教育刑论的体现，该理论认为对少年适用刑罚没有现实意义，刑罚或许能够带来短期的社会效益，但并不能从根本上解决青少年犯罪问题。

① 参见姚建龙主编：《中国少年司法研究综述》，中国检察出版社 2009 年版，第 53 页。

要想让未成年人永久地脱离犯罪，就要以教育来代替刑罚。因此，社会在面对这种未成年犯罪人时，应当将其作为“孩子”对待，而非视为犯罪人，促使其回归社会是未成年人司法的终极目标所在，传统的惩处理念被保护理念所替代。① “为了防止他们再犯，更为了将来他们在成年时不再犯罪，宽容其违法、犯罪，宁可放弃对已犯行为的惩罚，而施之以教育。”②

“教育为主，惩罚为辅”这一原则我国在20世纪80年代正式提出，并确立于1991年的《未成年人保护法》。所谓“教育为主，惩罚为辅”，指的是在处理少年违法案件时，优先考虑保护少年健康成长以及少年主体犯罪的特殊性，在定罪量刑时坚持惩罚是服务于教育的，做出有利于少年的处理。③ 具体来说，在对待违法犯罪未成年人时，教育作为维护未成年人最佳利益的手段，被极力倡导。首先，教育刑替代传统的刑罚；其次，教育保护为未成年人处分的目的所在；再次，犯罪预防为教育保护的附带性结果；同时，应当注重对未成年犯刑事处罚的限制适用，尽量避免刑事处分的宣告；最后，强调教育保护的目的在于帮助违法犯罪未成年人回归社会，同时帮助其树立正确的价值理念。特殊对待的刑事政策是未成年人刑事司法制度独立发展的坚实基础。“对违法犯罪的未成年人，实行教育、感化、挽救的方针，坚持教育为主、惩罚为辅的原则”就是反映我国特殊对待涉罪未成年人立场的刑事政策。按照这一政策办案，教育挽救了一大批涉罪未成年人，根据这一政策改革，推进了未成年人司法机关独立机构和特殊程序的建设。可以说，“教育为主，惩罚为辅”的刑事政策是我国未成年人司法区别于成年人司法最重要的理论内核，其中包含的矫正主义理念奠定了我国现代未成年人司

---

① 参见于国旦、苏明月：《论少年司法制度的基本理念》，载《中国青年政治学院学报》2013年第6期，第28－29页。

② 王牧：《我国应当尽快建立少年司法制度》，载《人民法院报》2003年1月6日，第3版。

③ 参见邹碧华：《少年法庭的创设与探索》，法律出版社2009年版，第58页。

法发展的理论基础。“惩罚·教育”自然成为我国现代未成年人司法的最初模式。

但是由于“教育为主，惩罚为辅”的刑事政策“长期作为一种抽象的理念，对我国刑事立法、司法、执法产生影响”,[①] 没有通过明确的规范内容嵌入未成年人刑事司法特殊程序设计之中，教育挽救理念没有具体教育帮教措施来配套，缺乏司法办案标准化操作的强制力，在司法实践中，弹性、抽象的教育着重点就异化为狭义的思想教育和认罪服法教育，很多工作措施浮在表面，不能有效解决涉罪未成年人存在的生活困难、面临的危险境地等，出现了“可教可不教”“教不教差不多”“教不好、管不住”等问题，使“惩罚·教育”这一司法模式实际上陷入了说教力度不足、惩罚作用有限的两难困境，没有发挥好刑事政策应有的功能。

二、发展中的“社会·司法”模式

针对“惩罚·教育”模式存在的问题，我国从司法政策和司法实践中开始研究探索未成年人司法中社会力量的介入。少年司法应以“保护”为基本理念，少年司法理念的内在价值是关爱与回归。近代西方少年司法模式更是以社会政策为导向，满足少年需要，帮助其回归社会。即使是德国教育刑法模式，以教育刑为刑罚的替代措施，强化司法系统的矫正功能，同时，协调配置少年福利系统改善非行少年的社会环境，从而达到预防目的。[②] 我国较早提出“社会·司法”模式的是储槐植教授，他认为我国的少年司法制度是“社会·司法”模式，主张将教育违法犯罪少年的工作交给社区来处理，减少国家司法机关的介入。采用区

① 参见苏青：《未成年人犯罪“教育为主、惩罚为辅”刑事政策重述》，载《青少年犯罪问题》2018 年第 4 期，第 4－11 页。

② 参见侯东亮：《少年司法模式研究》，法律出版社 2014 年版，第 158 页。

别对待的方式，综合治理的方针政策，把教育预防作为目的。[①] 康树华教授概括“社会·司法”模式的基本特点是缩小司法干预，扩大社会教育，把少年司法制度纳入到“综合治理”总体战略。[②] “社会·司法”模式，包括社会资源的介入和司法机构的专业化与独立化。[③] 分析“社会·司法”模式理论成长的土壤在于，帮助受到犯罪侵害和涉嫌犯罪的未成年人回归社会，一方面要尽量不使其与社会隔离，另一方面对其需求要提供专业的支持。这是一个系统工程，需要有关部门和组织共同努力，从源头形成合力。“没有社会支持体系就不会有少年司法，因为少年司法关注的是行为人而不是行为，关注的是行为人的回归而不是对行为的惩罚，离开社会支持体系就不可能有少年司法。”[④] 也正是基于此，我国未成年人司法提出了“社会保护一条龙”建设。从最早的罪错未成年人帮教，到未成年被害人保护救助，到当前的未成年人全面综合司法保护；从一般的谈心谈话，到后来的社会调查、合适成年人到场、法律援助、技能培训、社会观护，到现在的人格甄别、心理疏导、亲职教育；从早期的“五老”、基层组织、志愿者的参与，到今天引入未成年人司法社工、心理咨询师等专业力量；从过去自发、零星地探索，到不少地方形成了党委政府主导、社会参与、法治化制度化的工作机制。未成年人司法的“社会·司法”模式得以发展。

预防和减少未成年人犯罪、加强未成年人权益的司法保护是一个系统工程，需要多方参与。在“社会·司法”模式下，引入专业的社会工作者参与到未成年人司法工作，可以使司法机关对涉罪未成年人的帮

---

① 参见储槐植：《刑事一体化与关系刑法论》，北京大学出版社 1997 年版，第 52－53 页。

② 参见康树华：《世界各国少年司法制度的基本特征》，载《法学杂志》1995 年第 3 期，第 30 页。

③ 参见徐宏、武倩：《少年司法理念的正本清源与制度设计》，载《青少年犯罪问题》2018 年第 6 期，第 78－82 页。

④ 宋英辉：《从六个方面着手推进》，载《检察日报》2015 年 6 月 27 日，第 3 版。

教、未成年被害人的救助更加专业和精准有效。未成年人检察工作发展历程同样呈现出与社会支持体系建设相伴而生、相互促进、共同发展。检察机关发挥国家法律监督职能，通过与其他相关社会力量合作，推动社会资源在未成年人保护中的合理配置。比如全国目前已经建立了1400多个观护基地，有力推动了对未成年人的观护、帮教、安置和培训工作。湖北、浙江杭州、福建漳州等地检察机关依托社会力量探索建立的侵害未成年人案件强制报告制度、安全困境儿童信息员制度，对于破解侵害未成年人发现难、预防难的问题，发挥了积极作用。

三、“福利”模式的嵌入和发展

20世纪末，随着我国福利事业的发展，尤其是儿童友好型社会的建设，我国未成年人司法开始借鉴吸收西方国家少年司法福利模式的精华，并将其嵌入我国未成年人司法模式。所谓“福利”模式具体表现为：第一，一般少年非行及虐待事件由偏重福利的少年法庭进行处理，而严重暴力少年以及犯重罪的少年由刑事法庭处理。第二，少年司法的根本在于维护少年福利，通过法院权力的行使来帮助少年摆脱其生长的恶劣环境，为其提供基础的教育和训练。第三，建立观护制度，通过福利机构的介入，帮助父母或者其他监护人提高其管教少年的能力。第四，虽然犯了重罪的少年由刑法来规制，由普通的刑事法庭来负责，但其依旧在专门的少年监狱接受刑事处罚。[①] 有学者提出，我国的未成年人司法制度是刑事模式的代表，同时又具有“福利”模式的某些特征。[②]

“福利”模式一方面契合了未成年人司法国家亲权的传统学说，更

---

① 参见姚建龙：《长大成人：少年司法制度的建构》，中国人民公安大学出版社2003年版，第312页。

② 参见姚莉：《未成年人司法模式转型下的制度变革与措施优化》，载《法学评论》2016年第1期，第79－85页。

重要的是在一定意义上回应了社会转型时期我国未成年人司法制度发展的迫切需要。未成年人犯罪折射的往往不是未成年人自身的问题，犯罪是一种社会结构上的现象，归根结底，社会的政治经济制度应对犯罪承担大部分责任。特别是我国社会转型时期城乡二元结构下，“由于家庭教育弱化、亲情长期缺失、学校监护空位，大量留守和流动未成年人得不到适当监护、照管，失学失管未成年人的教育、身心健康以及权益保护等面临着严峻的形势，令人担忧。这种状况是任何国家、任何历史时期都未曾发生过的”。[①] 从国家亲权的要求来看，国家不仅对未成年违法犯罪人应当有亲权的责任，同时应当对缺乏管教和监护的未成年人予以福利关照，对这部分未成年人予以帮扶；对待虐待和侵犯未成年人合法权益的行为，应当予以惩处，保护未成年人的利益；对待实施触法行为的未成年人，应当予以帮教和矫治。结合西方国家亲权理论学说的发展与犯罪实证学派发展的历史产物，同时也是经济快速发展的工业革命时代儿童保护运动发展的必然结果。因此，主要强调对待违法犯罪未成年人去除“犯罪”烙印，成立区别于传统成人刑事司法的程序与司法体系。在此二元理念的倡导下，未成年人司法具备了未成年人福利性质。

在现代社会，国家是实施社会福利供给最为重要的主导者。“这一方面是因为政府是社会福利制度中的责任主体，另一方面也是因为政府掌管着社会财政，可以用行政的手段调动和运用社会财力进行福利供给。”[②] 福利国家出现之后，儿童福利被看作是儿童享有的基本权利，[③]

---

① 参见宋英辉、苑宁宁：《完善未成年人保护和犯罪预防法律体系与司法体制的构想》，载《预防青少年犯罪研究》2016 年第 4 期，第 44 – 53 页。

② 参见周沛：《福利国家和国家福利——兼论社会福利体系中的政府责任主体》，载《社会科学战线》2008 年第 2 期，第 205 – 213 页。

③ 儿童权利的具体内容可以从以下三个维度进行理解，一是被保护的权利（每个社会有保护儿童不受剥削及伤害的责任）；二是被提供照顾的权利（每个社会有为儿童提供社会福利及安全的责任）；三是参与的权利（每个社会有给予儿童积极参与决定自己命运的公民权利）。参见孙云晓、张美英主编：《当代未成年人法律译丛（美国卷）》，中国检察出版社 2006 年版，第 1 页。

国家责任理论发生重大变化，国家不再只是充当父亲权威式的保护，为了儿童权益的保护，国家应当负有帮助儿童过上幸福生活的责任。① 所以说，国家权力介入未成年人刑事司法，体现的是国家和社会必须承担的相应责任，而不仅仅是一种权力型的国家强制力。

当社会主流认可应对儿童在司法程序、社会福利与保障、家庭抚育等方面予以特殊对待时，实则蕴含着对未成年人更多社会福利资源与司法资源分配的认可。② 在“福利”模式的嵌入下，我国未成年人司法立足社会福利政策直接面对社会转型时期社会解组导致未成年人生活困境问题，进一步采取措施解决监护干预、剥夺监护后的安置等具体问题。在保证政府部门（包括司法机关）进行主导和政府承担首要责任的前提下，还要充分发挥社会团体、慈善机构等相关机构的积极作用，形成政府主导、整合多元儿童福利主体参与的格局，为未成年人司法制度运行提供必要的社会支持条件。

未成年人司法制度模式与成人司法制度模式相比较，体现了更多的价值理念，与一般司法制度既要在惩罚犯罪和保障人权中抉择，又要平衡实体真实和正当程序之间的价值冲突相比，未成年人司法制度最核心的价值追求是最有利于未成年人原则，实现对未成年人全面综合的司法保护，这无疑是一个更有难度的课题。而我国的未成年人司法制度还处于探索时期，一方面，面临着如何针对未成年人的特点，进行保护和更生的现代化课题；另一方面，在家庭社会结构急剧变化，以及网络化、信息化快速发展的时代背景下，中国也与欧美国家一样，亟须回应少年犯罪的新问题。③ 尽管有关司法机构对少年司法做了多方有益的探索，但总体上来看，我国独立的未成年人司法体系尚未定型，未成年人司法

① 参见王雪梅：《儿童福利论》，社会科学文献出版社 2014 年版，第 55 页。

② 参见张鸿巍：《儿童福利视野下的少年司法路径选择》，载《河北法学》2011 年第 12 期，第 45 – 55 页。

③ 参见丁相顺：《当代少年司法制度的发展与改革》，载《人民论坛》2020 年第 11 期，第 108 – 112 页。

模式的构建尚在探索完善阶段。无论是“惩罚・教育”模式、“社会・司法”模式、“福利”模式还是恢复性司法措施等的应用以及模式的确定，都需要立足于我国当前的国情进行不断的尝试、检验，最终加以确定，而这需要时间的磨炼。

四、未成年人检察的发展历程

从理论走向实践，未成年人检察在未成年人司法中不可替代并且有很大发挥作用空间的认识，需要从实践的视角予以检验。检察机关一直是我国未成年人司法制度改革的重要践行者。检察机关恢复重建以来，未成年人检察工作从无到有，成为我国未成年人司法的重要组成部分。回顾未成年人检察的发展，主要有以下四个阶段。

（一）萌芽阶段：1986—1992 年

1986 年 6 月，上海市长宁区检察院在审查起诉科内设立全国第一个“少年刑事案件起诉组”，主要承担未成年人刑事案件的审查起诉、出庭公诉等职责，迈出未成年人检察专业化探索的第一步。至 1990 年底，上海市 20 个区县检察院相继在起诉科内设立了少年起诉组，共配备了 55 名专职干部，承担未成年人刑事案件的审查起诉、出庭公诉和犯罪预防等工作。同一时期，重庆、福建、北京等地的一些检察院也先后在起诉、批捕部门设立了专门办案组。这些专门办案组改变打击惩治为主的做法，开始注重教育、挽救涉罪未成年人，着手探索有别于成年人案件的办案方式方法。经过五年多的地方探索，1991 年 6 月，“两高两部”联合下发《关于办理少年刑事案件建立互相配套工作体系的通知》，要求“人民检察院应根据办理少年刑事案件的特点和要求，逐步建立专门机构”。1992 年 5 月，最高人民检察院在刑事检察厅成立了少年犯罪检察处，并于 9 月下发《关于认真开展未成年人犯罪案件检察工作的通知》，要求建立未成年人检察专门机构，提出“可捕可不捕的不捕、可诉可不诉的不诉”的方针和区别对待的原则。从审查批准逮捕、审查提起公诉两个检察工作的重要环节，进一步体现出未成年人检察工作的特殊要求。

（二）探索阶段：1992—2002 年

这一时期，更多地方检察机关开展了未成年人刑事检察工作专业化探索。1992 年 8 月，上海市虹口区检察院率先建立了全国首家集未成年人刑事案件审查逮捕、审查起诉于一体的未成年人刑事检察科，由同一个检察官全程进行教育、感化，实现了更有效地挽救未成年犯罪嫌疑人。各地检察机关积极探索，先后形成了寓教于审、诉前考察、跟踪回访、亲情会见、法律援助、心理测评等未成年人刑事检察工作制度，逐步摸索出“（逮）捕、（起）诉、（犯罪预）防一体化”工作模式。由于 1996 年刑事诉讼法修订没有对办理未成年人案件的程序作专门规定，在之后的机构改革中，未成年人检察机构与少年法庭一样纷纷撤并，最高人民检察院于 1997 年撤销了少年犯罪检察处，但未成年人检察工作的探索从未中断。1999 年，《预防未成年人犯罪法》出台，2000 年中办、国办转发了中央社会治安综合治理委员会《关于进一步加强预防青少年违法犯罪工作的意见》，2002 年，最高人民检察院总结各地的做法，下发了《人民检察院办理未成年人刑事案件的规定》，通过司法解释的形式首次对未成年人刑事检察工作作出系统规定。确立了专人办理制度，并将各地探索的社会调查、分案起诉、法律援助、庭审教育制度固定下来。

（三）深化阶段：2003—2012 年

2009 年，上海市检察院成立未成年人刑事检察处，为我国首个省级未成年人刑事检察部门；随后上海市检察院第一、第二分院相继成立未检处，标志着全国首个三级未检机构建设完成。2010 年 9 月，北京市海淀区检察院设立了少年检察处，之后，河北、天津等省市基层检察院陆续组建未成年人检察专门机构。另外，安徽、河南、辽宁、黑龙江等地的检察机关还通过将辖区内的未成年人刑事案件统一指定一个基层检察院办理的方式，整合司法资源，促进专业化建设。各地探索尝试了社会调查、合适成年人、社会观护、附条件不起诉、心理矫正、法律援助、刑事和解、羁押必要性审查等一系列未成年人特殊检察制度，最终建立形成了“（逮）捕、（起）诉、监（督）、（犯罪预）防一体化”工作模式，推动建立完善政法机关衔接配合机制和未成年人保护社会化工作体系。其中很多制度被 2012 年修订后的刑事诉讼法予以吸收确认。在 2012 年修订的刑事诉讼法正式颁布前夕，2011 年底，最高人民检察院在公诉厅成立了未成年人犯罪检察工作指导处，专门负责指导全国未成年人刑事检察工作。

（四）加速发展阶段：2013 年至今

2012 年修订后的刑事诉讼法，增设“未成年人刑事案件诉讼程序”专章，极大地推动了未成年人检察工作的发展。进入新时代以来，最高人民检察院加强顶层设计和指导力度，2014 年印发《关于进一步加强未成年人刑事检察工作的通知》，进一步扩大了未检部门受案范围，将侵害未成年人案件明确从其他刑事案件中分离出来，由未检部门专门办理。2015 年底，最高人民检察院成立专门的未成年人检察工作办公室，为全国未成年人检察工作的开展提供指导。与此同时，最高人民检察院顶层设计力度进一步加大，从传统的未成年人刑事检察开始向其他领域扩展，2018 年开始，在全国 13 个省份试行未成年人刑事执行、民事行政检察工作的集中统一办理。这一阶段，未成年人检察工作的职能边界在扩展，改革措施在深化。2018 年 10 月，针对性侵害未成年人问题，最高人民检察院向教育部发出历史上首份检察建议“一号检察建议”。2018 年 12 月，最高人民检察院在内设机构改革中设立了负责未成年人检察工作的专门业务机构——第九检察厅，全国检察机关基本构建起四级未成年人检察工作专门机构，未成年人检察工作呈现出整体推进、快速发展的良好局面，专门机构和专业化、规范化建设都取得明显进展。

与此同时，为了推动涉案未成年人回归社会，在这一阶段，检察机关开始加强未成年人检察社会支持体系建设，即通过引入社会专业力量，对涉案未成年人提供一系列的帮助和服务。2018 年最高检和团中央签署的《关于构建未成年人检察工作社会支持体系合作框架协议》对社会支持参与未成年人司法工作进行了明确，有力推动了未成年人检察社会支持体系建设的科学发展。一是对罪错未成年人帮教工作更加精准有效。北京等地方借助专业社工机构，对罪错未成年人社会调查实现了全覆盖。司法社工的介入，推动帮教考察工作更加到位有效，为更多未成年犯罪嫌疑人适用附条件不起诉创造了条件。借助专业力量，一些地方检察机关引入人格甄别和心理干预制度，实施有针对性的个性化、科学化帮教方案，四川、浙江、上海等地还建立了强制性亲职教育制度，促进监护人提高监护能力，充分发挥家庭应有的教育矫正作用。二是对未成年被害人的保护救助更加及时有效。最高人民检察院出台《关于全面加强未成年人国家司法救助工作的意见》，要求对未成年被害人进行多元化综合救助。近年来，检察机关为数万名未成年被害人提供司法救助、心理干预、司法援助等救助措施。山东、云南等地检察机关为一些受到严重侵害的未成年人制订实施了长达五年的心理康复计划。浙江、上海、河南等地检察机关还推动建立了被害人需求转介机制，检察机关根据被害人需要，通过工作平台及时链接社工、医疗、心理干预、教育、就业等有关社会资源介入，为被害人提供救助，进一步提高了未成年被害人保护救助的及时性、有效性。三是推动了权益保护和犯罪预防工作。山东省德州市武城县检察院打造的未成年人检察监督信息平台在德州全市推广，700 余个机关、事业单位参与，信息员队伍达 4 万余人。河南省新乡市检察院牵头联合 13 家单位建立“小荷青少年维权中心”，构建起司法机关、职能部门、社会组织及公益组织规范有序、共同参与的全面、全程、全方位的未成年人检察工作模式。上海市检察院联合团市委等部门共同制定《上海市进一步推进重点青少年群体服务管理和预防犯罪工作实施意见》，对青少年事务社工参与未成年人司法保护工作进行规范，逐渐形成了司法机关与社会力量协作开展一般犯罪预防的工作机制。

2020年最高人民检察院印发《关于加强新时代未成年人检察工作的意见》，强调“深化‘捕、诉、监、防、教’一体化工作机制，明确同一案件的审查逮捕、审查起诉、法律监督、犯罪预防、教育挽救工作依法由同一检察官办案组或者独任检察官负责。明确未成年人刑事检察受案范围，所有未成年人犯罪案件、侵害未成年人犯罪案件原则上统一由未成年人检察部门或未成年人检察办案组办理。”未成年人刑事、民事、行政、公益诉讼检察工作的集中统一办理也在全国全面推开。至此，未成年人检察专业化建设进入一个新的发展阶段，未成年人检察工作纵向“捕、诉、监、防、教”一体化工作模式和横向涉及未成年人的刑事、民事、行政、公益诉讼检察的工作职能已基本形成。未成年人检察工作发展的方向任务、指导思想、基本原则、具体措施以及履职边界得以确立，中国特色的未成年人检察制度初步形成。从工作层面来看，主要体现在以下方面：

第一，坚持双向保护，努力做到打击侵害未成年人犯罪更加有力，保护救助未成年被害人更加到位。未成年人检察制度建立之初，主要办理未成年人犯罪案件，开展“教育、感化、挽救”涉罪未成年人工作。近年来，暴力伤害、性侵害未成年人犯罪等问题突出，未成年人的安全和健康成长得到社会空前关注，检察机关批捕、起诉侵害未成年人犯罪案件数量持续增长。检察机关更新司法理念，从单向保护向双向保护转变，从办理未成年人犯罪案件，教育挽救涉罪未成年人，向同时打击侵害未成年人犯罪，保护救助未成年被害人转变。

一是把侵害未成年人犯罪案件纳入未检单独受案范围，从严从重严厉打击。2018 年至 2022 年 6 月，检察机关共起诉故意杀人、暴力伤害、性侵等各类侵害未成年人犯罪 25.6 万人。一审判处 3 年有期徒刑以上刑罚 8.2 万人，占判决总人数的 32%，高出整体刑事犯罪案件重刑率 14.7 个百分点。针对性侵未成年人犯罪占比高、上升快问题，总结类案规律发布指导性案例，明确有别于成年人的证据采信标准，依法从严追究，确保罚当其罪。例如，齐某强奸、猥亵多名女童，拒不认罪，仅被判处 10 年有期徒刑，最高人民检察院依法提出抗诉，最终改判无期徒刑。结合办理此案，促进修改司法解释性质文件，强调在女生宿舍实施性侵犯罪，视同在公共场所犯罪，应依法从重处罚。针对一些“大灰狼”通过网络聊天，胁迫女童自拍裸照上传，严重侵害儿童人格尊严和身心健康，作为指导性案例发布，确立了无身体接触猥亵行为（隔空猥亵）与接触儿童身体猥亵行为同罪追诉原则。2023 年，最高人民检察院会同最高人民法院、公安部、司法部研究制定《关于办理性侵害未成年人刑事案件的意见》，细化办案要求，规范办案机制，强化程序规范，切实加大未成年人司法保护力度。最高人民法院、最高人民检察院研究制定《关于办理强奸、猥亵未成年人刑事案件适用法律若干问题的解释》，统一司法标准和尺度，形成打击合力。

二是创新开展未成年被害人“一站式”保护救助。检察机关会同公安等执法司法机关，在办案区及医院等检查、治疗机构建立“一站式”办案场所，一次性完成对未成年被害人的身体检查、询问、取证等工作，防止因多次、反复询问导致“二次伤害”。截至 2022 年，全国检察机关已经建成“一站式”办案救助办案区 2053 个，在减少未成年被害人二次伤害中发挥了重要作用。

三是加大对未成年被害人的关爱救助。2018 年 2 月，最高人民检察院出台《关于全面加强未成年人国家司法救助工作的意见》。2018 年至 2022 年上半年，共办理司法救助案件 3 万件，会同控告申诉检察部门发放救助金3.8亿元，并协调民政、教育等部门提供心理疏导、复学就业等多元综合救助，帮助未成年被害人及其家庭渡过难关。

第二，坚持精准帮教，努力实现依法惩治、有效管束、促进保护一体落实。近年来，未成年人犯罪案件数量呈上升趋势，其中涉网新型犯罪上升较快、低龄恶性犯罪时有发生，引发群众强烈关注，需要高度重视。检察机关准确把握宽严相济刑事政策的要求，坚持宽容不纵容，厚爱又严管，对于严重暴力犯罪，依法坚决予以追诉，对于轻微犯罪，依法宽缓处理。

一是对涉嫌严重犯罪、社会危害性大、再犯可能性高的未成年犯罪嫌疑人依法惩治，维护社会秩序安全稳定，保障人民群众安全感，并发挥对未成年人群体的警示教育作用。2018年至2022年6月，全国检察机关共起诉未成年犯罪嫌疑人16.3万人。对于极少数低龄未成年人故意杀人等恶性犯罪，最高检对其中犯罪手段特别残忍，情节恶劣的，依法核准追诉。不让年龄成为“免罪牌”，体现司法“严”的一面。

二是对涉嫌轻微犯罪的未成年人，始终坚持依法从宽、精准帮教，最大限度减少交叉感染和标签效应，为涉罪未成年人社会化帮教和回归社会创造条件。坚持对附条件不起诉的未成年人制定个性化、针对性强的监督考察方案，依靠社工、观护志愿者等社会力量严格监督落实，确保监督考察实效。考验期满后，97%以上的被附条件不起诉人通过完成心理辅导、戒瘾治疗、公益劳动等矫治教育措施，被依法作出不起诉处理，顺利回归社会。

第三，坚持深化综合履职，积极为未成年人提供更多、更好、更全的综合司法保护。检察机关在办理涉未成年人刑事案件“捕、诉、监、防、教”一体履职过程中，尤其是在开展未成年人犯罪预防过程中，发现导致未成年人犯罪的原因是多方面的，一些未成年人违法犯罪或受到侵害，往往同时暴露出民事权益保障、行政监管以及公益保护等各领域问题。2018年，最高检部署涉及未成年人的刑事执行、民事、行政和公益诉讼检察业务统一交由未成年人检察部门集中办理试点。自2021年起，在全国稳步全面推开，逐步实现未成年人刑事、民事、行政、公益诉讼“四大检察”综合履职。在未成年人民事检察方面，针对涉未成年人刑事案件中发现的教育不当、监护失职、监护侵害等问题，重点加强监护权监督。在未成年人行政检察方面，加大对涉未成年人权益行政诉讼案件监督力度，促进涉未成年人行政争议实质性化解。在未成年人公益诉讼检察方面，积极拓展案件范围，围绕校园及周边食品药品安全、禁烟保护、旅馆行业整改等重点领域，指导、培育文身、网络、校园安全、食品安全、农村饮用水安全等重点领域案件，形成未成年人公益诉讼指导性案例。指导北京市检察机关开展爱国主义教育基地违规收费公益诉讼专项监督行动，协同相关部门推动故宫、八达岭等40余家单位对未成年人免费开放。

第四，坚持检察一体，大力推进未成年人检察专业化规范化建设。新时代未成年人检察工作从各地检察机关积极探索自下而上推动，向最高检加强顶层设计，整体推进转变。2018年至2022年6月，针对未成年人检察工作，制定司法解释12件，发布指导性案例3批13件、典型案例14批75件，编写未成年人检察业务教材，举办专题培训15期，教育引导未成年人检察人员当好精通刑事、民事、行政、公益诉讼检察业务的“全科医生”。激发创新发展活力，设立未成年人检察创新实践基地，建好用好未成年人检察专家库，涌现出重庆“莎姐”、四川成都“亮晶晶”、福建泉州“刺桐花”等一批深受群众欢迎的未成年人检察优秀团队。落实“谁执法，谁普法”普法责任制，组织编写《未成年人保护法律全书》，连续七年联合中央广播电视总台制作播出未成年人法治教育节目《守护明天》，精心制作微电影、微视频、微动漫等形式多样的法治宣传产品，营造保护未成年人健康成长良好氛围。注重数字赋能，加快建设“智慧未检”，上线运行未成年人“四大检察”信息化系统，推出未成年人检察大数据法律监督模型，与时俱进提升未成年人综合司法保护质效。

第五，坚持诉源治理，通过办案履职更好促进未成年人保护社会治理和制度建设。习近平总书记强调："法治建设既要抓末端、治已病，更要抓前端、治未病。"办理涉未成年人案件，不能止于办好个案，更重要的是针对个案、类案发生的原因，做实诉源治理，防范相关案件反复发生。检察机关从注重围绕"人"开展犯罪预防，向更加积极促进社会治理创新转变。针对校园安全问题，2018 年最高人民检察院向教育部发出"一号检察建议"。检察机关以监督落实"一号检察建议"为牵引，携手教育行政部门、学校等"没完没了"抓落实，积极参与校园安全专项整顿，促推建立完善预防性侵害、性骚扰、防控校园欺凌等工作机制，协同查访中小学校、幼儿园 11 万所，监督整改安全隐患 1.2 万个。"一号检察建议"落实情况被纳入全国校园安全常态化督查范围。2021 年检察机关起诉校园暴力和欺凌犯罪较 2018 年下降了 74.7%，2022 年上半年同比又下降了 24%。针对侵害未成年人犯罪发现难、发现晚问题，2020 年会同教育部、公安部等建立强制报告、入职查询制度，因效果良好，未成年人保护法修改时将其纳入。建立强制报告"每案必查"机制，对未履行强制报告义务的推动相关部门追责。截至 2022 年，通过强制报告办理侵害未成年人案件 2800 余件，对不履行报告义务的促追责近 300 人；推动密切接触未成年人行业开展入职查询 740 万余人次，解聘有前科劣迹人员 2900 余名。针对未成年人犯罪记录封存制度实施不到位问题，最高人民检察院联合最高人民法院、公安部、司法部出台实施办法，细化封存工作的责任主体、具体程序等，防止涉罪未成年人回归社会受阻。针对农村留守儿童等更易遭受侵害，部署开展"检爱同行——法治进乡村"全国巡讲活动，深入乡村为留守儿童及其家庭开展安全教育、心理健康教育，增强法治意识和自护意识。针对办案发现涉罪未成年人文身现象突出、严重危害未成年人身心健康问题，向国务院未成年人保护工作领导小组专题报告，促推出台国家层面的治理办法，明确规定任何企业、组织和个人不得向未成年人提供文身服务。

第六，坚持能动履职，以检察司法保护携手各方力量促推“六大保护”协同发力。未成年人保护工作政治性、政策性很强，是一项复杂的社会系统工程。检察机关从强调法律监督，向同时注重沟通配合，凝聚各方力量转变，以“1+5>6”的能动履职思维，更好助推家庭、学校、社会、网络、政府保护，共同把未成年人保护工作做得更实。主动融入家庭保护。会同全国妇联、中国关工委印发全面开展家庭教育指导工作的意见，发布家庭教育指导典型案例。针对严重监护失职，推广“督促监护令”，2023年制发近5.7万份，有效监督“甩手家长”依法履责。主动融入学校保护。发布涉校园暴力典型案例，明确成年人遇到未成年人欺凌弱小，制止无效，可以对正在施暴者进行正当防卫，不应视而不见、路过不管。落实“法治教育从娃娃抓起”，会同教育部制发专门规定，全面推进检察官担任法治副校长工作。截至2023年，全国4万余名检察官在近8万所学校担任法治副校长，实现四级检察院检察长全覆盖。组织编写《未成年人保护法律全书》，引导未成年人自觉养成对法律的敬畏、对法治的信仰。主动融入社会保护。与共青团中央签署合作框架协议，持续开展未成年人检察工作社会支持体系建设。会同民政部、共青团中央制定全国首个《未成年人司法社会工作服务国家标准》，倡导、支持社会组织、社会工作者参与未成年人保护工作。开展为期两年的“检爱同行、共护未来”未成年人保护法律监督专项行动，推动解决相关社会治理问题。针对宾馆、酒店等场所性侵未成年人犯罪案件高发问题，督促公安、市场监管等部门对住宿经营场所进行排查，对其中不履行社会保护义务的进行处罚、整改。主动融入网络保护。针对网络乱象，2020年最高人民检察院向工业和信息化部发出“六号检察建议”，抄送公安部等部门，促请、配合相关部门推动网络空间治理，推动加大未成年人网络保护力度。主动融入政府保护。会同民政部开展未成年人保护基层检察机关与民政部门深度合作试点，加大未成年人监护保障、关爱帮扶力度，打通未成年人保护“最后一公里”。

回顾我国未成年人检察改革发展的实践探索轨迹，新时代未成年人检察制度实现了历史性的六大转变：一是从工作对象看，从只办理未成年人犯罪案件，教育挽救涉罪未成年人，向同时惩治侵害未成年人犯罪，保护救助未成年被害人转变。二是从刑事政策看，从对未成年人犯罪强调宽缓化处理，逐渐向精准帮教和依法惩治并重转变。三是从职能任务看，从传统的未成年人刑事司法逐步向全面综合司法保护转变。四是从发展路径看，从早期的未成年人司法改革基层创新特点明显到近年来最高人民检察院加强顶层设计，整体推进转变。五是从工作格局看，从注重围绕“人”开展犯罪预防，向更加积极发挥职能，促进社会治理创新转变。六是从履职方式看，从强调检察机关法律监督，向同时注重沟通配合，积极凝聚各方力量转变。

经过近四十年的探索实践，检察机关对未成年人司法规律有了更深刻的认识，这一过程中基于中国检察机关特色定位、职能职责及司法实践，形成了具有中国特色的未成年人检察理论与制度，也开展了一系列符合中国实践的检察实践探索，有力保护了未成年人的合法权益，在中国特色未成年人司法制度方面创造了许多宝贵经验，也为未成年人司法保护这一世界课题贡献了中国智慧。

第三章　我国未成年人司法制度现状及存在的问题

第一节　我国未成年人司法制度现状概述

一、立法现状

现代国家针对未成年人违法犯罪的特殊情况，多数都有独立的法律体系。如美国制定了少年司法和预防犯罪法、英国制定了儿童法、德国制定了少年法院法、日本制定有少年审判规则等专门法律法规。目前，我国没有专门的未成年人司法法，关于未成年人保护的法律渊源主要体现在三个方面：一是带有社会法性质的专门立法，主要是《未成年人保护法》《预防未成年人犯罪法》《义务教育法》《家庭教育促进法》等，其中包括诸多刑事法律规范。二是散见于《刑法》《刑事诉讼法》《民法典》等法律中关于未成年人的特殊法律规定。三是最高人民法院、最高人民检察院等部门在总结相关司法经验基础上制定的专门的未成年人相关司法解释。

虽然近年来最高人民法院、最高人民检察院、公安部、司法部等部门单独或联合出台了一些司法解释和规范文件，但还远远不够。与此同时，我国少年审判还主要依附于《刑法》《刑事诉讼法》等法律中关于未成年人司法的几条规定，使得法官在处理未成年人案件时常常处于情与法的纠结之中难以抉择。与此同时，不同法官因为各自的“酌减量”不同而可能导致针对相同案件作出差异较大的判决，难以实现未成年人案件的量刑均衡，不利于对未成年犯的教育矫正。

二、司法现状

由于未成年人犯罪有自己的特点，所以也应有其独立的司法组织体系。即针对涉罪未成年人，至少应当建立起一个相对独立的羁押、预审、起诉、审判、管教等一条龙的工作体系，从而使未成年人司法制度的整体优势得以体现。尽管近年来我国大力推进未成年人司法专门机构建设，未成年人检察和少年审判机构建设也逐步走上快车道，但仍缺乏完整独立的未成年人司法体系。与检察机关、少年法庭的发展较快不相称的是，目前除了在未成年人司法改革走在前面的少数公安机关为未成年人犯罪侦查工作设立了独立的机构和人员（如上海公安局长宁分局早在 1986 年就建立了上海市第一个少年嫌疑犯专门预审组），多数还没有针对性设置独立的机构和人员。少年管教机构目前虽然相对独立，即对于被判处有期徒刑和无期徒刑的未成年犯的教育矫治由未成年犯管教所进行教育矫治，但按照少年矫治的需要，少年矫治场所应当配备专门的管教人员、文化和职业技术教师、心理专家、医务人员、生产技术人员等人员。然而就目前的情况来看，大多数未成年犯管教所缺少文化教师，职业技术人员大多也是兼职的，并且都是本单位的技术人员，几乎没有专职教师。这必然使得我国的未成年犯教育改造目的难以完全实现，无法全面贯彻执行我国对未成年犯的教育改造政策。

三、社会支持体系现状

未成年人违法犯罪是一个综合性的社会问题，单凭未成年人司法制度的力量难以达到治理未成年人犯罪和保护未成年人健康成长的效果。同时，与成年人司法制度相比，未成年人司法更多关注的是行为人而不是行为，关注的是行为人的回归而不是对行为的惩罚，更具有开放性，它与社会的互动更为积极，对社会支持更为依赖。因此，发挥司法组织以外的家庭、学校等机构和组织，社会公众包括未成年人在内的各种可能的资源，共同参与未成年人犯罪的治理和未成年人保护，是解决未成年人违法犯罪问题的有针对性的科学举措。当前我国组织体系设置中参与未成年人违法犯罪综合治理的机构是多方面的，如共青团、妇联、社区、教育等部门。然而，由于未成年人犯罪不少为外来人口，而传统的以街道、居委会、村委会等基层组织为主的对社区问题少年跟踪帮教制度和预防控制犯罪体系难以应对大量涌入的外来人员。一些学校出于多方考虑，往往选择排斥、抛弃有违法记录或者犯罪记录的未成年人，导致虽然很多机构都担负着帮扶、教育违法犯罪青少年的职责，但是真正能够参与青少年犯罪综合治理的机构其实很少。[①] 社会支持体系建设整体偏弱。

第二节　法律规定层面存在的问题

一、没有专门的未成年人司法法

在近代国家开始积极介入未成年人事务的过程中，专门的未成年人司法制度被认为是一项关键的措施。1899 年美国伊利诺伊州率先颁布了世界上第一个专门少年司法法典——《少年法院法》，并在此基础上建立了世界上第一个少年法院，这标志着现代少年司法制度的诞生。1922 年日本《少年法》问世，1923 年德国制定了《少年法院法》，1948 年英国制定了《儿童法》。可以说，从 20 世纪初到今天，世界上绝大多数国家和地区都通过专门的立法建立了相对独立的未成年人司法制度。

虽然我国未成年人司法制度已经初步建立，但其中一些具体制度的

---

① 参见陈静芳、贾冰一：《构建中国特色的少年司法制度》，载《人民司法》2011 年第 9 期，第 72－76 页。

缺失和固有做法在一定程度上限制了未成年人司法制度的实际效用和进一步发展。其一，未成年人司法制度中没有独立的审理未成年人违法、犯罪的程序法。除了《刑事诉讼法》第五编第一章专门规定了未成年人刑事案件诉讼特别程序外，并没有独立的有关未成年人违法、犯罪以及未成年被害人权利保护的程序法。而如若没有独立的程序法，不管有多少实体法的规定，都不可能形成完备的司法制度。正因为对未成年人的犯罪定罪处刑与成年人犯罪定罪处罚适用的是同一部刑法，侦查、起诉及审理等程序也均规定在刑事诉讼法中，这就造成了有关未成年人刑事规定的条文内容有时难以落地。例如，《刑法》中尽管也有“因不满十六周岁不予刑事处罚的，责令其父母或者其他监护人加以管教；在必要的时候，依法进行专门矫治教育”的规定，但因专门学校数量较少、缺乏有效的措施而往往在实践中难以贯彻执行。又如，《刑事诉讼法》第285条规定“审判的时候被告人不满十八周岁的案件，不公开审理”，但该法第202条第1款同时又规定“宣告判决，一律公开进行”。这就导致了不公开审理和公开宣判的矛盾。公开进行宣判使得未成年被告人暴露在公众和媒体之下，不利于对其身心及成长的保护，之前的不公开审理的意义也大打折扣。① 其二，还没有真正把未成年人犯罪作为与成年人犯罪存在本质不同的问题来加以对待和处理。长期以来未成年人司法的制度构建思维还停留在成人司法的例外规定层面。例如，在刑法中只规定了对未成年人犯罪比照成年人从轻和减轻处理等，这就说明对未成年人犯罪行为没有作为与成年人犯罪存在本质上不同来加以对待和处理。未成年人犯罪仍然与成年人犯罪一起规定在刑法之中，而没有独立的少年违法、犯罪的实体法，没有把未成年人的犯罪与成年人犯罪严格

---

① 参见温小洁：《未成年人刑事案件审判中诸多问题之探讨》，载《中国刑事法杂志》2000年第5期，第87－95页。

加以区别，只能是笼统地都作为“犯罪”问题来对待和处理。① 涉及未成年人司法的相关条文散见于多部法律法规和司法解释、规范性文件中，缺乏系统性，甚至条文之间存在冲突。在刑事实体法方面，仍然停留在比照成人标准从宽处罚的“小儿酌减”② 思路，缺乏专门的处置措施。在刑事诉讼法方面，未成年人刑事案件特别程序采用的是对成年人诉讼程序“打补丁”“加外挂”的方式，而且比较原则。关于少年司法机构设置的法律规定比较原则，约束力不足。在目前未成年人法律制度框架下，寄希望通过局部修改完善的方式已经难以解决上述涉及的理念性、体系性问题，需要一个专门的解决方案。另外，以未成年人检察改革、家事审判改革为代表的司法实践呼唤着立法跟进，将改革经验固化为立法成果。因此，探索建立一部具有中国特色的体系完整的综合性未成年人司法法已经成为迫切需求。③

二、现行法律刚性不足

尽管系统修订了《未成年人保护法》和《预防未成年人犯罪法》，既有对未成年人“家庭保护”“学校保护”“社会保护”“网络保护”“政府保护”“司法保护”的专章规定，更有预防未成年人犯罪等一系列具体的规定。这些规定为加强未成年人保护提供了保障。但是，“两法”修订实施三年多以来，上述两部法律的基本内容，在实践中有一些还没有得到贯彻执行。主要原因是宣誓性、倡导性规范较多，刚性不足。比如，《未成年人保护法》第 4 条规定“保护未成年人，应当坚持最有利于未成年人的原则”，并列出了六项要求。但何为最有利于未成

① 参见康树华：《新中国少年司法制度的发展与完善》，载《江西警察学院学报》2012 年第 2 期，第 82 - 86 页。

② 代秋影：《司法改革背景下未成年人审判理论与实务专家论证会综述》，载《预防青少年犯罪研究》2016 年第 1 期，第 111 - 117 页。

③ 参见孙谦主编：《中国未成年人司法制度研究》，中国检察出版社 2021 年版，第 2 页。

年人的原则？如何践行最有利于未成年人的原则？则缺少明确的规范和指引。此外，还存在与相关规定的衔接不够、配套规定不完善的问题。比如，《未成年人保护法》第 57 条[①]规定了旅馆、宾馆、酒店等住宿经营者安全保护义务和强制报告义务，第 122 条[②]明确规定造成严重后果的，责令停业整顿或者吊销营业执照、吊销相关许可证，并处 1 万元以上 10 万元以下罚款。但《治安管理处罚法》第 56 条[③]规定，对住宿的旅客不按规定登记姓名、身份证件种类和号码的，处 200 元以上 500 元以下罚款。《旅馆业治安管理办法》[④] 仅规定了旅馆业经营者登记的义务，对违反规定的按照《治安管理处罚法》进行处罚。实践中，公安机关等部门更多依照《治安管理处罚法》《旅馆业治安管理办法》进行处罚，且由于《治安管理处罚法》和《旅馆业治安管理办法》未对不履行未成年人入住询问、异常情况报告的情形作出规定，导致按照规定进行强制报告的落实打了折扣。

---

① 《未成年人保护法》第 57 条规定："旅馆、宾馆、酒店等住宿经营者接待未成年人入住，或者接待未成年人和成年人共同入住时，应当询问父母或者其他监护人的联系方式、入住人员的身份关系等有关情况；发现有违法犯罪嫌疑的，应当立即向公安机关报告，并及时联系未成年人的父母或者其他监护人。"

② 《未成年人保护法》第 122 条规定："场所运营单位违反本法第五十六条第二款规定、住宿经营者违反本法第五十七条规定的，由市场监督管理、应急管理、公安等部门按照职责分工责令限期改正，给予警告；拒不改正或者造成严重后果的，责令停业整顿或者吊销营业执照、吊销相关许可证，并处一万元以上十万元以下罚款。"

③ 《治安管理处罚法》第 56 条规定："旅馆业的工作人员对住宿的旅客不按规定登记姓名、身份证件种类和号码的，或者明知住宿的旅客将危险物质带入旅馆，不予制止的，处二百元以上五百元以下罚款。旅馆业的工作人员明知住宿的旅客是犯罪嫌疑人员或者被公安机关通缉的人员，不向公安机关报告的，处二百元以上五百元以下罚款；情节严重的，处五日以下拘留，可以并处五百元以下罚款。"

④ 《旅馆业治安管理办法》第 6 条第 1 款规定："旅馆接待旅客住宿必须登记。登记时，应当查验旅客的身份证件，按规定的项目如实登记。"第 17 条规定："违反本法第六、十一、十二条规定的，依照《中华人民共和国治安管理处罚法》有关条款的规定，处罚有关人员；发生重大事故、造成严重后果构成犯罪的，依法追究刑事责任。"

三、对罪错未成年人分级处遇法律规定体系化不够

虽然2020年《预防未成年人犯罪法》专章规定了预防犯罪的教育、对不良行为的干预、对严重不良行为的矫治、对重新犯罪的预防，一定意义上完善了罪错未成年人分级处遇制度，但整体上应对未成年人罪错行为缺乏体系性、科学性的保护处分制度。预防和减少未成年人违法犯罪，从早期干预视角注重对罪错未成年人的教育帮教始终是未成年人司法的核心课题。但与之对应的当前涉未成年人立法中家庭管教、学校教育、专门学校矫治、训诫等主要措施的规定仍显粗疏，相关措施之间的衔接不够紧密。2018年12月，最高人民检察院发布《2018—2022年检察改革工作规划》明确提出“探索建立罪错未成年人临界预防、家庭教育、分级处遇和保护处分制度”。2020年《关于加强新时代未成年人检察工作的意见》明确提出，要推动建立罪错未成年人分级干预体系，把保护、教育、管束落到实处。但由于缺少具体法律的支撑，推进速度较慢。笔者认为，在立法完善中需落实好个别化处遇这一核心原则，贯彻分级干预的思想，借鉴域外处遇的有益经验，建立训诫、管教、督促矫治、专门教育、强制教养等保护处分措施为一体的未成年人司法法专章结构，以实现追求儿童最佳利益，通过个性化干预措施促进未成年人重新融入社会的目标。应当重点完善健全非刑罚化、非监禁措施，增加未成年人司法干预手段，提升干预措施的刚性和干预程序的规范性。一方面，要针对不满刑事责任年龄的触法未成年人、实施严重不良行为的虞犯未成年人和依照特殊刑事政策不予刑事处罚的涉罪未成年人，健全完善保护处分制度，为司法机关“宽容而不纵容”提供手段和程序支持，填补判处刑罚和释放不处理之间的空白。主要是进一步完善和落实刑法规定的训诫、责令具结悔过、责令赔礼道歉、责令家长管教、禁止令等非刑罚处置措施，健全完善社会观护帮教制度、专门学校制度，实现上述措施适用的司法化，既维护未成年人的权利，又增强措施的刚性。另

一方面，要完善未成年人刑罚制度，提高刑罚针对性和矫治个别化程度，减少监禁刑的适用，强化刑罚的教育挽救功能。可以对未成年人取消适用财产刑和剥夺政治权利等不必要的附加刑，增设社区服务令等非监禁刑种类。完善未成年人刑罚裁量制度，严格把握判处刑罚的必要性，建立刑罚缓科等制度，并逐步将犯罪记录封存制度改革为犯罪记录消灭制度。深化未成年犯刑罚执行机制，适当限定实际执行刑罚的上限，明确减刑、假释和收监执行的从宽标准，完善刑罚执行期间的特殊处遇措施。

第三节　司法实践层面存在的问题

一、重未成年人刑事司法，轻未成年人民事司法

未成年人司法的制度结构反映着一国对未成年人利益进行司法保护的广度与深度，而司法制度价值的实现还依赖于整个未成年人保护体系的完善，其结构设计既应满足妥当处理未成年人案件、有效保护未成年人利益的制度目标，又要兼顾与其他未成年人权利救济制度和司法制度的协调统一。

从比较法视角，日本未成年人司法制度体系较为完整和清晰。日本《少年法》明确规定了对少年犯罪案件与非行行为的司法程序，指出需要交付审判的少年包括犯罪少年、触法少年（未满 14 岁，但触犯刑罚法令的少年）、虞犯少年（具有法定情形，依据其性格及其环境，将来有可能犯罪的少年），并对上述几类少年案件的具体调查及在家庭法院的审判程序作了规定。而未成年人民事案件主要由《人事诉讼法》与《家事审判法》加以规定，涉及未成年人亲子关系的认否、收养关系纠纷，以及对亲权、监护的确定与监督等案件，因与家庭关系密不可分，

故由家庭法院以人事诉讼程序或家事审判程序分别处理。可见，完整的未成年人司法包括三方面彼此联系的制度内容：其一，针对犯罪少年的刑事审判制度；其二，针对不以犯罪处罚的违法少年（即非行少年）的保护性司法制度（具体包括对未达刑事责任年龄而不以犯罪处罚的未成年人、对有不良行为和犯罪之虞的未成年人进行教育矫正的案件处理程序等）；其三，以确定、监督、实现亲权监护制度功能为核心的未成年人民事审判制度。前两种制度以未成年人身份为制度设计的基础，但在民事审判制度中，则从法律制度间的协调与契合出发，以监护出现问题时的未成年人利益保护为主要内容。①

我国关于未成年人司法常见于刑事司法，并以《未成年人保护法》《预防未成年人犯罪法》为基础，确立了对未成年人保护的法律框架。但关于未成年人民事司法保护则散见于《民法典》及相关规定。未成年人民事司法有不同于未成年人刑事司法与保护性司法的制度逻辑与基本理念，以确定、监督、实现亲权监护制度功能为核心，才能构建出富有意义的未成年人民事专门司法制度。

二、公检法司协调联动不够，特别程序落实不到位

与其他刑事司法办案相比，长期以来，公检法司各机构在未成年人司法工作上协调联动不够，如何处理好协作配合与监督制约的关系，打破信息壁垒，形成未成年人司法保护合力尚有很大的提升空间，究其原因是多方面的：

一是机构设置不匹配。一般认为，新中国少年司法改革的启动的标志性事件是1984年10月上海市长宁区人民法院设置了第一个少年法庭（少年犯合议庭），在较长的一段时间内，中国少年司法改革是以审判

① 参见曲昇霞：《论我国未成年人民事司法之定位与基本理念》，载《扬州大学学报（人文社会科学版）》2013年第4期，第18页。

（少年法庭）为中心的。在高峰时期，全国建立了3300多个少年法庭。但因受少年法庭“吃不饱”（收案量不足）、少年综合庭试点改革、家事审判改革等影响，一些少年法庭被撤并或者名存实亡。1986年6月，上海市长宁区人民检察院建立了中国检察系统第一个专门的少年检察机构——“少年刑事案件起诉组”。与第一个诞生的少年法庭很快引发了全国性的“少年法庭运动”不同的是，检察系统的未成年人检察制度的发展在一段时期应该说处于相对滞后状态。自2015年12月最高人民检察院设立临时的未成年人检察工作办公室以来，未成年人检察工作步入发展快车道。特别是2018年底，在党和国家机构改革中，最高人民检察院成立了专司未成年人检察工作的第九检察厅，有力加强了对全国未成年人检察工作的指导。1986年，上海市长宁区公安分局设置了独立的少年科，这是中国第一个独立的少年警务机构。但遗憾的是，在不久进行的撤销预审部门的警务改革中，少年科被撤销。此后20多年的时间内，中国警务部门中均没有再出现专门的少年警务机构。尽管早在1995年公安部颁布的《公安机关办理未成年人违法犯罪案件的规定》中即要求公安部门应当设置专门机构或者专人办理未成年人违法犯罪案件，此后很多法律与公安部规定均重申了这一要求，但是实践中并未得到落实。少年法庭运动及未成年人检察改革的蓬勃后发，也未能一体带动少年警务的改革发展。除了广西钦州、北京海淀、云南昆明盘龙区、江苏江阴等少数地方公安机关通过设立“未成年人案件专门办案组”“未成年人预审中队”外，绝大多数省份都没有进行少年警务的相关探索。少年警务直到今天都未能成为公安机关受到重视的专门议题，少年警务也远远未能成为公安机关专门的警务活动。

二是受案范围不统一。2020年12月，最高人民法院发布《关于加强新时代未成年人审判工作的意见》，进一步明确将与未成年人权益保护和犯罪预防关系密切的涉及未成年人的刑事、民事及行政诉讼案件纳入少年法庭受案范围，并明确被告人实施被指控的犯罪时不满18周岁且人民法院立案时不满 20 周岁的刑事案件，应当由少年法庭审理，立案时不满 22 周岁的在校学生犯罪案件，可以由少年法庭审理。2020 年最高人民检察院《关于加强新时代未成年人检察工作的意见》提出“明确未成年人刑事检察受案范围，所有未成年人犯罪案件、侵害未成年人犯罪案件原则上统一由未成年人检察部门或未成年人检察办案组办理，完善涉及未成年人的共同犯罪案件分案办理机制。”2020 年底，最高人民检察院印发《关于加快推进未成年人检察业务统一集中办理工作的通知》，明确将涉及未成年人的刑事执行、民事、行政、公益诉讼检察业务统一交由未成年人检察部门或者办案组办理。审判机关、检察机关都在推进未成年人案件综合办理改革，但受案范围并不完全一致，一定程度上影响了法检的协调统一。

三是特别程序落实不到位。2012 年修订刑事诉讼法时，在特别程序编中专门规定了未成年人刑事案件诉讼程序，对办理未成年人案件规定了社会调查、法定代理人和合适成年人到场、附条件不起诉、不公开审理、犯罪记录封存等一系列特别程序。应当说，这是迄今为止我国未成年人司法制度有别于成人司法制度改革，尤其是未成年人刑事司法制度迈出的最有实质性意义的一步，对于涉案未成年人权益的保护，落实“教育为主，惩罚为辅”原则都具有极其重要的作用，但实践中特别程序落实不到位问题仍然存在。2019 年最高人民检察院委托宋英辉、何挺专家团队对未成年人刑事案件诉讼程序专章在实践中的实施情况进行全面的评估，发现特别程序在落实方面还存在不少问题，比如，社会调查形式化同质化、调查内容简单、调查方式缺乏科学性、异地调查协作机制不够；附条件不起诉适用范围窄、监督考察方式单一、附带条件个别化和针对性不够；合适成年人到场未全覆盖、合适成年人在场发挥作用不足、形式化问题突出；犯罪记录封存“应封未封”现象依然存在、查询主体和依据规定过于原则、公检法司衔接机制缺乏、缺少救济措施；对未成年人与成年人分别关押、分别管理和分别教育落实不到位等。

三、对涉罪未成年人重惩罚，轻帮教矫治

我国未成年人刑事司法并没有与普通刑事司法截然分开，因此，司法机关在未成年人刑事案件办理过程中仍然存在沿用普通刑事司法打击犯罪、维护社会稳定、追究实质公正的报应刑思想。

从我国目前的未成年人司法实践来看，尽管不少地方在未成年人案件办理中根据未成年人特点进行了不少有益的探索，比如，在审判之前均由特定的主体对少年的成长经历进行相应的调查并制作调查报告，法庭审理一般采取圆桌的形式，在法庭审判过程中设置了专门的教育阶段等，但是我国未成年人审判的主要目的仍然是查清犯罪事实，采取上述方式的主要目的是减少未成年人的抵触情绪，使他们认罪并安心改造。整体而言，我国现有针对未成年人违法、犯罪的处罚体系大多是属于剥夺和限制未成年人自由性质的，如无期徒刑、有期徒刑、拘役等手段，而非剥夺自由性质的手段则非常有限。少年司法制度发达国家所广泛使用的社区服务、心理咨询、中途之家等社区矫正和训练手段在我国并没有得到足够的关注。众所周知，对问题少年采取剥夺或严格限制自由的处罚措施，其教育与矫治功能是有限的。我国未成年人司法制度直接孕育于普通刑事司法，从一开始就具有刑事性质，作为普通刑事司法的一部分，必然首先要实现保护社会的刑事政策。基于此，我国未成年人司法的理念更多仍然停留在刑事惩罚的层面，未成年人权利特殊保护、教育与矫治等理念仍然没有受到应有的强调。我国现行未成年人矫治、帮教制度，虽然在预防未成年人重新犯罪方面起到了一定的作用，但依然存在不少问题。

以对未成年犯矫正为例：一是矫正主体数量不多，能力有待提升。在看守所、未成年犯管教所，管教干警除了日常矫治，还兼任心理矫治人员等角色；社区矫正中，社矫人员大部分精力是放在成年社矫人员身上，同时还要承担普法教育、社会综治、人民调解等工作，二者均存在

人手不足的问题。加上工作人员受陈旧观念、惯性思维的影响，现有矫正手段与精准化矫治还存在一定的距离。二是矫正方式泛化，特色项目缺乏。监禁刑的目的，既有惩罚又有预防。但监禁的过程，在一定程度上却是强化犯罪标签的过程。涉罪未成年人本身就是在成长过程中出了问题，与家人隔离的监禁生活，若仍重教轻帮，势必在一定程度上影响其社会化进程。同时监禁中的交叉感染，也是无法回避的问题。社区矫正中，各司法所制定的矫正方案多数流于形式，几乎千篇一律，缺乏针对性。不仅削弱了社区矫正的权威性，更不易调动矫正对象的积极性。三是社会力量参与度不高。在狱内矫正方面，虽然我国多地未成年犯管教所与社会大系统在资源上有一定的交互，但在监狱的实际管理中，安全是最重要的。这就要求监狱必须对服刑人员的人身安全，监区安全、学习安全、生产安全负全部责任，若出现自杀、脱逃、打斗等，狱警将承担责任。安全固然重要，但同时也会造成服刑人员的劳动、学习均依靠内部人员开展，外部社会生态能量无法进入的问题。久而久之会造成服刑人员与社会脱节，形成“监狱化”人格。在社区矫正方面，在《社区矫正法》颁布以前，实施办法也明确规定了社会工作者和志愿者在社区矫正机构的组织指导下参与社区矫正工作。但由于对志愿者并没有明确定义，导致各社区矫正机构对志愿者因理解存在不同而影响工作开展。虽然国内已有地区尝试将司法社工引入帮教，但并不普遍。另外，实践中除了个别家长和学校老师被纳入社区矫正小组外，大多数未成年人社区矫正活动中家庭和学校是缺位的。在读的矫正对象出于就学担心，并不愿意将自己被判处刑罚的情况告知学校，这也是学校参与度不高的原因之一。

四、恢复性司法理念贯彻不到位，重加害恢复，轻被害恢复

我国司法实践中的相关数据表明，未成年犯的主要群体为辍学、无

业的少年。这些未成年人多被学校、社区人员认为是行为不端、调皮顽劣、难以管教的不良少年，这群被贴上“不良少年”标签的孩子多被社区居民及学校同学讨厌、排斥，少年的逆反心理极易促使他们最终实施犯罪行为。被社区所不容的不良少年们容易聚集在一起，以获得心理上的归属感，这种交往也使得未成年人对负面的标签产生心理认同，形成或加入未成年人犯罪团伙，这种现象在未成年人团伙作案高发的事实中得到验证。据检察机关内部工作统计，未成年人犯罪中接近2/3的为共同犯罪。同时根据早前统计了解，未成年犯罪人中多次犯罪的比例明显增多。“未成年犯中实施过一次犯罪行为的只占43.1%，而有二次以上犯罪经历的未成年犯达到了全部未成年犯的56.9%。”① 标签理论所提出的“负面的标签效应”及“邪恶的戏剧化效应”，在未成年人犯罪中得到了印证。

西方社会发端于20世纪70年代的恢复性司法对日趋严重的刑事犯罪采取了一种全新的司法处置模式，那就是改变了国家对犯罪行为高度干预、严厉打击的格局，强调在犯罪方和被害方之间建立一种对话关系，通过以犯罪人主动承担罪责和弥补损失来消弭双方冲突，从深层次化解矛盾，并通过社区等有关方面的参与，修复受损的社会关系。作为一种先进的刑事司法理念和替代性司法活动，恢复性司法问世后就受到了人们的普遍推崇，很快在各国予以推行。联合国预防犯罪和刑事司法委员会于2002年4月第十一次会议在《关于在刑事事项中采用恢复性司法方案的基本原则》的文件中，高度评价了恢复性司法，认为其“通过使受害人、罪犯和社区复原而尊重每个人的尊严与平等，建立理解并促进社会和谐”，由此进一步推进了恢复性司法在世界范围内的施行。

自恢复性司法从21世纪初被介绍和引进我国后，我国法学界和司法界对其的先进理念和实际效果基本上持肯定的态度，而对没有专门的

① 张远煌、姚兵：《中国现阶段未成年人犯罪的新趋势——以三省市未成年犯问卷调查为基础》，载《法学论坛》2010年第1期，第90－96页。

法律规定前提下由基层司法机关直接进行本地化实践的做法却颇有争议，尤其是各地司法机关在具体涉及决定机关、操作程序和掌握的标准幅度等方面存在着难以回避的差异，使得不少人对恢复性司法与法治的关系，对引进过程中会不会“走样”等，产生了疑议，从而更加关注我国恢复性司法活动的动态和走向。①

在传统的刑事司法领域，国家通过司法程序对犯罪分子定罪、处刑，从而使正义得到伸张。这种以“罪犯”和“刑罚”为中心的司法模式，将犯罪最直接的受害者——被害人置于“被遗忘的角落”。他们的诉求得不到足够的重视，损失得不到及时的弥补。恢复性司法重在“恢复”，尤其是恢复被犯罪所破坏的被害人与加害人之间的关系。而恢复这种关系的前提是破坏这个关系的人能够真诚悔过，并赔偿被害人由于犯罪而造成的经济损失。未成年人基于其身心特征，可改造性较强，虽然自身没有经济能力，但其家长往往会竭尽所能赔偿被害人的经济损失以求未成年犯得到从轻、减轻处罚的处理。而且，从实际结果来看，和解可以使被害人得到及时的经济赔偿，从而避免了判决后的执行难或者给付拖延的问题。②

第四节　社会协同层面存在的问题

一、社会协同衔接不畅

未成年人司法保护制度具有社会化、系统化的特点，需要相关部门

---

① 参见肖建国：《恢复性司法与中国少年司法制度建设》，载《青少年犯罪问题》2007年第4期，第65页。

② 参见丁青青、窦长友：《恢复性司法与未成年人刑事司法制度的完善》，载《中国检察官》2016年第5期，第10－12页。

协同发力。但很长一段时间内，我国未成年人保护工作客观上存在“九龙治水”现象，相关部门之间衔接不畅，是学术界、实务界共同关注的痛点。令人欣慰的是，2020 年修订《未成年人保护法》时，意识到了这一问题并努力从制度设计层面作出回应，如在第 9 条规定，县级以上人民政府应当建立未成年人保护工作协调机制，统筹、协调、督促和指导有关部门在各自职责范围内做好未成年人保护工作。协调机制具体工作由县级以上人民政府民政部门承担，省级人民政府也可以根据本地实际情况确定由其他有关部门承担。

2021 年 4 月，国务院成立未成年人保护工作领导小组，作为国务院议事协调机构，31 个省份也都建立了未成年人保护工作领导小组，对于贯彻落实《未成年人保护法》等法律要求，进一步加强对未成年人保护工作的统筹、协调、督促和指导，更好地保护未成年人身心健康具有重要意义。但以议事协调机制并非通过设置实体化的职能部门来具体统筹、督导全部未成年人保护事项落实工作，不可避免地涉及多部门间职能定位的互相磨合，如何切实增强议事协调机制在未成年人司法保护工作中所能发挥的统筹、督导作用，为各部门间职能分工、衔接运转提供明晰的指导，需要在落实中予以进一步细化，否则容易造成各地因无法可依或者无具体的操作指引而陷入困境。

二、社会支持体系建设不足

未成年人司法保护不仅强调在诉讼程序中的特殊保护，如落实刑事诉讼法规定的法定代理人、合适成年人到场、法庭教育、法律援助等制度，还强调在办案过程中开展社会化工作，参与社会管理，这势必大大增加司法机关的工作量和工作难度。仅仅依靠司法机关的现有力量，难以促进未成年人司法所倡导的个别化处遇的开展，难以达到未成年人权益保障的最佳效果。为此，对于在诉讼活动中实施的，不是必须以司法人员身份开展的工作，如合适成年人到场、帮教考察、观护帮教、心理测评、心理疏导、社会调查、家庭教育指导等，因专业性较强，可以委托专业社会机构开展，这就有赖于社会支持体系的建设。近年来，社会支持体系在未成年人司法保护中发挥了重要的作用，但司法办案中发现，与日益增长的未成年人司法社会支持需求相比，社会支持体系建设还存在许多问题和不足。

一是专业力量薄弱，社会支持资源分布客观上存在不平衡。整体上我国青少年司法社工队伍起步较晚，专业力量不足，有些地方更是缺少司法社工、心理咨询等专业力量，导致专业需求无法满足或者服务效果不好。同时，从全国而言，在北京、上海等少数一线城市及东部发达地区，专业化社工等社会化支持体系的资源较为充足，基本都建立了相对完善的社会支持体系，未成年人司法保护工作可以依托专业力量得到更为充分的开展；但在西部及内地不发达地区，社工、心理咨询师等专业力量、专业机构仍然极为稀缺，大多尚未有成形的社会支持体系或建设刚刚起步，仅能在极少数个案中予以支持，无法形成覆盖面较广的未成年人司法保护社会化支持体系。从市域范围来看，城乡之间的发展不平衡不充分是较为普遍的问题，尤其这些年来随着城镇化迅速推进而出现大量的外来务工人员子女、留守儿童等特殊群体，其本身因身份、地域问题，往往最容易成为被侵害对象或滑入犯罪深渊。但同样由于高流动性及地域偏远问题，社会支持资源在外来务工人员子女、留守儿童等处于安全困境儿童身上的投入，往往更为薄弱，这更进一步导致这些处于安全困境的特殊未成年人群体，在被侵害时不知道应该如何求助，也无法得到及时的救助；实施了严重不良行为或虞犯行为时，则往往陷入小错无人过问，直至犯罪才被以刑罚追究的“养猪困局”。

二是经费保障不到位，影响合作机制稳定。2020 年修订后的《未成年人保护法》对于经费来源这一制约社会支持工作开展最为关键的因素没有予以明确。各地因经济社会发展、重视程度、财力状况等不同出现较大差别，一些沿海发达省份已经培育出较为健全的司法社工组织，能够提供相对充裕的经费支持，而部分中西部省份缺少起码的社会组织，更遑论经费保障了。目前各地工作经费的主要来源包括申请专项经费、政府购买服务、申请青少年项目经费等，无法保证延续性、稳定性，有的地方甚至没有经费，不利于工作的发展、队伍的培养，制约工作质效。

三是社会支持的专业化介入的作用发挥还不够充分。虽然全国各地很多检察机关已有与当地共青团、青少年司法工作中心等相关部门开展探索与合作的案例，在办理未成年人案件中引入司法社工，为涉罪未成年人进行帮教，也已经取得了一定成效，但总体样本数仍然偏少。而从现有案例看，司法社工介入案件多停留于作为合适成年人、社会调查者或者附条件不起诉考验期的考察者的角色，帮助承担原本社会力量或检察官的部分工作，但社会工作者的专业性在办案工作中对涉案未成年人所起的正面效果仍然没有得到充分展现。如何让司法社工在承接未成年人案件的过程当中，按照未成年人司法的办案理念，开展如帮助涉罪未成年人进行成瘾性恶习行为矫治等专业工作，达到促成涉罪未成年人回归正常生活的目标，仍缺少专门性的探索。如何发挥司法机关职能，通过对司法社工的引导与培训，进一步促进社工的专业工作与未成年人司法理念之间的融合，也还有待进一步探索。

四是服务标准、评价机制不够健全。因我国社会工作者在未成年人司法场域的服务尚处于探索阶段，服务内容、标准还在试行阶段，缺乏统一的专业规范和技术标准，相对应地，服务资源的配备标准尚未统一，社工观护、心理干预等缺少服务流程、质量标准、效果评估、责任承担等方面的规范，这在一定程度上影响了社工服务的资源供给。既导致有些地方工作质量参差不齐，又导致购买服务方对工作效果无法评估，影响社会支持体系的进一步发展。在未成年人司法制度相对完善的国家，围绕未成年人司法过程的社工服务需求非常明确，其中服务内容、服务标准也被明确设计，这样政府就清晰地知道应该配备何种人力和物力的资源支持社工服务。与此相比，我国社会工作进入未成年人司法程序开展服务尚处于初步发展阶段，这一阶段性特征也导致了政府难以给予社工服务统一性的资源支持，这也是社会工作与未成年人司法合作面临资源性困境的重要原因。值得欣慰的是，由民政部、共青团中央、最高人民检察院牵头制定的《未成年人司法社会工作服务国家标准》已经出台，该标准的出台对于提高未成年人司法社会服务工作专业化水平乃至未成年人司法社会支持体系建设和完善必将起到积极的推动作用。

五是缺少统一的转介机构，社会服务体系启动衔接机制不顺畅。一方面导致资源分散，公安、检察、法院各有一套，办案中需要各自去多方联系，费时费力。另一方面由于转介中心的地位未明确，处于委托单位和受托单位之间，性质模棱两可，司法机关提出的服务需求，不具有强制力，其司法属性也决定了司法机关不应过度干预受托单位工作的开展，只能是协商性的关系，所以一旦受托单位工作受阻，司法机关很难起到救济作用。另外，转介中心仅是服务的中转单位，并不具备独立性和中立性，并不能保证服务的跟踪及落实效果，司法人员又忙于办案，不能及时监督督促，因此难以起到应有的作用。

三、罪错未成年人回归社会存在障碍

检察机关办案发现，重新犯罪的青少年受社会处遇因素影响极为显著。青少年违法犯罪接受惩戒或刑罚回归社会后，他们可以自由与外界接触，但事实上，他们能否认同社会规范，是否能够遵守法律，除了个体因素，还被很多外界因素所制约。

一是标签理论影响。标签理论（Labeling Theory）又叫“社会反应理论”，其基本观点是，越轨行为或犯罪行为是一种社会定义的结果，社会通过控制机制把某些人标签为越轨者或犯罪者，当某个人开始相信该社会标签是对的时，他就会将此作为自己的认同并因此加入越轨或犯罪的行列。[①] 该理论的突破性在于，将重新犯罪原因的研究重点从犯罪人本身转到了对该主体及行为产生重要影响的他人。根据标签理论，当未成年人被贴上“不良”二字后，不良少年的特征也随之强化，他人首先会将其作为一个犯罪人看待，久而久之这些未成年人也易产生犯罪者的自我形象，与社会越来越远，逐渐加深其重新犯罪的可能性。我国未成年人司法制度改革中，无论是刑事诉讼法中的未成年人特别程序专章，还是非犯罪化转处，还是非监禁化的理念，实际上均是对标签理论的有力回应。同时，为了更好地预防未成年人重新犯罪，附条件不起诉、犯罪记录封存、未成年人社区矫正等制度的建立与完善，都充分体现了标签理论与我国未成年人司法制度的有机融合。虽然目前的制度创设已经在预防未成年人重新犯罪方面取得了不错的效果，但依然存在一些问题。例如，2012 年修订的刑事诉讼法增加规定了未成年人犯罪记录封存制度，虽然在一定程度上弱化了标签效应，但由于规定较为原则，实践中对封存的主体、封存的具体内容和程序以及查询的主体、内容、程序等把握不一，导致该制度在落实中出现封存管理失范、相关部门监管失序等问题，甚至出现一些企业违法提供、出售、使用未成年人犯罪记录，致使未成年人犯罪记录泄露等。同时该制度启动是以法院作出裁决或检察机关作出决定为前提的，而之前的社会调查等环节会出现违法犯罪行为为他人知晓的可能性，这部分未成年人回归社会之后，可能会因此受到歧视或不公平对待。另外，刑事诉讼法对犯罪记录封存的例外情况，实践中也成为未成年人回归社会的障碍。值得欣慰的是，2022 年最高检、最高法、公安部、司法部联合出台了《关于未成年人犯罪记录封存的实施办法》，针对实践中出现的上述问题对该制度作了进一步细化，尽可能使该制度发挥最大的功能价值，但在消除标签效应方面还是存在进一步完善的空间。

二是社会接纳度低。社会性是人的基本属性。刑满后（特别是监禁

---

① 参见江山河：《犯罪学理论》，格致出版社 2008 年版，第 124－125 页。

刑刑满释放后）回归社会的未成年人，大部分是希望尽快融入社会生活中的。著名法学家贝卡利亚在《犯罪与刑罚》一书中曾说，对人类心灵发生较大影响的不在于刑罚的强制程度，而在于刑罚的延续程度。现实生活中，部分民众的确会对有污点的人产生“一日为贼，终身是寇”的习惯性偏见。当然也有更多人能理解犯罪人终会回归社会的现实，但却在沟通交流、就业谋生方面设置了很多桎梏。同时，由于他们自身文化程度偏低，缺乏一技之长，就业机会相对较少。从社会学层面来讲，职业不仅是维持生活的手段，还是个体获得他人尊重和社会认可的标签，在就业上的不顺遂，会导致未成年人积极的心态受到影响，经济上的拮据也会影响婚恋机会。故难以融入主流文化生活中的这部分未成年人，容易加入越轨群体重新实施犯罪。

三是回归环境有待净化。几千年前，“近朱者赤、近墨者黑”的古训和“孟母三迁”故事，就告诉我们生活环境对于人，特别是对于未成年人影响非常大。虽然也有“出淤泥而不染”的情况发生，但都需要相当的思想境界。一方面，网络环境需要进一步净化。当前新媒体①自由度较高，犯罪亚文化和大量网络不良信息轻松进入未成年人的生活圈。根据《2020 年全国未成年人互联网使用情况研究报告》显示，2020 年我国未成年网民规模达 1.83 亿人，其中 34.5% 的未成年网民在上网过程中遭遇过不良信息。其中，炫耀个人财富或家庭背景、淫秽色情、自杀自残等消极思想位列不良信息前三。同时有 69.3% 的家长担心孩子上网浏览不良信息。② 在赌博、吸毒、暴力、色情等犯罪亚文化和网络不良信息的诱导下，心智尚未发育成熟的未成年人很难依靠自身的力量进行有效抵御。他们往往沉迷于网络世界，从接触到的各种低俗文化中寻

① 新媒体是一个宽泛的概念，通过计算机网络、无线通信网、卫星等渠道，以及电脑、手机、数字电视机等终端，向用户提供信息和服务的传播形态。相较于传统意义上的报刊、户外广告、广播、电视四大媒体外，新媒体被形象地称为“第五媒体”。

② 《2020 年全国未成年人互联网使用情况研究报告》由共青团中央维护青少年权益部、中国互联网网络信息中心于 2021 年 7 月发布。

找乐趣，并试图从网络中学习各种违法犯罪技巧。“享乐主义”和“拜金主义”等腐朽没落的思潮极容易被未成年人所接受。一些处于青春叛逆期的低龄未成年人，将挑战法律和社会公共道德的底线看成生活的乐趣。为了实现所谓的“理想”，许多未成年人常常不惜一错再错。同时还值得注意的是，通过网络接触犯罪亚文化和各种不良信息的未成年人，主要集中在初中阶段，逐渐往小学阶段延伸，低龄化趋势比较明显。同时，喜欢持续关注暴力犯罪信息的未成年人逐渐增多。[①] 虽然大多数未成年人能够认识到暴力、色情信息会影响自己的成长和行为，但依然有不少人为了寻求刺激，不仅接收该类不良文化，还在网络上进行传播，更有甚者在他们的诱导下再次走上重新犯罪之路。结合司法办案发现，当前网络平台对未成年人网络保护重视不够、措施不够到位，存在不少薄弱环节，集中体现在“事前预防意识比较松懈、事中监管机制不够健全、事后投诉举报渠道不畅”。[②] 另一方面，生活环境有待进一步改善。经济飞速发展的当下，社会不良风气也在不断发酵，未成年人对物质的需求越来越高，追求不符合自己经济能力的生活，从而产生拜金主义的错误想法。另外，未成年人常认为自己是绝对自由的，不该受到家长的约束，逐渐也产生了自己不受任何约束甚至不受法律约束的错误思想。与此同时，未成年人生活的环境也有被污染的趋势，在未成年人道德法治教育跟不上社会发展速度的情况下，不良社会风气对未成年人影响也在日益加剧，极易使刚在矫治、帮教过程中建立起来的行为准则和人生信念随之发生动摇，再次投入价值取向一致的不良未成年人团体中寻求理解和支持，从而再次实施犯罪。

---

① 参见张锋学：《人格刑法理论视域下的未成年人犯罪预防研究》，华南理工大学 2020 年博士学位论文，第 28 页。

② 《最高检：依法严惩侵害未成年人权益的网络犯罪》，载中国新闻网，https：//baijiahao. baidu. com/s？ id = 1689839294563701501&wfr = spider&for = pc，最后访问日期：2022 年 1 月 25 日。

第四章　构建中国特色未成年人司法制度的检察逻辑

中国特色社会主义进入新时代，我国社会主要矛盾已经转化为人民日益增长的美好生活需要和不平衡不充分的发展之间的矛盾。发展中的矛盾和问题更多体现在发展质量上。[①] 从新的历史时期主要矛盾的变化来看，人民美好生活的需要日益广泛，不仅对物质文化生活提出了更好的要求，而且在民主、法治、公平、正义、安全、环境等方面提出了更高的要求。而未成年人健康成长恰恰牵动着千家万户的幸福。一个未成年人出现问题，毁掉的是一个家庭的幸福，一批未成年人实施犯罪，危害的是国家和民族的明天。因此，构建科学完善的未成年人司法制度，最大限度地预防和减少未成年人违法犯罪，最大限度地预防和减少未成年人遭受犯罪侵害，是贯彻以人民为中心发展理念的需要，关系着两个一百年目标和中华民族伟大复兴“中国梦”的实现，是一项关乎人民福祉的国家治理基础性工程。如何加强和完善中国特色未成年人司法制度这一战略任务，检察机关可以发挥极为重要、不可替代的作用。一方面，这是新时代检察机关充分履行检察职能参与社会治理，服务党和国家大局的重要途径。另一方面，不论未成年人刑事案件的全程参与，还是全面综合的司法保护，检察机关法律监督机关宪法地位的职能特点，使检察机关在未成年人司法工作中具有参与全程、职能广泛的特殊地位。

---

① 《中央改革办负责人介绍解读党的二十大报告》，载共产党员网，https：//www.12371.cn/2022/10/28/ARTI1666931162909829_ 3.shtml，最后访问日期：2022 年 11 月 1 日。

第一节　检察制度在未成年人司法体系中的功能价值

一、未成年人司法体系中检察角色的比较考察

（一）未成年人司法体系中的检察角色日益凸显

虽然作为世界上第一个独立未成年人司法机构的芝加哥少年法院从罪错等专用术语的发明、超越刑事的三大类管辖范围确定、康复目的与个别化原则的倡导等方面，都鲜明体现了未成年人司法与成人刑事司法制度之间的二元化差别。但早期芝加哥少年法院更多是一个社会福利机构而不是司法机关，案件办理具体适用程序更是准民事性质的弹性规则。当时芝加哥少年法院的支持者呼吁，“我们通过将不是犯罪者的孩子当成罪犯一样对待的方式来制造罪犯，这种做法应该结束了。我们的刑事法律体系中所需要的是一个完全独立的法院系统。在芝加哥，我们应当有一个‘孩子的法院’（Children’s Court），我们应当有一个不做其他事的‘孩子的法官’。我们需要不同于监狱的拘押孩子的地方”。[1] 基于关注的是行为人的回归而不是对行为的惩罚的核心诉求，这种少年法院模式自然会排除刑事处罚。但与其说这是排斥检察官参与，不如说芝加哥少年法院追求的是与一整套刑事司法体系的决裂，检察官显然不是刑事司法体系的唯一代表。作为康复矫治性的社会福利机构，早期少年法院经典模式排斥的是整个成人化刑事司法体系，而不仅仅针对检察官。在未成年人司法制度发展完善过程中，检察官的角色日

---

① Frederick Wines，Discussion，Proceedings of the Illinois Conference of Charities，1898，p. 64.

益重要。

在美国，尽管少年司法是以少年法院为中心发展起来的，但检察官在美国少年司法体系中的地位日益凸显。在美国少年司法体系建立的初期主要由少年法院主导，检察官的介入程度较低。缓刑官往往根据涉罪未成年人的生理、心理、家庭等情况进行评估，并向法官提出是否羁押、是否采取非刑罚方式。自 20 世纪七八十年代以来，越来越多的州将上述决定权部分或者全部交由检察官行使，由检察官来决定是否对其采取羁押措施、是否将其以非正式处罚方式从刑事司法体系中分流出去，或者继续刑事司法程序作出决定。① 在 20 世纪 60 年代美国未成年人司法正当程序革命和 20 世纪 70 年代以后更加强硬政策过程中，通过 Gault 案等一系列最高法院判例的塑造，未成年人被赋予避免自证其罪特权、获得律师辩护等诉讼权利，这些权利正是在律师与检察官的诉辩实践中得以落实，检察官参与未成年人案件的程度逐渐深化，所谓“未成年人案件排斥检察官参与”的学说已经难以为继。此外，虽然美国大多数州明确少年法院立案部门对未成年人罪错行为具有初始管辖权，决定对案件是否正式提出诉请，但是近年来的变革，检察官对于起诉决定权的掌握程度已经越来越强。比如亚利桑那等州由检察官决定是否对少年案件提交正式诉请或者转处、非正式调解。华盛顿特区明确对少年法院立案部门拒绝提交诉请，要求检察部门复查，赋予检察官最终决定权。甚至，很多州将一些严重罪行直接排除在少年法院管辖之外，有些州还明确少年法院和刑事法院对特定罪行享有共同管辖权，并且赋予检察官决定在哪个机构进行起诉的裁量权。据国外学者统计，美国得克萨斯州的检察官曾决定占比七成的少年杀人案件并未移送刑事法院。可以说，虽然美国少年法院立案部门筛选和检察官办公室起诉之间衔接关系较为复杂，但不可否认的是，检察官在直接起诉、逆向移送、扩大审前

① 参见夏菲：《美国少年司法制度的特点及启示——从芝加哥九岁男孩被控谋杀、纵火案说起》，载《人民法院报》2019 年 11 月 8 日，第 8 版。

分流、减轻少年法院成本和案件压力等方面作用日益明显。

在英格兰，如前文所述，如果警察决定起诉涉罪少年，案件将被转移到皇家检控署，由皇家检控署来决定是否最终起诉该少年。检控官可以根据证据情况和公共利益来综合判断是否提起诉讼，可以直接终止程序、将案件返回给警察和向法庭提起诉讼。在苏格兰，对于警方移交的案件，检察官可以酌情在治安法院起诉案件，也可以将案件提交或移交给儿童听证系统。

在法国，检察院设有专门负责未成年人刑事案件的检察官，一般具有较强的独立性，可以指挥警察进行侦查，并决定案件是否需要进入刑事诉讼程序。对于未成年人涉嫌违法犯罪案件，警察受理经过初步讯问后，即向负责未成年人案件办理的检察官报告，由检察官决定是否需要暂时羁押及是否需要进入刑事诉讼程序或采取其他保护处分。检察官对于初次犯罪或犯罪情节轻微的未成年人，一般采取和解的形式结案，并不计入档案。检察官也可以直接作出分流处理，由警察将涉案未成年人移交社区矫正机构进行观护。对于需进入刑事诉讼程序的未成年人严重犯罪，则由检察官提起公诉。近年来，随着法国少年司法的发展和检察权限的扩大，检察机关更多地介入了少年犯罪预防，检察官也更多地介入了少年犯罪社区预防和对少年不良行为的矫治。

在德国，对青少年的起诉则基于合法性原则。作为一般规则，检察官有义务在有合理证据证明罪犯犯罪的每一案件中提出指控。尽管如此，也存在对部分轻罪案件驳回的例外情况（《刑事诉讼法》第 153 条和第 153a 条）。更重要的是《少年法院法》中的例外情况。在对少年犯的诉讼中，检察官可以与成年人诉讼中驳回案件的理由相同的理由驳回案件，也就是说，当罪行是轻微或轻微的轻罪，罪犯的个人罪行可以忽略不计。此外，《少年法院法》第 45 条授权检察官在其他机构或教师、家长或其他亲属等个人采取适当教育措施的情况下驳回任何案件。如果检察官已提出正式指控，法官可基于上述相同理由（《少年法院法》第

47节）驳回案件（经检察官同意）。这种类型的转移在19世纪80年代得到了相当大的扩展，其理由是普通青少年不需要教育和少年法庭的关注，但如果转移，他们将不再犯罪。① 可见，在德国，属于少年法院的案件都需要检察官的参与：如具备法定条件，检察官可不经过法官同意就免于起诉；如已执行教育处分，检察官认为法官没有必要再科处刑罚的，可以免于追诉。可以对违法少年命令教育处分；如果少年被告人供认不讳，且检察官认为没有起诉必要时，可以建议法官给予训诫或者指示，或者通过法官规定义务。少年法官接受建议的，则检察官免于追诉。可以看出，检察官在行使审查起诉职权时，从有利于少年教育和诉讼经济的角度出发，可以终止少年司法程序，使少年免于刑罚惩罚。德国的刑罚理念，不相信短期自由刑在犯罪特殊预防中所起的作用，也为检察官在少年司法中运用起诉裁量权提供了依据。② 正如德国学者魏根特所说，检察官已经成为“法官之前的法官”（Judge Before the Judge），在许多案件中实际上决定了是否采取惩罚以及惩罚的严厉或宽缓程度，在节省起诉资源、确定合理处置措施等方面发挥重要作用。

在荷兰，根据1995年《少年司法法》，现有的检察准则已纳入法律，从而加强了检察官的控制。新法律赋予检察官权力，可以做出长达40小时的替代性制裁。如果提议的处罚时间超过20小时，少年有权获得法律顾问。然而，到目前为止，最重要的变化是将16岁至18岁的青少年豁免到成人法庭。以前，必须满足三个条件：所犯的罪行必须是严重的；必须有加重情节，如与成年人一起犯罪；而且罪犯必须具有成年人或成熟的人格。根据新法律，这些条件中的任何一项都足以移交成人

---

① See Albrecht, Hans – J. rg. (2004). Youth Justice in Germany. Crime & Justice (Chicago, Ill), 31, 472.

② 参见樊荣庆：《德国少年司法制度研究》，载《青少年犯罪问题》2007年第3期，第67－69页。

法院。[1] 与此同时，少年法官、检察官和儿童保护委员会之间的三方磋商引起了争议。在磋商中，各方审查了所有案件，共同决定采取何种进一步行动、进行何种调查以及是否必须起诉。这些协商威胁到不同伙伴的独立性，同时要求检察官在起诉案件之前必须咨询法官的情况，这些做法目前已被废除。尽管法律处理使得将青少年罪犯移交成人法庭变得容易得多，但统计数据显示，青少年检察官越来越不愿意这样做：1995年，即新立法出台的那一年，提交给青少年法官的案件中有16%被移交，1999年下降到2.5%。

在日本，少年司法的运行应当说主要是以家庭裁判所为中心的，家庭裁判所拥有更多的先议权。检察官收到少年案件后，经过调查，如果认为该少年已犯有罪行，除法律有特别规定外，应将具有犯罪嫌疑的少年刑事案件全部移送给家庭裁判所。家庭裁判所审查后，可以作出不处分、保护处分以及对认为有必要进入刑事诉讼程序的少年犯罪案件逆送给检察院，检察官对家庭裁判所逆送的案件除认为不符合刑事诉讼条件再次递送给家庭裁判所的以外，则转入普通刑事司法程序向普通法院提起公诉。同时，对于成年人案件，经调查犯有侵害未成年人福利之罪的，检察官也应向家庭裁判所提起公诉。需要注意的是，尽管在2000年《少年法》修订前家庭裁判所对案件的审理基本排斥检察官的参与，但这一状况在近些年被不断修正，2000年《少年法》修订时增设了检察官参与少年案件审理制度，2014年日本国会审议通过的《少年法部分修改的法案》进一步扩大了检察官参与少年案件审理的案件范围，将检察官参与审理的案件范围扩大为“少年涉嫌可能被判处死刑、无期徒刑、法定最高刑超过3年惩役或者禁锢之罪的案件”，以保障案件事实

① See Josine Junger－Tas.（2004）. Youth Justice in the Netherlands. Crime & Justice (Chicago, Ill), 31, 326.

认定程序。①

纵观世界各国少年司法的发展历程和发展趋势不难看出，尽管大多数国家少年司法的发展都始于少年法院的独立和兴起，少年司法的发展初期也基本是以少年法院为中心来构建司法制度的，但随着少年司法领域相关问题的不断出现以及恢复性司法对少年司法的重大影响等，世界各国无论适用何种少年司法模式都越来越重视检察机关和检察官在少年司法中的地位和作用的发挥。与惩罚相比，更加重视教育保护和社会秩序及关系的恢复。检察官在少年司法领域除了提起公诉权以外，拥有越来越多的诉前分流权，通过在检察环节采取多种预防和分级处遇的矫治教育措施，可以避免将更多罪错未成年人送上法庭，使其从小贴上罪犯的标签。检察官已然在少年司法的发展历程中扮演着越来越重要的角色。

（二）未成年人司法属性的多元化、开放性和包容性决定了必然有检察官参与的广泛空间

从世界范围来看，不同国家和地区结合本土情况形成了各具特色的未成年人司法模式，一国未成年人司法制度发展的历史变迁，也呈现多样化特征。尽管芝加哥少年法院被认为是经典模式，但美国同时存在其他多种形式的未成年人司法机构，比如家庭法院将所有少年事件及家庭事件，包括少年越轨、身份犯、虐待及缺乏照料、离婚、父母监护权及家庭暴力刑事指控以及类似案件纳入其管辖范围。也有在特别法院内部设立未成年人司法机构，如涉及遗产分配、遗嘱执行等工作的遗嘱检验法院这样一种法院内部的少年分部。而得克萨斯州达拉斯郡检察院成立了专门的儿童虐待检察处负责未成年人被性侵和虐待案件。还有地方仍然将罪错未成年人案件交由普通刑事法院审理等。所以说，在未成年人

---

① 参见刘仁海、周舟：《日本少年检察制度及其对我国的启示》，载《青少年犯罪问题》2016 年第 2 期，第 80 页。

司法模式中其实并不存在一致性、唯一性和排他性，反而多元化、开放性和包容性才更加符合实际，不应当孤立、割裂地看待未成年人司法机构的设置，并无统一模式的未成年人司法制度难以定论排斥检察官参与。实际上，检察官的实际角色已经不是刑事诉讼一方当事人所能涵盖的，更像是一个“法的守护者”。因此，在维护法制统一和保障未成年人权益方面，未成年人检察工作还有广阔的空间。

二、未成年人检察在我国未成年人司法体系中的应然功能

习近平总书记指出，全面推进依法治国，必须从我国实际出发，同推进国家治理体系和治理能力现代化相适应，既不能罔顾国情、超越阶段，又不能因循守旧、墨守成规。因此，遵循司法普遍规律和总结我国未成年人司法实践情况，如何更好地讲好“未成年人司法的中国故事”、探索未成年人司法制度中国模式，就未成年人司法“中国方案”与世界对话仍然是新时代我国未成年人司法建设的一项重要任务。这其中最核心的就是蓬勃发展的我国未成年人检察工作在未成年人司法制度中的功能与法律地位的问题。

在我国未成年人刑事案件办理过程中，检察机关前承公安、后启审判。从司法职能和办案机制审视，检察机关通过审查逮捕、提起公诉、出席法庭、刑罚执行监督全程参与刑事诉讼流程，特别是不起诉、附条件不起诉程序在刑事案件分流、转处中发挥着重要作用。随着未成年人检察刑事、民事、行政、公益诉讼业务集中统一办理的推开，这些检察职能不是简单叠加，而是形成合力，与其他司法机关相比，可以更加全面地参与、促进未成年人司法保护工作。比如“捕诉监防教”一体化的工作职责使得未成年人检察部门实现了资源集中和全程帮教；独有的法律监督权也给了未成年人检察更多的延伸空间与独特的角色定位，强化了未成年人民事行政权益的司法保护；检察机关立足法律监督职责探索

未成年人一体化保护平台，可以通过督促有关职能部门履职，推动未成年人司法的综合保护。具体来说体现在以下四个方面。

（一）检察机关在刑事诉讼构造中的特殊地位能够全程参与未成年人司法保护

在中国特色社会主义司法制度的发展过程中，形成了我国刑事诉讼体系的特殊构造，其中一项极为重要的诉讼原则就是，人民法院、人民检察院和公安机关在刑事诉讼中应当分工负责、互相配合、互相制约，以保证准确有效地执行法律，即“公安机关、检察机关和法院在刑事诉讼中各自独立式地实施诉讼行为”①。就办理未成年人刑事案件来说，涉及公安、检察、法院、司法执行等诸多部门，但只有检察机关能够介入侦查、起诉、审判、刑罚执行的诉讼全过程，从立案监督到执行监督自始至终全程参与整个刑事司法过程，是唯一全过程参与且有监督职能的机关。这与西方国家未成年人司法制度差别很大。西方国家尤其是英美国家的未成年人司法以法院为中心，检察机关的功能相对较弱。② 域外未成年人司法制度以二元制的诉讼模式为主，统一由少年法庭或者其他类型的少年审判机构进行审查，这就是所谓的未成年人司法的“先议权”。只有少年法院认为情节恶劣的案件才会逆送至检察机关起诉。在这样的程序设计中，检察机关被边缘化了。③ 从我国办理未成年人刑事案件的诉讼流程来看，法院对从立案到起诉的审前活动基本不参与，没有介入审前分流的程序，如果等到案件起诉到法院才开始启动司法保护、帮教，显然为时已晚。

因此，学界认为，检察机关作为法律监督机关，在未成年人保护和

---

① 陈瑞华：《刑事诉讼的前沿问题（上册）》（第五版），中国人民大学出版社2016年版，第284页。

② 相对而言，一般情况下，大陆法系国家检察官在处理未成年人案件时通常有很大的分流转处权。

③ 参见［日］武内谦治：《少年法讲义》，日本评论社2015年版，第419页。

犯罪预防方面承担着重要职责，并具有自身优势。检察机关无论在审前还是审判活动中，均发挥着重要作用，这不仅与其处于前承公安、后启审判的枢纽地位有关，也与检察机关法律监督地位以及“捕诉监防教”未检职能一体化相关，因而检察机关对于未成年人刑事政策的贯彻发挥着关键的作用。①

（二）检察机关法律监督的特殊角色有助于弥补未成年人民事权益保护的漏洞

司法实践中，一方面，在社会转型时期，我国劳动力人口转移和人口迁移过程中，出现了流动儿童和留守儿童这一社会现象，这个群体中涉嫌违法犯罪和受到犯罪侵害的比例相对较高；另一方面，性侵害、拐卖、虐待、遗弃等侵害未成年人的刑事案件不断发生。这些犯罪现实反映出未成年人刑事案件和侵害未成年人犯罪案件背后往往存在未成年人民事权益先期受损的情况，比如与家庭监护缺失、受教育权落实不足等因素相关，反映出未成年人权益保护方面存在漏洞。以家事案件为例，监护人不履行监护职责，由于未成年人本身不具备民事诉讼能力而无法起诉，而法院根据不告不理的原则，导致无法进入司法保护的视野，不能及时得到司法救济和保护。

检察机关是法律监督机关，检察机关通过民事诉讼监督来维护未成年人权益，这也是其他机关不具备的职能。比如检察机关按照“为保护而监督，在监督中保护”的理念，通过对法院生效判决进行抗诉、督促或建议起诉、支持起诉和制发检察建议等多种手段，对办理涉及未成年人子女抚养、医疗损害赔偿、交通事故责任、收养、继承、人身侵权、财产分割、探视权等案件进行监督，主动履行职责，帮助未成年人维护合法的民事权益，促进对未成年人民事权益保护的主动“补位”。

---

① 参见宋英辉等：《关于检察改革中加强未成年人检察工作的建议》，载《未成年人检察》（第一辑），中国检察出版社 2016 年版，第 3 页。

（三）检察机关作为维护公共利益的代表有利于扩大未成年人权益保护的范围

检察权以国家利益或者公共利益作为根本出发点，本身就有着“法律守护者”或是“公共利益守护人”的定位。而未成年人利益是非常重要的社会公共利益。凡是涉及未成年人利益的事，不仅仅是个案的事情，往往有国家利益、社会公共利益的需求在里面。公益诉讼（Public Interest Litigation）发展于20世纪七八十年代的美国，最初包含基于种族歧视、妇女权益、未成年人权益保护而提起的诉讼，这在西方既有法律规定也有相关判例。但在司法实践中，由于起诉主体的能力或者支持起诉主体的缺位，涉及未成年人一些公共利益的维护效果不佳。[①] 对此，针对涉及食品药品安全、违规开设网吧、校车安全等方面侵害众多未成年人合法权益问题，检察机关可以通过制发公益诉讼诉前检察建议的方式，督促有关职能部门或单位履行职责来维护未成年人群体的合法权益。而且对于提出检察建议后行政机关或相关单位仍不履行职责的，可以向法院提起公益诉讼。

（四）检察机关职能手段灵活多元可以增强维护未成年人权益的针对性

未成年人司法保护的一个重要特点是尊重儿童需要的个别化、差异性。在司法实践中，如何贯彻落实好教育为主、惩罚为辅的原则，需要针对个案的情况予以个别化的处遇。检察机关适用未成年人法律法规和刑事司法政策的手段比较灵活多元，比如无社会危险性不捕和变更强制措施非羁押措施的适用；相对不起诉、附条件不起诉非刑罚措施；法律援助、合适成年人到场、社会调查、刑事和解、犯罪记录封存等特别程序；心理测评与疏导、亲情会见、跟踪回访、未成年被害人救助等特殊

① 比如2001年民间社会公益组织起诉禁止未成年人吸烟，被法院驳回。

工作方式等。这些灵活多元的职能手段，有助于针对涉罪未成年人个案的具体情况，有效开展再犯预防、临界预防的个案预防工作；有助于发现未成年人犯罪和被害背后的政策制度、社会治理机制等深层次问题；有助于协调未成年人保护与国家社会公共利益的关系。

综上所述，从我国未成年人检察的角色定位上看，基于法律监督的广泛性和全程性，检察机关不但能够参与办理未成年人刑事案件的全流程，而且在此过程中对于发现的一些犯罪背后的民事权益、公共利益问题，检察机关都能够直接联系或者监督相关职能部门开展相应的工作，从而起到督促履职解决问题的作用，较之其他司法机关有广度上的优势。这正好弥补了社会转型时期没有一个职能相对集中的机构促进协调解决未成年人保护工作中所出现问题的不足。因此，未成年人检察对推动形成独立健全的有中国特色的未成年人司法制度，强化未成年人司法保护工作的作用突出、意义深远。从深层次的宪法制度和司法体制安排考虑，中国特色社会主义检察制度的法律监督属性使得我国检察机关在传统公诉职能之外，还能够在未成年人案件中具有纠正违法的诉讼监督、督促行政机关履行职责等多种角色。未成年人检察在未成年人司法中的重要地位，也体现出在中国特色未成年人司法制度框架下未成年人检察工作实践发展所形成的理论自信和制度自信。

三、未成年人检察在我国未成年人司法体系中的监督职能

检察机关是国家法律监督机关，法律监督既是我国检察制度最基本的内涵，也是我国检察制度持续发展的基本方向。[①]《宪法》和《人民检察院组织法》明确了人民检察院是国家法律监督机关的职能定位，确

① 参见樊崇义：《检察机关深化法律监督发展的四个面向》，载《中国法律评论》2017 年第 5 期，第 36－52 页。

立了保障国家法律统一正确实施的神圣职责。2020 年修改的《未成年人保护法》第 105 条、《预防未成年人犯罪法》第 60 条均明确了检察机关对诉讼活动、重新预防犯罪等事项进行监督的职责，是检察机关法律监督职能在未成年人保护领域的具体化。检察权在具体行使过程中，又可以分为刑事检察、民事检察、行政检察和公益诉讼检察四项职能。未成年人检察职能的设立基础是针对特殊群体而实施的特殊保护，以未成年人为工作对象，以未成年人特殊优先司法保护为职能任务，以未成年人利益最大化为基本理念，遵循未成年人司法规律，适用未成年人特有的法律规定、机制制度，由专门机构、专业人员负责的一项独立检察业务。① 检察机关应当从依法履行法律监督职责着眼，推进未成年人检察工作高质量发展，从而实现在诉讼流程、司法构造等更为稳定的机制中发挥好检察机关在未成年人保护领域的应有作用。

（一）依托“两龙”构造，巩固和发展未成年人检察的诉讼职能

“政法一条龙”和“社会一条龙”强调公检法司协作配合和广泛动员社会力量，共同保障未成年人合法权益。这是我国未成年人司法历史经验的科学总结，具有鲜明的中国特色。作为唯一参与未成年人司法保护全过程的政法机关，检察机关要发挥自身职能特点，以最有利于未成年人原则为指引，进一步深化“两龙”协作成效。一方面，立足健全行政执法与刑事司法衔接，在履行好提前介入、审查逮捕、审查起诉等传统公诉功能外，还要强化立案监督、侦查活动监督和审判监督等职能，进一步深化“政法一条龙”的协作质效，强化对未成年人权益的司法保障。对于一些涉罪未成年人轻微犯罪行为采用非刑罚化处理方式，同时

① 未成年人检察是未成年人司法的重要组成部分，因此又应当遵循和体现未成年人司法的基本理念、内在规律，相较于其他检察职能，更加具有自身的独立特性，这一独立性主要体现在功能、规则和主体的独立上。参见孙谦：《关于建立中国未成年人司法制度的思考》，载《国家检察官学院学报》2017 年第 4 期，第 3－18 页。

探索刑事司法程序向行政执法程序的转出机制，为“严管厚爱”确立落实机制。另一方面，加强与政府有关部门、群体组织和社会力量合作，提升社会调查、法律援助、合适成年人到场、社会支持体系等特别程序的运行质量，通过建立完善未成年人检察社会支持体系，进一步推进“社会一条龙”的实质化，为实现未成年人司法的特殊目的夯实社会基础条件。

（二）执行“两法”授权，着重发挥未成年人检察发现问题、督促履职和弥补漏洞作用

根据《未成年人保护法》的公益诉讼条款特别赋权和《预防未成年人犯罪法》对检察机关法律监督“等”字的立法设计，检察机关的法律监督职能不限于传统的未成年人案件刑事法律监督，也可以延伸到与此密切相关的工作，从而奠定了检察机关更为广泛地参与未成年人保护领域有关工作的制度基础。检察机关要主动履职，坚持以人民为中心理念，站在未成年人权益综合保护和促进国家治理体系和治理能力现代化的高度，积极发挥法律监督职能广泛性和灵活性的特点和查漏补缺的作用，综合运用公益诉讼、检察建议等方式开展监督，督促有关单位、组织认真履行法定职责，及时弥补未成年人保护中的薄弱环节，推动解决人民群众反映强烈的未成年人司法保护中的老大难问题，为着力解决未成年人保护领域的基础问题和建立长效机制提供检察智慧、法治助力。

（三）积极能动履职，加强涉未成年人案件的诉源治理

习近平总书记强调：“法治建设既要抓末端、治已病，更要抓前端、治未病。”涉未成年人犯罪不仅是重要的司法问题，更是突出的社会问题。2021 年 3 月 6 日，习近平总书记在全国政协医药卫生界教育界联组会上回应教育领域热点问题。总书记指出，这些问题属于社会性问题，需要各方面、各有关部门共同努力，研究解决。办理涉未成年人案件，

不能止于办好个案，更重要的是针对个案、类案发生的原因，加强犯罪预防，抓前端、治未病，力防相关类案反复发生。检察机关作为法律监督机关，结合办案，可以通过检察建议、制度建设、法治宣传教育等多种能动履职方式做实诉源治理。最高检通过对一起典型校园性侵案例的全面剖析，针对健全完善校园预防性侵害制度机制等向教育部发出的“一号检察建议”就是加强侵害未成年人案件诉源治理的典范。“一号检察建议”落实情况已被纳入全国校园安全常态化督查范围，成为促进法治校园、安全校园建设的有力抓手。最高检会同相关部门制定的侵害未成年人案件强制报告制度、教职员工入职查询制度，同样也是为了在源头上遏制侵害未成年人案件的发生。两项制度不仅被《未成年人保护法》吸收入法，同时也已在诉源治理上发挥了重要作用。截至 2022 年，全国各地检察机关已通过强制报告办理侵害未成年人案件 4500 余件，已推动密切接触未成年人行业开展入职查询 1000 余万人次，解聘有前科劣迹人员 4400 余人，让隐匿的“大灰狼”无所遁形。人生百年，立于幼学。党的二十大提出“加强和改进未成年人思想道德建设”。各级检察机关也积极通过检察官担任法治副校长、法治进校园等工作，融道德教化于法治教育之中，帮助未成年人远离违法犯罪。

第二节　未成年人检察在未成年人司法体系中的全方位参与

从纸上的法走向法的实践，未成年人司法制度存在的独特价值需要司法实践成果来予以体现。未成年人检察以未成年人利益最大化为基本司法理念，全方位全过程参与未成年人司法，从而形成了未成年人检察特有的职责内涵。通过对未成年人刑事、民事、行政、公益等领域全面综合司法保护，使未成年人司法的制度价值通过实践成效进一步得到凸显。

一、依法惩治与教育挽救涉罪未成年人

坚持从有利于教育挽救出发办理未成年人犯罪案件，在依法惩治未成年人严重犯罪的同时，对未成年人轻微犯罪“少捕、慎诉、少监禁”，为他们回归社会留足空间。《未成年人检察工作白皮书（2021）》显示，2021 年，全国检察机关依法批准逮捕未成年犯罪嫌疑人 27208 人，提起公诉 35228 人；对涉嫌轻微犯罪并有悔罪表现的未成年人，不批捕 27673 人、不起诉 22585 人（含附条件不起诉考验期满后不起诉人数）、附条件不起诉 19783 人。2022 年 10 月，最高人民检察院向全国人大常委会作出的《关于人民检察院开展未成年人检察工作的情况的报告》显示，2022 年 1—9 月，涉罪未成年人不捕、不诉人数均超过了批捕、起诉人数，不捕率、不诉率分别为 66. 6%、57. 6%，分别高出整体刑事犯罪 24. 8%、32. 4%，较 2018 年同期上升了 32. 3%、34. 4%；对未达到刑事责任年龄的，会同相关部门约束教育、严加矫治。坚持把帮助教育贯穿办案始终，根据未成年犯罪嫌疑人的犯罪情节、成长经历、犯罪原因、监护教育、生活环境等具体情况，落实法律规定的特殊制度、程序，维护未成年人合法权益。在检察机关的帮助下，一大批罪错未成年人得以回归社会、成长成才。仅 2020 年至 2022 年 9 月，全国就有 3747 名涉罪未成年人经检察官帮教考上大学。特别是立法设定由检察机关承担的附条件不起诉程序，适用率已经由 2018 年的 12. 2% 提高到 2022 年的 36. 6%。2019 年最高人民检察院第九检察厅、中国刑事诉讼法学研究会少年司法专业委员会联合课题组进行的《未成年人刑事案件诉讼程序专章实施状况评估报告》显示：绝大部分有帮教需要的未成年人轻罪案件通过量刑调节都具备适用附条件不起诉程序的可能。可以说，在办理未成年人刑事案件过程中，承前启后的检察环节已经成为重要的制度化分流转处机制之一。而且，随着进一步对罪错未成年人特殊矫治教育措施的落实以及探索罪错未成年人多元化分级处遇的司法化改造，相信

审前程序检察机关的分流、转处和保护功能会更加凸显。

二、保护救助未成年被害人

近年来，性侵、拐卖、虐待、伤害未成年人犯罪持续多发，人民检察院将侵害未成年人案件列为未检办案范围，依法予以严惩。2018 年至 2021 年，检察机关共起诉侵害未成年人犯罪 23.2 万人，平均上升 6.1%。2018 年至 2022 年 9 月，起诉的成年人侵害未成年人犯罪，一审被判处 3 年有期徒刑以上刑罚的，占判决总人数的 42%，高出整体刑事犯罪 24.3%。检察机关在办理侵害未成年人犯罪案件中，始终关注未成年被害人，采取适合未成年被害人身心特点的办案程序、办案方式，推动建立“一站式询问”办案区 2053 个，用温馨的环境、合适的方式和一次性询问，避免造成二次伤害。同时为加强未成年被害人救助，最高人民检察院专门下发《关于全面加强未成年人国家司法救助工作的意见》，向未成年被害人提供专业的物质、心理救助和支持，减小犯罪给未成年人带来的损失，尽力帮助他们摆脱困境。2018 年至 2022 年 9 月，救助未成年被害人 3.4 万人 5 亿余元。全国检察机关联合相关部门共为未成年被害人提供法律援助、司法救助、心理疏导、身体康复、入学安置等支持，其中一些被严重侵害的未成年人心理康复计划长达五年。

三、综合保护未成年人合法权益

司法实践中，有些涉未成年人案件刑事问题解决了，未成年人民事、行政权益仍得不到保障，依然困扰着涉案未成年人的复归。为更加全面有效地保护未成年人合法权益，检察机关作为国家法律监督机关，充分发挥刑事、民事、行政检察、刑事执行检察和公益诉讼等法律监督职能，对未成年人权益进行更加全面的保护。

《民法典》确立了对未成年人权益的特殊保护，《未成年人保护法》构建了比较完备的未成年人保护监护制度。检察机关积极开展涉及未成年人监护、收养等人身权益和未成年人抚养费、接受赠予、遗产继承等财产权益的民事案件审判监督和当事人为未成年人的行政案件的审判监督，确保未成年人得到妥善监护照料、未成年人人身财产权益得到有效司法保护。《未成年人检察工作白皮书（2021）》显示，2021 年检察机关结合办案共对监护侵害、监护缺失行为支持起诉 464 件，发出检察建议 294 件，撤销或变更监护权 388 件。针对严重监护失职、未成年人遭受家庭暴力等，创新设立“督促监护令”制度，2021 年至 2022 年 9 月制发“督促监护令”5.7 万余份，有力地促进了监护人积极履行监护职责。办理涉及未成年人的民事、行政案件，应当在“最有利于未成年人”原则指引下，兼顾“国家责任”与“父母自然亲权”的平衡。在这个过程中，检察机关司法监督的专业性、督促履职的主动性具有不同于其他司法机关、行政机关的独特价值。

2020 年修订的《未成年人保护法》第 106 条明确，涉及公共利益的，检察机关提起未成年人公益诉讼，从而超越传统未成年人司法个体主义机制的局限，为维护不特定多数未成年人公共利益建立了专门的诉讼机制。《未成年人检察工作白皮书（2021）》显示，2021 年检察机关共办理未成年人公益诉讼案件 6633 件，发出公益诉讼诉前检察建议 5811 件，提起诉讼 84 件。检察机关已经在食品药品安全、督促控辍保学、整治教育培训机构、基础设施安全、个人信息保护、校园周边交通安全、娱乐场所违规接纳未成年人等领域，逐步拓展对未成年人公共利益的司法保护。

此外，综合运用检察建议、专项通报、联合调研督导等多种手段，与其他政法机关密切沟通配合，推动提高整个未成年人司法的规范化程度。针对近年来教职员工性侵害幼儿园儿童和中小学生犯罪案件多发问题，2018 年 10 月最高人民检察院在办案基础上向教育部发出首份检察建议书，建议积极推动幼儿园、中小学校园安全建设，取得了积极效果。

第三节 未成年人司法机构专业化和程序专门化的检察优势

一、机构专业化：未成年人司法独立化的体制支持

建立专门机构负责未成年人司法工作是法治国家普遍的做法，由专门的机构和人员来办理未成年人案件也符合联合国刑事司法准则的要求。① 从国家司法资源的配置来看，有限的司法资源需要投放到专门的职能部门，这也是公权力授权行使的规律要求。如果未成年人案件和成年人案件都由一个部门来办理，面对数量更多的成年人案件，未成年人司法特别是案外帮教工作就会处于从属性地位，其区别于成人司法的目的和任务也难以实现。另外，未成年人司法是一项涉及刑事、民事、行政、儿童福利综合保护的专业性工作，在分工已经比较精细的成人司法部门中也难以落实。未成年人司法工作的无可替代性和未成年人司法职能的不可或缺性是需要专门机构和专业人员开展这项工作的根本依据。

长期以来，我国政法机关办理未成年人案件的专门机构存在发展不平衡、机构设立与撤并反复的状况。可以说，机构专门化、专业化一直是建构我国未成年人司法制度面临的首要难题。

人民法院的少年法庭是我国未成年人司法领域最早出现的专门机构，普遍观点认为新中国未成年人司法改革启动的标志性事件是1984年10月上海市长宁区人民法院设置了第一个少年法庭。时任最高人民法院院长郑天翔批示：根据少年犯的特点，把惩罚犯罪与矫治、预防犯罪相结合，上海市长宁区人民法院的经验值得各地法院借鉴。1984年至

---

① 参见宋英辉、何挺、王贞会等：《未成年人刑事司法改革研究》，北京大学出版社2013年版，第53页。

1995 年，通过举办三次全国性少年法庭工作会议的倡导推进，少年法庭发展势头良好，形成了一场“少年法庭运动”，[①] 人民法院因此成为未成年人司法改革的引领者。在高峰时期，全国建立了 3300 多个少年法庭。后来由于司法观念、机构改革、外部环境等多重因素的影响，少年法庭的发展出现了波折，截至 2014 年，全国法院共设立少年法庭 2253 个，合议庭 1246 个。[②] 2016 年初，最高人民法院在部分法院前期探索经验的基础上，又正式推出了家事审判改革。有学者指出，“实践中少家合一的审判模式更多是从婚姻、家事主线出发的，忽略了未成年人保护问题，并不能满足未成年人司法保护的需求”。[③] 如果从实际案件办理中婚姻家庭类案件数量庞大的角度考虑，未成年人案件很可能在合并后的家事审判庭工作中处于边缘化地位。根据以往的经验，未成年人司法机构的不独立会直接影响未成年人司法工作的效果。

尽管早在 1995 年公安部颁布的《公安机关办理未成年人违法犯罪案件的规定》中即要求公安部门应当设置专门机构或者专人办理未成年人违法犯罪案件，但是系统性的少年警务改革一直未能启动，只有北京海淀、广西钦州、江苏淮安、云南昆明以及上海等地公安机关成立了专门办理未成年人案件的部门或者办案组。有学者指出，直至今日少年警务仍然未能在现有警务架构内找到应有的位置，未能成为公安机关重视的专门议题，也远远未能成为公安机关专门的警务活动。[④]

---

① 赵国玲主编：《未成年人司法制度改革》，北京大学出版社 2011 年版，第 71 页。

② 参见骆惠华：《为了孩子幸福 为了国家未来——人民法院少年法庭工作辉煌 30 年回顾》，载《人民法院报》2014 年 11 月 25 日，第 4 版。

③ 张雪梅：《司法改革不能忽视未成年人司法制度的特殊性》，载《人民法院报》2016 年 1 月 6 日，第 6 版。

④ 参见姚建龙：《中国未成年人司法的历史、现状与未来》，载《法律适用》2017 年第 19 期，第 2－11 页。

检察机关专门机构的建立虽然比法院稍晚，发展过程中也遭遇过波折。[①] 但近年来检察机关积极推进未成年人检察独立机构和专门队伍建设。2018 年 12 月，最高人民检察院在内设机构改革中设立了履行未成年人检察的专门业务机构——第九检察厅，这在我国未成年人司法保护制度完善方面具有重要意义，也标志着未成年人检察制度进入新的发展阶段。各省、自治区、直辖市人民检察院均成立了独立未检机构，市级检察院和基层检察院也积极跟进。截至 2022 年，已有 2207 个检察院设立未成年人检察机构，专门从事未成年人检察工作，没有设立专门机构的检察院都有专门的办案组或者专门的检察官来负责这项工作。全国检察机关基本构建起四级未成年人检察工作专门机构，专门机构和专业化、规范化建设都取得明显进展。经过多年的发展，检察机关已经培养了一支深谙未成年人及其案件特殊性、掌握未成年人司法基本规律，并同时了解社会学、教育学、心理学等未成年人相关综合知识的专业化队伍。这支专业队伍在日常案件办理过程中积累了大量的实践经验，并摸索出一系列体现未成年人司法基本准则且符合实践而行之有效的机制。更为重要的是，检察机关的专业队伍也在推动甚至“倒逼”公安、教育、民政等与未成年人相关的部门开展相应的队伍和机制建设。有学者指出，“这是令人惊讶的发展势头。某种程度上可以说，中国未成年人司法制度的话语重心已经从少年法庭悄然转向了少年检察。”[②] 加之考虑到未成年人刑事诉讼中检察机关的全过程参与，处于前连公安后接法院的“脊梁骨”地位，可以说未成年人检察专门机构建设终于使未成年人司法专门化建设在独立机构方面有了稳定的基础和有力的依托。

---

① 由于 1996 年在刑事诉讼法修改过程中，着重解决的是普通诉讼程序方面的问题，对未成年人特殊主体方面的程序没有专门考虑，没有对实践中探索的办理未成年人刑事案件的一些特殊制度、程序予以专门规定和认可，因此，1997 年最高人民检察院和一些地方的检察机关在机构改革中取消了未检专门机构。

② 参见姚建龙：《中国未成年人司法的历史、现状与未来》，载《法律适用》2017 年第 19 期，第 2－11 页。

二、程序专门化：未成年人司法特殊规则的经验积累

“复归社会”这一未成年人司法特殊价值理念的落实，必须依靠成人司法惩罚规则以外的特殊程序规则来实现，这些特殊规则是实现未成年人司法特殊理念的制度保证。在这方面，未成年人检察工作按照儿童利益最大化等未成年人司法理念的要求，探索了很多适合未成年人身心特点的特殊工作制度和方式，借鉴了未成年人司法发达国家的做法，又对接到中国的现实土壤而具有可操作性，有的经过多年探索已经被立法所吸收，主要有以下几个方面：

（一）关注“人”的社会调查制度奠定了未成年人司法处置措施的事实基础

对未成年犯罪嫌疑人的性格特点、家庭情况、社会交往、成长经历、是否具备有效监护条件或者社会帮教措施，以及涉嫌犯罪前后表现等背景性情况进行调查，综合考察、分析和评估，是作出个别化的处遇决定的依据和前提。建立在个别化基础上，具有针对性的处遇措施是涉罪未成年人能否复归社会的关键所在。对未成年人处遇个别化的核心内容是要求充分关照未成年犯罪人的个体情况，除了案件事实和证据，还要关注未成年人犯罪的原因（主要包括环境、心理等）和将来的回归、发展。只有通过专业、细致的社会调查，才有可能了解涉罪未成年人个体的具体情况，并在此基础上为针对性采取教育保护矫治措施提供科学的事实基础。因此，从制度定位和功能角度来看，社会调查制度在未成年人司法保护体系中具有事实性、基础性的重要价值。①

虽然早在20世纪80年代，上海市长宁区人民法院少年法庭、上海

① 参见王广聪：《变迁时代的福利司法——未成年人刑事审前程序的完善》，法律出版社2019年版，第96页。

市长宁区人民检察院少年案件起诉组自成立之日起就注重调查未成年犯罪嫌疑人、被告人的个人情况，并且在2012年刑事诉讼法修订时正式立法。但由于立法规定的公安机关、人民检察院、人民法院都是社会调查的适格主体，实践中社会调查存在选择性、形式化等问题，影响了制度的功能。为执行好这一制度，检察机关通过自行补充调查和督促公安机关启动社会调查，大大提高了社会调查的实施率，有的地区已经实现社会调查全覆盖。如近年来全国检察机关开展社会调查的数量同比有了较大幅度下降，其中一个重要原因就是公安机关主动对涉罪未成年人开展社会调查的比例明显提升，使得办案效率和帮教质量得到提高。

（二）附条件不起诉等检察分流机制为实现未成年人司法分流转处的要求提供了较佳途径

犯罪学和刑事司法的实证主义研究显示，由于刑事司法程序的正式性和严肃性，刑事诉讼程序可能会给涉罪未成年人留下“罪犯”的烙印，提高了涉罪未成年人再次犯罪的可能性。这是犯罪学中标签理论对刑事司法制度负面作用的最大警示。因此，未成年人司法特别强调对涉罪未成年人采取多元化的分流转处措施。19世纪未成年人司法制度的建立可以被视作转处，是让少年法院撤销成人法院的惩罚性措施，并且特别关注康复与教育。[①] 司法转处对涉罪未成年人来说，至少包括以下几个优点：首先避免了正式审理所带来的标签化痕迹；同时亦通过将有限司法资源集中至个别严重问题少年，以减轻和分担整个未成年人司法体系负担；且因分流倾向于以社区为导向，这通常有助于问题少年与被害人以及其他利害关系人的和解。[②]

---

① 参见［美］马文·克朗、乔迪·莱恩主编：《少年越轨与未成年人司法手册》，苏明月、陈朗梓译，法律出版社2019年版，第490页。

② See Ferro，Jeffrey.（2003）. Juvenile Crime. NewYork，NY：Facts on File. pp. 83 – 84.

从我国司法分流机制来看，公安机关撤案、检察机关不起诉以及法院判处非监禁刑等途径都可以实现将涉罪未成年人从正式的司法程序中转出去。检察环节的附条件不起诉被研究者认为是目前我国涉罪未成年人审前转处的最佳途径。[①] 通过一个考验期的监督帮教，提供一个针对性教育矫治的空间和时间，能够给涉罪未成年人提供更多的支持和帮助，以促进其更好地复归社会。这样的制度符合社会转型时期涉罪未成年人福利保护的现实需要，是非刑罚化处理和针对性教育矫治的有机结合，也有助于改变以往分流转出之后没有后续跟进教育矫治的问题。

(三) 未成年人检察一体化办案模式符合未成年人司法的整体性要求

未成年人司法的理念是应当根据涉罪未成年人的实际需要，采取整体性的一揽子方案。未成年人司法制度“大司法”的特点，需要推进制度“一体化”“综合化”，推进程序一体化、受案范围一体化、维权、监护、教育、矫治等功能一体化，即凸显出未成年人司法是一个整合的司法制度，并形成与之功能和目的相配套的运行模式。[②] 因此，司法资源的整合在未成年人案件办理中显得十分重要。未成年人检察工作所采取的“捕、诉、监、防、教”一体化工作模式恰恰体现了这种整体性的要求，即一个未成年人案件的审查逮捕、诉讼监督、审查起诉、犯罪预防和帮教要由同一个检察官承担，这一方面有利于实现资源的集约，避免职能分散，保证办案和帮教救助的专业化，另一方面也有利于全程全面地对涉案未成年人进行帮教救助。在这一模式下，检察官从案件一开

① 参见何挺、李珞珈：《附条件不起诉监督考察的主体：基于参与观察的研究》，载《国家检察官学院学报》2017 年第 3 期，第 33－49 页。

② 参见杨飞雪主编：《未成年人司法制度探索研究》，法律出版社 2014 年版，第 33 页。

始就和涉案未成年人接触，逐步对其思想、性格特点等有了深入了解，和其建立了信任关系，能够更有效地进行教育矫正。检察官也能够综合运用刑事、民事、行政、公益诉讼检察职能更好地维护未成年人合法权益，实现各项职能的相互衔接、有机统一。

（四）符合未成年人身心特点的未成年人检察工作方式保证了未成年人利益最大化得以更好实现

除了已经被刑事诉讼法规定的特别程序，检察机关还在工作中探索了其他适用于涉案未成年人的特别程序。一是被害人“一站式”办案救助机制，即对未成年被害人应采取适合未成年人身心特点的办案方式，在询问时同步录音录像，原则上只询问一次，防止过多询问让未成年人反复回忆被害经过而带来的二次伤害。同时为其提供法律援助、司法救助、心理干预、身体康复等帮助支持。二是心理测评与心理疏导制度，即检察机关根据需要可以对涉罪未成年人（包括未达法定刑事责任年龄而不追究刑事责任的未成年人）、未成年被害人、未成年证人（特别是目睹暴行者）进行心理疏导或者人格甄别。必要时，经未成年人及其法定代理人同意，可以对未成年人进行心理测评。对于在工作中发现未成年人因被侵害而产生心理问题，犯罪行为与自身心理问题有关，有自杀、自残倾向或者相关行为表现的，检察机关应及时指派或者委托具有专业知识的人员进行心理危机干预。三是亲情会见制度，即在审查起诉时，对于案件事实基本查清，未成年人认罪悔改的，或者有可能通过会见促进其认罪、悔罪的，可以安排在押的未成年犯罪嫌疑人与其法定代理人、近亲属等会见，进行教育和亲情感化。

（五）未成年人检察工作独立评价机制为科学衡量未成年人司法工作成效作出有益探索

一项独立司法职能的科学有效运作，必须有相应的科学的司法管理机制。在司法责任制的背景下，如何科学考量一名司法官的业绩是必须要考虑的问题。对于未成年人司法来说，核心问题是如何评价办案的问题，成人司法计件办案的数量考核模式并不完全适应未成年人司法的要求，“这种考核的特点是以量为基点，考察结案数和人均办案数的评判标准，忽视了未成年人司法个别化、无法批量生产的特殊性。”① 比如单纯以案件数来衡量，就会存在所谓的办案部门“案件少、吃不饱”的问题。事实上，未成年人司法的工作不仅仅是坐堂办案，还有大量的事实证据与法律适用之外的工作，甚至在很多情况下必须依赖于这些案外工作才能实现办案效果。“对未成年人检察工作的评价尺度不是仅凭办案数量，而是评价每办理一个案件中特殊程序是否落实，围绕涉案未成年人做了多少教育矫治和帮扶工作。”② 最高人民检察院专门下发了《关于建立未成年人检察工作评价机制的意见（试行）》，要求各地建立以工作质量和帮教效果为核心，涵盖少捕慎诉少监禁、特殊制度、教育挽救、犯罪预防、法律监督、权益维护等内容，符合未成年人司法的特殊要求，对未成年人司法的工作质量评价标准进行有益的探索。

第四节　未成年人检察发展与中国特色未成年人司法制度的构建

我们应当充分肯定近年来我国未成年人司法工作取得的显著成绩。但与此同时，按照新时代党和国家发展战略目标和人民群众幸福美好生

① 姚建龙：《少年法院的学理论证与方案设计》，上海社会科学院出版社 2014 年版，第 89 页。

② 孙谦：《切实加强未成年人检察工作》，载《检察日报》2016 年 1 月 18 日，第 3 版。

活需要的标准，在未成年人司法理论研究、保护实践、司法制度方面还存在不足，比如未成年人司法的独立价值、功能尚未获得广泛认同和充分体现；未成年人保护法律体系不健全，基本上是“小儿酌减”的办法，处于成人法律体系的附属地位；未成年人司法处遇措施单一、配套机制不完备；未成年人保护专业化体系化建设还比较薄弱，司法与社会力量的对接缺乏法律依据和长效机制等。

未成年人司法制度是一个系统工程，只有整个未成年人司法制度全面、均衡、协调发展，未成年人检察才能不断进步并发挥应有作用。只有在未成年人司法保护中发挥更加重要、不可替代的作用，未成年人检察才能得到进一步巩固和发展。检察机关作为法律监督机关和职能贯穿诉讼全过程的唯一部门，做好未成年人检察工作，对于建立中国特色未成年人司法制度意义重大。因此，检察机关应当始终把推动建立中国特色未成年人司法制度作为长远目标，在不断加强未成年人检察建设的同时，充分发挥未成年人司法“发动机”的作用，积极参与推动中国特色未成年人司法制度的建设。为此，要以习近平新时代中国特色社会主义思想为指引，遵循未成年人利益最大化司法理念，立足我国国情，适当借鉴国际和域外先进做法，以提高未成年人司法保护水平为目标，以完善法律体系为重点，以加强专业化建设为基础，以健全社会支持体系为支撑，推进建立成熟定型的中国特色未成年人司法制度。

一、贯彻现代未成年人司法理念

一个国家未成年人司法制度的根基是对未成年人的基本态度和理念。虽然我们已经意识到未成年人与成年人之间存在的差异性，但是对如何处理未成年人的问题，大多仍然停留在传统的恤幼思想，是成年人对未成年人的这一弱势群体的同情和怜悯，以及表现为附属于成人司法程序的“小儿酌减”，从而导致对未成年人特殊处遇的忽视。“实践中贯彻落实刑事诉讼程序的规定各地极不平衡，一些地区对未成年人特别程序重视不够、落实不积极、效果不理想，甚至一些重要的制度完全没有适用和实施，并非经济因素、硬件因素和地域因素，根本原因还是未成年人司法理念没有完全树立。”[①]

未成年人检察工作应当积极贯彻现代未成年人司法理念，并且予以本土化。未成年人司法制度的最初建立是基于社会治理的功利主义考量，明确了在父母没有尽到监护职责的情况下，国家可以代替行使亲权的“国家亲权”原则并为未成年人司法采用作为国家机关行使权力的制度基石。在此基础上又延伸出“儿童利益最大化”原则，并成为未成年人司法制度的另一个核心指导理念。[②] 未成年人检察工作的“教育、感化、挽救”方针是基于国家监护人代替父母对未成年人进行帮教的逻辑起点而展开的。对于罪错未成年人依法少捕、慎诉、少监禁以及“双向保护”的工作理念，就是以儿童利益为最大考量因素作出对未成年人案件的处理。未成年人检察工作聚焦未成年人，职能行使向前延伸至预防犯罪，向后延伸至帮教救助，坚持双向保护、全面综合保护原则，稳步推进队伍专业化、工作规范化、帮教社会化这“三化”建设，均是在上述两大理论基石的指引下开展的。

（一）坚持全面保护、综合保护理念

从世界各国实践来看，未成年人司法发端于对罪错未成年人的教育

---

① 卞建林、陈卫东等：《新刑事诉讼法实施问题研究》，中国法制出版社 2017 年版，第 259－260 页。

② 参见孙谦：《关于建立中国未成年人司法制度的思考》，载《国家检察官学院学报》2017 年第 4 期，第 3－18 页。

矫正，[①] 逐步发展到对未成年人的全面保护、综合保护。实现未成年人司法工作的全面性和综合性，一是应当综合运用教育、处罚、预防等多种方式，将维护未成年人权益的工作覆盖到刑事、民事、行政等不同的领域；二是发挥家庭、学校的基础性功能，注重弥补家庭监护缺陷和消除校园安全的隐患；三是协调整合政府部门、司法机关、社会团体的力量，推动共同构建社会化综合保护体系，凝聚全社会力量保护未成年人。

（二）坚持特殊保护、教育为主的理念

实证犯罪学派兴起后，在传统的惩罚主义之外，人们开始从生理学、心理学、社会学等角度来探讨未成年人犯罪的原因，认为犯罪是由于恶劣环境等多重因素造成的。不能对犯罪未成年人一味单纯地惩罚和打击，这样对未成年人的消极作用明显并容易造成交叉感染和重新犯罪。因此，对涉罪未成年人，党和国家确立了教育、感化、挽救方针，提出了“教育为主、惩罚为辅”原则，必须把这一要求贯穿未成年人检察工作始终。一要充分发挥检察机关审前分流作用，坚持依法惩治与教育挽救相结合，根据涉罪未成年人案件的具体情况，按照教育挽救的工作目标，依法慎重决定是否批捕、起诉等。二要在案件办理的每个环节及时开展心理疏导、行为矫治等工作，将帮教工作落实到位。三要完善案后跟踪，主动加强与有关方面沟通，认真落实帮教措施，既不能简单地不捕不诉，也不能简单地一捕了之、一诉了之，应积极帮助陷入困境的未成年人重新回到正常轨道。必须充分注意的是，对涉罪未成年人的

---

① 解决未成年人违法犯罪问题，加强社会治理，是建立未成年人司法制度的最初和最直接的动力。1899 年 7 月 1 日，美国成立了世界上第一个少年法院，其时代背景是，美国正处于工业化、城市化的进程中，大量未成年人进入城市，带来一系列社会问题亟待解决。“自其伊始，少年法院就力图同化、整合、美国化和控制这些涌进东部和西北部工业化中心城市的儿童。”［美］巴里 · C. 菲尔德：《未成年人司法制度》（第二版），高维俭等译，中国人民公安大学出版社 2011 年版，第 3 页。

特殊保护是指尽量减少刑事诉讼尤其是羁押和刑罚手段对涉罪未成年人的不良影响，这不是司法纵容，并不否定对实施严重暴力犯罪的未成年人依法惩处，依法惩处也是为了对其更好地教育。

（三）坚持双向保护、平等保护

未成年人司法的特殊性不仅体现为涉罪主体的特殊性，也体现为被害主体的特殊性。未成年人保护和社会保护从长远来看是一致的，但在局部和一段时间内，在表面上又可能呈现为对立状态。从世界范围内的未成年人司法实践看，如果只强调保护涉罪未成年人的合法权益，而忽视了对被害人、社会秩序的保护，或者因户籍、地域不同等采取不同的保护措施，无疑违背了儿童利益最大化的原则，得不到社会的理解、认同和支持，也不利于未成年人司法的发展，不会有好的法律效果和社会效果。双向保护和平等保护是未成年人司法的基本原则，要求检察机关不分地域、性别、年龄等，既重视保护涉罪未成年人的合法权益，也注重保护未成年被害人的利益，既要充分保护涉案未成年人合法权益，也要保护社会公共利益和公共秩序，努力实现两方面的平衡和协调。因此，当检察机关办理双方都是未成年人的案件时，无论是惩治还是预防，无论是刑事手段还是民事措施，不仅要注意保护涉罪未成年人的合法权益，还要注意充分保障被害方的合法权益，听取被害方意见，做好释法说理工作。

由于未成年人司法理念的选择代表了未成年人司法追求的目标和前进的方向，而相关的制度设计不过是满足这些理念的手段，因此，可以从国外少年司法主导理念所体现出的某些趋同性中寻找灵感，将少年保护主义、教育与矫治等先进理念吸收进来，以此来促进我国未成年人司法制度的建设和完善。与少年司法的保护主义理念相适应，未来我国未成年人刑事司法制度至少应当在以下几个方面进行改革：一是我国的未成年人刑事司法应当主要建构在教育和矫治犯罪未成年人，促使其重返社会的目的之上，未成年人司法追求不是绝对的公正，而是实质的公正。二是应当凸显国家和社会在未成年人犯罪及其矫治和重返社会中所应承担的责任。三是应当将未成年人司法机构从普通刑事司法机构中分离出来，建立专门负责未成年人案件的警务、检察及审判机构。四是建立专门的未成年人诉讼程序，对犯罪未成年人及未成年被害人的诉讼权利进行特殊保护。五是构建完备的罪错未成年人处遇体系，包括保护处分和刑事处分两类，且以保护处分为主、以刑事处分为辅。

二、加强未成年人司法组织体系和专业队伍建设

从世界范围内未成年人司法的发展历程来看，以 1899 年美国伊利诺伊州建立世界上第一个少年法院为标志，“未成年人司法机构已经遍布各地，它们形式各异，可见于美国的所有辖区内、全世界的工业化国家，以及很多发展中国家。”① 建设专门未成年人司法机构是未成年人司法制度较为完善的国家和地区的普遍做法，比如美国的少年法院，日本的家庭裁判所、少年鉴别所，德国的少年法院、少年监狱，我国台湾地区的少年法院等。由于未成年人的身体、心理均处于发育阶段，依托传统的适用于成年人的办案机制不利于保护未成年人的身心健康，也不利于对涉罪未成年人的教育、感化、挽救，难以对未成年被害人开展全面保护救助。建设专门未成年人司法机构并设置专门人员，有利于提高未成年人司法保护的专业性，通过案件一体化办理模式，避免对未成年人身心特点不了解的办案人员对未成年人造成“无心伤害”，也避免因为办案人员频繁更换导致不熟悉案情从而影响案件进度，有利于提升对涉案未成年人教育挽救和保护救助的效果。

“组织系统是未成年人司法制度构造体系的核心，具备专门独立司

---

① ［美］玛格丽特·K. 罗森海姆、富兰克林·E. 齐姆林、戴维·S. 坦嫩豪斯、伯纳德·多恩编：《少年司法的一个世纪》，高维俭译，商务印书馆2008 年版，第341 页。

法机构是未成年人司法制度独立的重要标志，也是未成年人司法制度独立性与独立程度的主要体现。”① 根据我国《未成年人保护法》第101条规定，“公安机关、人民检察院、人民法院和司法行政部门应当确定专门机构或者指定专门人员，负责办理涉及未成年人案件。办理涉及未成年人案件的人员应当经过专门培训，熟悉未成年人身心特点。”《未成年人保护法》施行以来，有关司法机关贯彻落实这条规定的具体情况有所不同。就未成年人检察组织体系来说，有专门机构的保障尤为重要。多年来的未成年人检察工作实际经验表明，是否有专门的机构对未成年人检察工作成效密切相关，凡是未成年人检察工作成效突出的地方，其机构也必然比较健全。自最高人民检察院成立第九检察厅以来，未成年人检察机构的专业性持续增强，未成年人检察干部的综合业务素能也在办案监督中不断提高。全国四级检察院基本都设立了独立的未检机构或专门办案组，共有1万余名专门从事未成年人检察的检察官，为未成年人检察工作提供了专业组织保证。但是，仍然存在基层未检干警人员偏少、未成年人检察办案人员流动性较大、专业化程度有待提高、人员与工作量不匹配、专业培训的深度和广度不足等问题。就法院来说，受家事审判改革影响，少年法庭总体有所萎缩，但2021年以来又有一些新的进展和变化。2021年3月，最高人民法院成立少年法庭办公室，统筹全国法院涉未成年人案件审判工作指导。就公安机关来说，目前尚未在全国范围内建立专门的少年警务机构，部分地区探索少年警务模式，比如广西“钦南模式”、“北京模式”等，对于发展和壮大少年警务队伍具有积极价值，有待进一步发展和完善。

推动未成年人专门机构与人员建设，健全未成年人司法组织体系，应当着力加强相关司法机关专门机构和体制机制的协调发展。未成年人司法是涉及多个部门的综合性工作，只有协调一致才能发挥出最大效

① 姚建龙：《长大成人：少年司法制度的建构》，中国人民公安大学出版社2003年版，第83页。

能。如果部门之间发展存在较大差异或者地区之间存在明显不平衡，未成年人司法机制将难以正常运转，也无法向更为成熟的方向发展。因此，在发展未成年人检察工作的同时，也要大力推动未成年人警务、审判、刑罚执行尤其是社区矫正的专业化建设，并开展未成年人保护处分执行机构专业化的探索。

在建设未成年人司法专业机构方面，要注意避免生搬硬套，根据各个机构的专业特点，结合地方探索的有效经验，必要时可以设置试点，适时推广可复制的经验，构建符合实际、因势利导、形式多样的未成年人司法机构体系。中央和省级司法机关由于承担更重的统筹全国或省内未成年人司法工作的主导职责，有必要设立专门的未成年人司法机构。地市级司法部门负有上传下达的重要职责，为便于对下级单位工作进行直接指导，更好传达上级政策精神，建议设立未成年人司法专门机构。县区级司法部门由于各地机构编制、案件数量、案件类型存在一定差异性，有必要根据实际情况决定是设立专门机构还是指定专门人员办理涉未成年人案件。值得注意的是，考虑到未成年人案件特别程序和帮教救助与一般案件在程序上的不同，除案件办理外，需要同步进行犯罪预防、社会化帮教、部门协同等工作，因此应充分考量这一特点，配备充足的未成年人司法人员。在未成年人案件较多、未成年人司法工作较为发达、交通便利的地方，可以考虑建立专门的未成年人检察院、未成年人法院，对未成年人案件实行跨行政区划集中管辖。

在未成年人司法人员的配备与培养方面，要避免未成年人司法队伍流动性过大，保持队伍的相对稳定，注重选择、培养热爱未成年人司法工作、擅长与未成年人沟通及进行释法说理工作的人员进入未成年人司法队伍，并提供相对清晰的职业发展路径，进一步激励队伍的活力。结合未成年人身心特点，定期开展专业化培训，必要时开展司法部门同堂培训，促进未成年人司法标准和理念的统一。培训的内容要突出以提升未成年人司法保护能力为目标，不断提高适应岗位的基本素养，可以聘请未成年人司法、刑法、刑事诉讼法、民法、未成年人心理学、社会学等相关领域专业学者专题授课，进一步加强未成年人司法人员的专业化与社会化水平。此外，应建立相应的考核激励机制，对办理未成年人刑事案件的专门人员，根据具体工作内容采用不同于办理成年人刑事案件的工作绩效指标进行考核。对专门人员的专业化水平进行定期考评，设置未成年人司法专门数据指标，涵盖帮扶教育、感化挽救、落实特殊制度、开展犯罪预防、保护救助等评价标准，根据考核结果动态调整队伍人员，对未成年人司法人员注重自我提升起到正向激发作用，改变传统以办案数量为标准的评价体系。改变以成年人司法标准甚至单纯以案件数量评价未成年人司法工作的做法，建立以办案质量和司法保护效果为核心的考评体系。

三、健全未成年人司法特别程序

与未成年人犯罪行为因为刑事法律的规定而受到刑事司法制度全面关注处理不同，少年触法行为仅在与治安管理处罚法与刑事法律交叉的局部意义上有少量的针对性制度规范，大量的触法行为基于规范的缺失而无法在依附于刑事法律的未成年人司法中得到适当的关注和准确的定位，从而缺乏明确的评估、认定、教育、处分机制及措施，出现治理的严重不足。① 这说明我国现有的未成年人刑事法规偏重对犯罪后的未成年人如何处置，缺乏体现预防的立法思想。“一旦生成罪癖，欲摆脱为良民，极为难事。与其从其既溺而救之，何若当其未溺而讲求预防之法之为愈耶？此少年法之制定，所以刻不容缓也。”②

必要的提前干预和介入的保护思想是现代未成年人司法的一个重要

① 参见陈希：《教育刑理念下我国未成年人司法体系的完善》，载《中州学刊》2017 年第 6 期，第 46－52 页。

② ［日］平井彦三郎：《刑事政策论》，陈士诚译，载何勤华、李秀清主编：《民国法学论文精粹（第五卷）》，法律出版社 2004 年版，第 7 页。

特点。这就要求把未成年人犯罪的早期预防放在更加重要的地位，关注和矫治早期的越轨和临界行为，而动用刑罚方式处理犯罪应当作为最后的手段。因此，需要适度调整与扩大司法机关对涉及未成年人案件的管辖和未成年人司法保护的范围，司法机关需要积极承担更大的责任。除了对刑事诉讼法、刑法等规定的未成年人案件特别程序、特殊制度进行细化外，重点做好三方面的工作：一是针对社会反映强烈的低龄未成年人违法犯罪问题，推动建立包括教育处分、保护处分和刑罚在内的未成年人罪错行为分级干预体系，完善专门学校和专门教育制度，推进限制未成年人权益行政措施的司法化，实现矫治个别化，解决“一判了之”和“一放了之”的现实困境。二是落实双向保护原则，在法律中规定未成年被害人保护制度，重点是推行“一站式”办案救助制度。同时，检察机关牵头建立的性侵害未成年人信息库、侵害未成年人案件强制报告等未成年人保护机制，取得很好效果，应当进一步落实推广。三是健全未成年人民事行政司法保护制度。以未检业务集中统一办理为鉴，推行未成年人刑事、民事、行政司法职能由未成年人司法机构集中统一行使，以确保司法保护专业化、综合化。完善未成年人民事诉讼、行政诉讼、公益诉讼程序，建立适合未成年人身心特点的民事、行政、公益诉讼制度。完善监护干预制度，深化责令家长管教制度和强制性家庭教育指导制度，健全监护权撤销转移机制，消除未成年人不良家庭环境，实现国家监护的替代功能。

四、加大未成年人司法保护工作力度

加强未成年人检察工作，最大限度地保护未成年人合法权益，是检察机关参与推进国家治理能力和治理体系现代化的重要内容和载体。具体应当从以下方面着手：

（一）保护范围应当更加全面

未成年人司法以案件为载体，但更关注的是“人”，而不是“案件”。因此检察机关在办理涉及未成年人的案件时，应当全方位立体化思考未成年人权益保护需求，不仅要保护与案件密切相关的人身权、财产权以及诉讼权利等，还要保护未成年人的受教育权、抚养权、监护权、隐私权等，以改善未成年人生活环境，实现预防和减少犯罪的目的。因此，必须进一步完善“捕诉监防教”一体化机制，以“未成年人”作为业务范围切割的标准，尽快推动全国四级检察机关将涉及未成年人的司法办案、诉讼监督、刑事执行监督、民事监督、行政监督、犯罪预防职能全部纳入，实现未成年人检察职能全业务拓展。而且，对于新业务范围的厘定，不能机械地照搬成年人业务范围和模式，要以未成年人权益保护为基本判断标准，确定业务范围和工作重点，体现未成年人检察特色。

（二）保护机制应当更加专业

要做好未成年人司法个别化处遇的基础工作。对接专业社工，完善社会调查工作程序和内容模板，切实提高社会调查的质量，健全完善未成年犯罪嫌疑人人格甄别机制，进一步强化、规范和丰富未成年人特别程序和帮教处遇措施，推动对未成年犯罪嫌疑人、被告人的精准处遇和个性化帮教。要依法严厉惩治侵害未成年人犯罪，加强对性侵未成年人犯罪等多发案件的分析，推动制定完善相关司法解释，解决办案中遇到的常见疑难问题。要大力推进“一站式”办案救助机制，关爱救助未成年被害人。要有序推进未成年人刑事执行检察、民事行政检察、检察公益诉讼工作，强化对未成年人民事行政权益的保护。要推动人工智能手段、大数据等与未成年人检察工作深度融合，切实加强“智慧未检”建设，提高帮教维权的效率效果。

（三）保护手段应当更加综合

不管是未成年人违法犯罪，还是未成年人受侵害，其背后都存在着深层次的社会问题，仅仅靠打击犯罪是不可能从根本上予以解决的，必须运用惩治、预防、监督、教育等方式进行综合治理。在人格尚未定形，具有可塑性的年轻时期，采取以教育为中心的保护，防止犯罪，这才是合理的。[①] 因此要注重加强未成年人权益检察监督，努力推动未成年人保护社会治理体系现代化建设。针对发现的未成年人保护工作中的突出问题，有针对性地提出检察建议，努力做到“办理一案、治理一片”。当前要坚持聚焦重点领域的突出问题，着重推进对校园安全管理、预防性侵害未成年人、宣传报道侵犯未成年人合法权益等问题的监督，向党委政府报送专项报告，深入分析涉未成年人案件发案动向、成因，提出完善未成年人保护社会治理的对策建议，尤其是要切实抓好最高检“一号检察建议”的落实，完善校园安全管理机制，建立健全性侵害未成年人违法犯罪信息库等制度。

五、构筑未成年人司法制度的社会支持体系

未成年人司法目的是帮助涉案未成年人顺利回归社会，因此需要社会力量参与对涉案未成年人的保护救助工作。我国未成年人司法社会支持体系至少应当包括以下内容：未成年人不良行为早期干预社会支持系统；涉案未成年人诉讼需求社会支持系统；涉案未成年人教育矫治和保护救助需求社会支持系统；未成年人罪错和被害预防社会支持系统。

为推动建设未成年人司法社会支持体系，一要对社会力量参与未成年人司法办案作出法律规定，为社会支持体系建设提供立法依据。《联合国预防少年犯罪准则》第52条规定，各国政府应颁布和实施一些特定的法律和程序，促进和保护所有青少年的权利和福祉。二要整合政府部门、人民团体、社会组织等多方面资源。特别是要强化政府责任，明

---

① 参见［日］大谷实：《刑事政策学》，黎宏译，中国人民大学出版社2009年版，第351页。

确具体牵头负责部门，授予必要的协调和监督职权，引领和支撑未成年人司法社会支持体系。“在儿童出现不良行为、违法和犯罪等问题的时候，国家必须出面，因此，国家监护权理论应当成为未成年人司法的独特理念。”① 参考部门职能和有关国家经验，可以考虑以民政系统的儿童福利部门具体承担上述职责。三要健全完善未成年人司法社工等专业力量的培养、激励和管理机制，明确准入、考核标准，提高专业素养和服务质量，同时从法律、政策上激励爱心企业、志愿者参与未成年人司法工作，最大限度地汇聚各方面的社会力量。

① 张雪梅：《儿童福利论》，社会科学文献出版社 2014 年版，第 235 页。

第五章　我国未成年人司法中的检察职能

第一节　未成年人刑事司法中的检察职能

在未成年人刑事司法的发展过程中，未成年人刑事检察始终发挥着重要的推动作用。梳理未成年人刑事检察的发展历程，未成年人刑事检察职能历经了仅负责未成年人刑事案件的审查起诉、出庭公诉工作，到全面负责未成年人刑事案件的审查批捕、审查起诉、诉讼监督、预防犯罪和教育挽救工作，再到将成年人侵害未成年人的刑事案件（即未成年人被害案件）纳入未成年人检察职责范围的过程。总结检察机关在未成年人罪错行为分级干预、未成年人被害案件和未成年人刑事执行等方面的职能，能够反映出未成年人刑事司法检察职能的整体样态。

一、未成年人罪错行为分级干预中的检察职能

未成年人罪错行为分级干预体系的核心组成要素包括适用对象、罪错行为和干预措施。检察机关作为法律监督机关，在未成年人罪错行为分级干预方面承担着重要职责。西方国家尤其是英美国家的司法一般实行法院中心，未成年人司法也以法院为中心，检察机关的功能相对较弱（当然如前述介绍，大陆法系国家检察官在处理未成年人案件时还是有很大的分流转处权）。但在我国司法体制中，法院对审前活动基本不参与，从程序进程的角度看，案件到法院时已经经过分流，且案件程序已经进入尾声，而检察机关无论在审前还是审判活动中，均发挥着重要作用，这不仅与其处于前承公安、后启审判的枢纽地位有关，也与检察机

关法律监督地位以及“捕诉监防教”未检职能一体化履行相关，因而检察机关在未成年人罪错行为分级干预方面发挥着关键作用。从司法实践看，不少地方的检察机关很早即开展了这方面的探索。如四川省资阳市检察机关自2016年开始，针对有严重不良行为、行政违法行为以及因年龄或情节等没有被追究刑事责任的未成年人，探索开展临界预防工作，主要做法如下：一是与公安机关联合，建立上述三类未成年人共享数据库，并根据违法犯罪情况和个性特征开展差异性帮教。二是整合教育、民政等多部门力量，细化帮教职责，并纳入全市预防青少年违法犯罪工作年度考核。三是借助社会治安综合治理网格化平台，由社区网格员进行监管帮教。临界预防工作也取得初步成效。又如，上海市检察机关依托社工组织落实保护处分措施，包括建立保护处分适用的司法化机制，将保护处分措施的适用与司法处理决定挂钩，在保护中体现强制性教育矫正；与公安、教育等部门建立信息通报和数据交换机制；加强与青少年事务社工组织等部门联动，构建相应的支持体系。据统计，2016年探索保护处分措施以来，98.4%的未成年人没有再犯，可以说收到了良好的效果。在总结各地未检部门已有做法的基础上，《2018—2022年检察改革工作规划》要求进一步完善未成年人检察工作机制，推动未成年人司法保护，其中包括探索罪错未成年人临界预防、保护处分、分级处遇制度等。同时，近年来我国未检机构独立化和人员专业化的迅速发展，为检察机关成为未成年人罪错行为分级干预的主导部门打下了制度基础。①

（一）关于未成年人罪错行为干预体系适用对象的分级

在适用对象上，笔者赞同宋英辉教授提出的“区分为不满12周岁、

① 参见毕琳等：《未成年人罪错行为分级干预主导部门的构建》，载《人民检察》2020年第19期，第32页。

已满12周岁两类未成年人”[①] 的适用对象分级观点。一方面，对于身心发育尚未健全的未成年人而言，12周岁属于人生成长过程中的一个重要节点，不满12周岁的未成年人尚未进入青春期，对于家庭的依赖性和人身依附性较强，对其教育管束最佳环境仍是家庭，由罪错未成年人的父母实施管教、专业人员追踪帮教比较适宜；过多外力或者限制人身自由的干预措施，如对其适用治安处罚措施，从某种程度上说没有实际干预价值，达不到预期效果，负面影响反而因此产生。正如有学者指出的，其心理和大脑发育会因为“人生档案”上的案底带来难以消除的改变，无论是罪错未成年人个人还是社会后续付出的成本会更高。[②] 另一方面，《刑法修正案（十一）》规定“已满十二周岁不满十四周岁的人，犯故意杀人、故意伤害罪，致人死亡或者以特别残忍手段致人重伤造成严重残疾，情节恶劣，经最高人民检察院核准追诉的，应当负刑事责任。”即个别下调负刑事责任的起始年龄为12周岁。相关调查也显示，12周岁至15周岁才容易出现不良行为、危害行为，出现逃学、强行索要财物、偷东西、吸烟、打架斗殴、夜不归宿、赌博等不良行为的平均年龄为12周岁左右。[③] 罪错未成年人已满12周岁的，可以设置带有一定程度强制性的教育矫治类干预措施，旨在矫治未成年人身心偏常，但是这些措施与行政处罚、刑事处罚措施并不具有逻辑上的冲突性，可以

---

① 宋英辉、苑宁宁：《尊重未成年人司法规律建立分级干预体系》，载《新华月报》2019年第6期，第83－85页。

② 参见《法学专家：治安处罚对未成年人会产生负面影响》，载中国青年网，https：//www. sohu. com/a/126620165_ 119038，最后访问日期：2022年2月18日。

③ 宋英辉教授带领的团队选取了11所专门学校的475名学生进行问卷调查，470个有效数据显示，87. 36%的学生是在12周岁至15周岁之间进入专门学校，说明未成年人容易在这个年龄段出现不良行为、危害行为。另外，通过与未管所干警、公检法办案人员以及专门学校和普通学校的老师访谈发现，出现问题的未成年人有的在10—12周岁开始有劣迹，13—14周岁时开始走向社会进行违法犯罪，14—16周岁进入犯罪的第一个高峰期。此外，也有研究表明，未成年人开始出现逃学、夜不归宿、打架斗殴、强行索要财物、偷东西、吸烟、赌博等行为的平均年龄为12周岁左右。

同时实施。

（二）关于未成年人罪错行为和干预措施的分级

目前对于罪错行为的分级有不同意见。有学者根据罪错行为所需要采取的干预措施不同，将未成年人罪错行为分为不良行为、危害行为、犯罪行为三级，分别采取保护措施、教育措施和刑罚措施。[①] 也有学者提出采取与上述标准不同的三级法，分为不良行为、行政违法行为（治安违法行为）、触犯刑法行为三级。还有学者主张采取二级法，将罪错行为中的治安违法行为和触犯刑法行为统称为危害行为，即将罪错行为分为不良行为、危害行为两级。[②] 笔者主张根据《预防未成年人犯罪法》《治安管理处罚法》和《刑法》的相关规定，将未成年人罪错行为和干预措施分为四级。

一是不良行为，包括《预防未成年人犯罪法》第 28 条规定的吸烟、饮酒；多次旷课、逃学；无故夜不归宿、离家出走等九种行为和该法第 33 条规定的偷窃少量财物，或者情节轻微的殴打、辱骂、恐吓、强行索要财物等学生欺凌行为共 11 种。干预措施主要是《预防未成年人犯罪法》第 29 条至第 31 条规定的，由父母或者其他监护人制止并加强管教，公安机关、居民委员会、村民委员会制止并督促监护人履行监护职责，学校加强管理教育，对拒不改正或者情节严重的，可以根据情况予以处分或者采取适当的管理教育等措施。

二是严重不良行为，包括《预防未成年人犯罪法》第 38 条规定的寻衅滋事行为；非法携带枪支、弹药或者弩、匕首等国家规定的管制器具；殴打、辱骂、恐吓，或者故意伤害他人身体；盗窃、哄抢、抢夺或

---

① 参见李伟民、陈耕岑：《未成年人罪错行为分类干预体系研究》，载陕西省咸阳市秦都区人民检察院网，http：//www. sn. jcy. gov. cn/xysqdq/lldy/201907/t20190702_137983. html，最后访问日期：2022 年 7 月 2 日。

② 参见宋英辉、苑宁宁：《完善我国未成年人法律体系研究》，载《国家检察官学院学报》2017 年第 4 期，第 119 – 128 页。

者故意损毁公私财物等九种行为。干预措施主要是《预防未成年人犯罪法》第40条至第44条规定的，由公安机关责令父母或者其他监护人消除或者减轻违法后果并严加管教；由公安机关根据具体情况，采取训诫、责令赔礼道歉、赔偿损失、责令具结悔过、责令定期报告活动情况、责令遵守特定的行为规范、责令接受心理辅导、行为矫治、责令参加社会服务活动、责令接受社会观护及其他适当的矫治教育措施；送入专门学校接受专门教育等措施。同时，对于严重不良行为符合《治安管理处罚法》处罚条件的，可以同时采取治安处罚措施。

三是触刑行为，即触犯刑法、因不满法定刑事责任年龄不予刑事处罚的行为。包括12周岁至14周岁实施严重暴力犯罪致人死亡、重伤，未被核准追诉的。虽然《预防未成年人犯罪法》第38条将此种行为也称为严重不良行为，但其与前述严重不良行为在性质上有所不同，为示区别，称为触刑行为。干预措施是《预防未成年人犯罪法》第45条规定的，送入闭环管理的专门场所进行专门矫治教育，即经专门教育指导委员会评估同意，教育行政部门会同公安机关可以决定对有触刑行为的未成年人强制送入专门学校中按照分校区、分班级等方式设置、实行闭环管理的专门场所进行专门矫治教育。

四是犯罪行为，即根据刑法规定构成犯罪、应当追究刑事责任的行为。包括已满16周岁的未成年人犯罪，已满14周岁不满16周岁的未成年人犯故意杀人、故意伤害致人重伤或者死亡、强奸、抢劫、贩卖毒品、放火、爆炸、投放危险物质罪，以及已满12周岁不满14周岁的未成年人犯故意杀人、故意伤害罪，致人死亡或者以特别残忍手段致人重伤造成严重残疾，情节恶劣，经最高人民检察院核准追诉三种情况。干预措施是根据《刑法》《刑事诉讼法》等相关法律规定适用刑罚或者免予刑事处罚，采取非刑罚处罚措施，如训诫或者责令具结悔过、赔礼道歉、赔偿损失，或者由主管部门给予行政处罚或者行政处分。

以上对未成年人罪错行为和干预措施的分级，主要是考虑有明确的法律依据，有利于采取的干预措施有法可依。

（三）未成年人罪错行为分级干预中的检察履职

在上述分级干预措施中，检察机关都履行着重要的职能。

第一，由于未成年人不良行为的恶性程度相对较小，加上具有较大的自愈性，干预措施主要是由父母或者其他监护人加强管教，公安机关、居民委员会、村民委员会有权对父母或者其他监护人进行督促，学校有权予以处分，检察机关不必也不宜直接干预。但如果公安机关或学校等对未成年人不良行为不作为时，检察机关应当以检察建议方式督促相关部门履行对未成年人不良行为的制止、干预和教育等职责。对于监护人怠于履行监护职责的，检察机关也可以通过制发《督促监护令》的形式督促父母及其他监护人认真履行监护职责。

第二，对于未成年人严重不良行为，主要由公安机关采取训诫等干预措施、治安处罚，或者会同教育部门强制送专门学校等。检察机关的职责包括：一是监督、促进不良行为干预和严重不良行为矫治等措施的适用，如督促公安机关落实训诫、责令具结悔过等矫治教育措施，整合社会资源、建立观护基地。[①] 二是对相关未成年人家庭开展家庭教育指导。家庭是社会的基本细胞，也是未成年人成长的第一环境，是预防未成年人走向犯罪的第一道防线。《预防未成年人犯罪法》第 61 条规定，公安机关、人民检察院、人民法院在办理案件过程中发现实施严重不良行为的未成年人的父母或者其他监护人不依法履行监护职责的，应当予以训诫，并可以责令其接受家庭教育指导。在实践中，已有不少地方检察机关在探索将家庭教育指导赋予强制执行力，并取得了较好的效果。三是促进专门教育的建设和发展。一方面，检察机关致力于推动专门教育的完善，包括推广、促进地方专门学校建设，配合、支持专门学校的

---

① 参见童建明、万春、宋英辉主编：《未成年人检察业务》，中国检察出版社 2022 年版，第 316－322 页。

宣传工作，帮助完善专门学校课程体系和畅通专门学校学生回归社会渠道等。另一方面，检察机关还具有对专门教育制度落实情况进行法律监督和参与对未成年人准入准出专门学校进行评估的职能。

第三，对于未成年人触刑行为，干预措施是由公安机关会同教育行政部门送入闭环管理的专门场所进行专门矫治教育，检察机关则行使检察监督权。

第四，对于未成年人犯罪行为，根据《刑法》《刑事诉讼法》等相关法律规定，应当适用刑罚或者非刑罚处罚措施，检察机关承担着审查逮捕、起诉、诉讼监督等重要职责。检察机关批捕权的享有及公诉权的独占，对未成年人刑事政策的贯彻，包括非罪化、非监禁化的实现，发挥着关键的作用；同时，检察机关的法律监督角色和权能，为拓展工作空间、争取各方面支持创造了有利条件。①

可以说，从批捕、起诉、审判、执行到刑满释放，检察机关的职能贯穿了整个刑事诉讼过程。在未成年人刑事司法程序中，检察机关认真贯彻“教育、感化、挽救”方针和“教育为主、惩罚为辅”原则，秉持“预防就是保护，惩治也是挽救”理念，坚持依法惩戒和精准帮教相结合，最大限度教育挽救罪错未成年人。具体来说，一是依法惩戒和依法从宽并行。对主观恶性不大、犯罪情节较轻，属于初犯、偶犯的未成年人，坚持依法少捕慎诉慎押，为其回归社会预留通道。同时，检察机关对涉嫌严重犯罪、社会危害性大的未成年犯罪嫌疑人依法惩戒，发挥警示教育作用，一体推进落实罪错未成年人“保护、教育、管束”措施。二是严格落实未成年人刑事案件特别程序。通过加强与司法行政机关沟通协作，推动建立未成年人刑事案件专业法律援助律师队伍，及时为没有委托辩护人的未成年犯罪嫌疑人提供法律援助。通过组建合适成年人队伍，健全运行管理机制，充分发挥合适成年人在司法办案中沟

① 参见龙宗智：《未成年人司法改革的意义与方向》，载《人民检察》2011年第12期，第63-66页。

通、抚慰、教育、见证、监督等方面的重要作用。加强对罪错未成年人犯罪记录封存制度的监督，保护未成年人身份信息不被泄露。三是坚持把帮教贯穿办案始终。“捕诉监防教”一体化的办案方式和权力行使模式，不仅对整个案件的走向起着关键性影响，而且要求必须在了解未成年人成长经历、犯罪原因、教育监护条件等情况的前提下对涉罪未成年人进行帮教，与有关部门、社会组织等一起制定帮教、监督考察方案，这是办案活动的重要组成部分，也对预防未成年人重新犯罪起着重要作用。同时，坚持因人因案而异，切实推动解决社会调查报告形式化、同质化等问题。检察机关根据未成年人罪错行为特点和教育矫治规律，结合涉案未成年人具体情况，主动争取、整合相关社会力量参与精准帮教，通过加强对罪错未成年人监护人的家庭教育指导、完善专门矫治教育、打造综合性观护基地、引入专业司法社工和志愿者进行教育矫治等方式，共同建立“政府支持、司法主导、社会协同、公众参与”的帮教考察运行模式。①

二、未成年人被害案件中的检察职能

在未成年人被害案件中，检察机关的职能并不仅仅局限于刑事司法程序之中，在司法程序内外都应当对未成年被害人开展保护和救助工作。

（一）未成年人被害案件基本情况

未成年人被害案件类型主要有：一是侵害未成年人人身权利犯罪，主要是侵害未成年人的生命健康权案件，包括故意杀人、故意伤害、过失致人死亡等；侵害未成年人的性自主权案件，包括强奸、猥亵等；以及拐卖儿童、组织未成年人进行违反治安管理活动犯罪等。二是侵害未

① 参见《未成年人检察工作白皮书（2021）》，载《检察日报》2022 年 6 月 2 日，第 6 版。

成年人财产权利犯罪，以抢劫、盗窃为主。三是属于危害公共安全或者妨碍社会管理秩序等类型的犯罪，但同时侵害了未成年人人身权利，包括交通肇事、寻衅滋事、引诱未成年人聚众淫乱、组织、强迫、引诱、容留、介绍卖淫等。

从数据上看，未成年人被害案件呈现以下特点：一是近年来未成年人被害案件总体呈上升趋势。据统计，2017 年至 2021 年，检察机关批准逮捕侵害未成年人犯罪分别为 33790 人、40005 人、47563 人、38854 人、45827 人，同期提起公诉 47466 人、50705 人、62948 人、57295 人、60553 人，2021 年分别较 2017 年上升 35.62%、27.57%。二是性侵害未成年人问题最为突出。2017 年至 2021 年，检察机关起诉成年人强奸未成年人犯罪分别为 7550 人、9267 人、12912 人、15365 人、17917 人，起诉猥亵儿童犯罪分别为 2388 人、3282 人、5124 人、5880 人、7767 人，起诉强制猥亵、侮辱未成年人犯罪 665 人、896 人、1302 人、1461 人、2167 人，2021 年分别较 2017 年上升 137.31%、225.25%、225.86%。三是被害人中不满 14 周岁的占比较高，且呈逐年上升态势。2017 年至 2021 年，检察机关起诉侵害不满 14 周岁未成年人犯罪人数分别为 19717 人、21013 人、25723 人、27234 人、31213 人，占侵害未成年人犯罪人数的比例分别为 41.54%、41.44%、40.86%、47.53%、51.55%，同比分别上升 6.6%、22.4%、5.9%、14.6%。四是组织未成年人进行违反治安管理活动犯罪逐年上升，且上升速度较快。2017 年至 2021 年，检察机关起诉组织未成年人进行违反治安管理活动犯罪分别为 4 人、37 人、98 人、170 人、402 人，2018 年至 2021 年分别较前一年度上升 825%、164.86%、73.47%、136.47%。① 上述情况一方面说明侵害未成年人权益的违法犯罪活动形势依然严峻，另一方面也说明近年来通过法治宣传、普及，未成年人的自我保护意识增强，一些陈年案件浮出水面。如某市 H 区检察院 2019 年 4 月受理的黄某强制猥亵案，

---

① 数据来源于 2014—2019 年、2020 年、2021 年《未成年人检察工作白皮书》。

系教师黄某 7 年前对学生实施性侵案件。又如 2017 年某县检察院起诉的“凌某强制猥亵案”，未成年人遭受侵害时用手机全程录音，较好地固定了证据，有利于侦查、起诉和审判。①

（二）未成年人被害案件中的检察履职

1. 依法严惩侵害未成年人犯罪

依法严惩侵害未成年人犯罪是保护未成年被害人的重要方面，也是检察机关的固有职责。对性侵害未成年人等严重损害未成年人身心健康的犯罪，更是应当采取零容忍的态度，指派未检干警提前介入引导侦查，并在程序上严格依法督促落实未成年人法定代理人到场、权利义务告知等制度，确保在取证上做到程序与实体并重。在严格审查基础上，依法快速批准逮捕犯罪嫌疑人；在审查起诉阶段对全案证据进行细致审查的基础上，认真听取未成年被害人的意见，确保认定犯罪事实清楚、证据确实充分后，快速起诉到法院，将犯罪分子绳之以法。同时，对侵害未成年人案件有案不立、有罪不究、重罪轻判等问题及时监督纠正。坚决打击拉拢、诱迫未成年人参与违法犯罪活动。

2. 依法监督对未成年被害人正确适用相关程序，避免次生伤害

虽然刑事诉讼法特别程序编中的未成年人刑事案件诉讼程序并没有对未成年被害人的诉讼权利和相关程序专门作出规定（只有一条询问未成年被害人适用前款的规定），但现行法律对涉及未成年被害人的刑事诉讼程序还是作出了一些特殊规定，以避免未成年被害人在这些程序中受到不当的次生伤害。监督这些程序的正确适用，是检察机关在办理未成年人被害案件的重要职能。以询问程序为例，《未成年人保护法》第 110 条规定，公安机关、人民检察院、人民法院讯问未成年犯罪嫌疑人、被告人，询问未成年被害人、证人，应当依法通知其法定代理人或者其

---

① 张晓静：《A 省 H 市检察机关办理未成年人被害案件调查研究》，安徽大学 2019 年硕士学位论文，第 15 页。

成年亲属、所在学校的代表等合适成年人到场，并采取适当方式，在适当场所进行，保障未成年人的名誉权、隐私权和其他合法权益。此外，对遭受性侵害或者暴力伤害的女性未成年被害人，法律还有专门的特殊规定。《未成年人保护法》第112条规定，公安机关、人民检察院、人民法院办理未成年人遭受性侵害或者暴力伤害案件，在询问未成年被害人、证人时，应当采取同步录音录像等措施，尽量一次完成；未成年被害人、证人是女性的，应当由女性工作人员进行。在未成年人被害案件中，检察机关应当监督这些规定的切实落地。近年来，检察机关为促进提高办理侵害未成年人案件专业化水平，避免对未成年被害人因多次询问造成次生伤害，联合公安、卫健等部门积极推行“一站式”办案救助机制，要求询问未成年被害人、检查身体、提取相关证据、心理援助等尽量在“一站式”专门办案场所一次性完成。

3. 对未成年被害人及其家庭进行专门保护和救助

检察机关对未成年被害人及其家庭的专门保护和救助在司法程序内外均可以开展。一方面，在司法程序内部，对于未成年人因犯罪侵害遭受严重精神创伤，侵害行为给被害家庭造成极大影响的情形，检察机关可以支持被害人及其法定代理人提起精神损害赔偿诉讼。如河北、上海、江苏、浙江、福建、江西、山东、河南等地检察机关支持性侵害案件中未成年被害人主张精神损害赔偿，获得法院判决支持。浙江湖州检察机关成立以民事支持起诉职能为内核的未成年被害人心理评估支持中心，已办理精神损害赔偿支持起诉案件5件，累计赔偿金额28万元。①另一方面，检察机关对未成年被害人及其家庭的专门保护和救助工作并不局限于司法程序中。例如，《未成年人保护法》第111条规定，公安机关、人民检察院、人民法院应当与其他有关政府部门、人民团体、社会组织互相配合，对遭受性侵害或者暴力伤害的未成年被害人及其家庭

① 参见《未成年人检察工作白皮书（2021）》，载《检察日报》2022年6月2日，第6版。

实施必要的心理干预、经济救助、法律援助、转学安置等保护措施。在办理未成年人被害案件过程中，检察机关应当根据需要，在依法保护未成年被害人各项诉讼权利如法律援助等的同时，还应当通过依法履职及协调相关部门，综合运用司法救助、心理救助、社会救助等多种方式和手段，帮助未成年被害人恢复正常的生活、学习。如对受到犯罪侵害致使身体出现伤残或者心理遭受严重创伤，因不能及时获得有效赔偿，造成生活困难的，或者受到犯罪侵害急需救治，其家庭无力承担医疗救治费用的，检察机关应当根据未成年被害人的特殊困难及本地实际情况，协调有关部门按照社会救助相关规定进行救助。又如，对适龄未成年被害人有劳动、创业、就学（继续教育）等意愿的，可以协调有关部门为其提供技能培训、就业岗位申请、入学转学等帮助，对因身体伤残出现就医、康复困难的，帮助落实医疗、康复机构，促进身体康复等。

4. 通过履行法律监督等职能，预防侵害未成年人犯罪

在办案的同时，要深入查找未成年本人及家庭、学校、周边环境等存在的保护漏洞和薄弱环节，并推动诉源治理，进一步消除隐患，织密保护网。对于家庭存在监护缺位、教育不当等问题的，有针对性地进行家庭教育指导，筑牢预防未成年人被侵害的家庭防线；对于学校管理有漏洞、教师接受相关培训不足、未履行强制报告义务等问题的，应当督促及时整改。针对性侵未成年人等案件多发于宾馆、酒店、营业性娱乐场所的现状，各地检察机关可以通过专项检查、联合清查、情况通报、检察建议等措施，推动职能部门加强对违法接待、容留未成年人问题的治理。

三、未成年人刑罚执行中的检察职能

经过数十年的探索发展，我国未成年人刑事司法制度在保护涉罪未成年人权益方面渐趋成熟，未成年人犯罪作为一种特殊类型的犯罪在犯

罪学研究领域和司法实务中都得到了充分的关注。我国刑法对未成年人犯罪后的处遇制度[①]进行了部分不同于成年人刑罚的规定，未成年人刑罚执行与成年人刑罚执行相比也有诸多不同，总体而言，未成年人刑罚根据的特殊性[②]决定了应当对未成年人刑罚制度进行独立建构。[③] 在未成年人刑罚制度运行过程中，检察机关扮演了重要角色。未成年人刑罚执行中的检察职能是刑事执行检察职能的重要组成部分，也是未成年人检察工作的重要内容，对于维护涉罪未成年人刑事执行活动公平公正，维护未成年人监管秩序稳定，维护未成年被监管人员合法权益具有十分重要和深远的意义。

未成年人身心发育仍处于发展过程中，无法类似于成年人一样严格自负其责，且未成年人易受家庭、学校、社会等外在环境影响。因此，办理未成年人犯罪案件应当秉承有别于成年人犯罪案件的特殊性，遵循未成年人司法的一般规律。而对于未成年犯罪人如何进行刑罚裁量才更能实现法律的公平正义价值，如何帮助未成年犯罪嫌疑人、被告人、服刑人员完成再社会化与人格矫正，充分维护涉罪未成年人的合法权益，是检察机关推进未成年人刑事执行检察工作的出发点与落脚点。未成年

① 刑法中对于未成年人的特殊处遇包括刑事责任年龄、从宽处罚的原则、不适用死刑原则、不成立累犯、从宽适用缓刑原则以及免除前科报告义务等。

② 未成年人刑罚根据的特殊性的理论基础主要包括：（1）预防刑、刑罚个别化等主观主义刑法理论；（2）不同交往理论、标签效应等犯罪学理论；（3）法社会学下社会连带责任理论；（4）“教育、感化、挽救”方针和“教育为主、惩罚为辅”原则；（5）正当程序为支撑、司法强制为后盾的未成年人犯罪案件裁量。参见孙谦主编：《中国未成年人司法制度研究》，中国检察出版社 2021 年版，第 131－138 页。

③ 与成年人相比，未成年人具有生理、心理尚未发育成熟，对自我和社会的认识片面但容易接受教育等特点，具有易感性与易变性，故而未成年人犯罪后的刑事责任承担方式也应有别于成年人犯罪。我国《未成年人保护法》和《预防未成年人犯罪法》都规定对于违法犯罪的未成年人要实行教育、感化、挽救的方针，坚持教育为主、惩罚为辅的原则。同时，在司法实践中，在处置犯罪的未成年人时，若单纯依赖现行与成年人相同的刑罚处置措施，司法处理决定将存在明显的局限性，并不能起到很好的针对未成年人的帮教、挽救效果。

人刑罚执行中的检察职能主要包括：一是对公安机关执行监管被刑事拘留、逮捕和指定监所居住的未成年犯罪嫌疑人、被告人的活动是否合法实行监督；二是对刑罚执行机关提请减刑、假释的未成年服刑人员和人民法院审理、裁定未成年服刑人员的减刑、假释是否合法实行监督；三是对人民法院开庭审理未成年服刑人员减刑、假释案件出庭发表检察意见，并对庭审活动是否合法实行监督；四是对有关职能部门批准或决定未成年服刑人员暂予监外执行活动是否合法实行监督；五是对社区矫正机构对被判处管制、宣告缓刑、裁定假释、决定暂予监外执行的未成年罪犯的社区矫正活动是否合法实行监督；六是其他需要由未成年人检察部门行使的未成年人刑事执行检察中的刑罚执行工作。①

（一）未成年人刑罚执行中检察履职的主要方式

目前，未成年人刑事执行检察业务已作为未成年人检察部门常规业务工作全面开展，其中，该项工作的重点领域主要包括未成年人刑事案件羁押必要性审查、在押未成年人监管活动监督、对在押未成年人开展维权帮教、未成年人社区矫正活动监督等方面。

1. 全面推进对涉罪未成年人羁押必要性审查

检察机关未检部门着重强调对涉罪未成年人羁押必要性的细化审查。各级检察机关加大依职权主动审查力度，按照审查起诉阶段“每案必查”要求，对涉罪未成年人的羁押必要性审慎评估，积极助推、创造有效监护帮教等非羁押条件，最大限度减少非必要羁押。一是通过出台工作制度规范和指导意见，进一步规范羁押必要性审查工作，建立羁押必要性动态跟踪机制。二是在羁押必要性审查中开展量化评估，推动审查方式更加精准化，对捕后因刑事和解、具备观护帮教条件、认罪认罚的涉罪未成年人，依法及时变更强制措施，避免“一押到底”。三是引

① 参见童建明、万春、宋英辉主编：《未成年人检察业务》，中国检察出版社2022年版，第356－357页。

导公安机关对轻罪未成年人非羁押直诉，切实减少对未成年人的审前羁押，开展对未成年人适用刑事拘留措施的监督，发现没有刑事拘留必要的，及时建议公安机关释放或者变更强制措施。四是创新推进延伸探索工作，充分发挥观护帮教基地作用，引入社会力量开展帮教挽救，防止对涉罪未成年人“一放了之”。

2. 有效加强对看守所执法活动监督

检察机关未检部门依法对看守所执法活动实施监督，从对看守所是否依法收押未成年犯罪嫌疑人、被告人活动的检察监督开始，直至对在押未成年人是否被依法释放的检察监督为止，贯穿于看守所对在押未成年人的收押、监管以及释放的各个环节和整个过程，并与看守所的看管活动同步进行。一是依法开展收押检察，对看守所对未成年犯罪嫌疑人、被告人及罪犯的收押活动是否符合法律规定、有无相关凭证、是否收押禁止收押的人员等情况进行检察监督。二是依法开展教育管理活动检察，对看守所教育和监管在押未成年人的活动是否符合法律规定开展监督。重点检察警戒看守、械具使用、提讯、生活卫生、会见通信、教育奖惩、权利保障等内容。三是依法开展留所服刑检察，即包括监督看守所在押未成年人继续执行剩余刑期在 3 个月以下有期徒刑的情形，对未成年服刑人员留所服刑活动是否合法开展监督。重点对看守所办理未成年服刑人员留所服刑是否符合有关规定，是否将未成年服刑人员违规留所服刑，是否将未成年服刑人员与其他在押人员分别关押等情形进行检察监督。四是依法开展出所检察，对看守所办理在押未成年人释放、交付执行刑罚、提押、押解等出所管理活动是否合法开展检察监督，重点检察看守所对在押未成年人出所管理活动是否符合有关法律规定、有无相关凭证。

3. 持续强化对未成年犯管教所监管活动监督

针对未成年犯管教所监管未成年人及犯罪时未满 18 周岁、服刑期间已满 18 周岁、剩余刑期不超过 2 年的成年犯，检察机关未检部门持续强化法律监督。一是加强与刑事执行检察部门的协作配合，综合运用派驻检察、巡回检察等方式对监管活动进行监督，联合刑事执行检察部门对未成年犯管教所开展跨省交叉巡回检察。二是通过监区巡查、监室清查、查阅台账、调看监控等方式，进一步加强对未成年犯管教所监管执法工作监督。三是强化与公安机关的衔接配合工作，有力推动有条件的地方建立未成年人专门羁押机构或者实行未成年犯集中关押，把分别羁押、分别管理、分别教育真正落实。

未检部门开展未成年犯管教所监管活动监督工作，具体职能包括：一是对未成年犯管教所执行刑罚活动是否合法实行监督。二是对人民法院裁定减刑、解释活动是否合法实行监督。三是对未成年犯管教所管理机关批准暂予监外执行活动是否合法实行监督。四是对未成年犯管教所侦查的罪犯又犯罪案件审查逮捕、审查起诉和出庭支持公诉，对人民法院的审判活动是否合法实行监督。五是其他依法应当行使的监督职责。按照工作阶段和类型划分，可另分为收监检察、出监检察、狱政管理活动检察、教育改造活动检察、生活卫生检察、禁闭检察、警械具检察、安全防范检察、巡回检察等。

4. 注重做好对在押未成年人的帮教维权工作

检察机关未检部门着重强调对在押未成年人监管活动依法开展监督的同时，注重做好对在押、服刑未成年人的精准帮教和维权等工作，共同开展对未成年人的感化、挽救、矫治和教育工作。一是各地检察机关未检部门在有条件的前提下，推动成立驻未成年犯管教所检察中心或办公室，作为开展法律监督和矫治帮教的检察驻所平台。二是建立健全与看守所的日常沟通联络协作机制，通过巡回检察、专项检察、定期巡察、入所帮教、出所教育等方式开展监督，及时了解在押未成年人状况，依法维护未成年人合法权益。三是深化对未成年犯监内帮扶、回归帮扶工作，从入监、服刑到出监、回归社会开展“全链条”“全流程”“全覆盖”式的帮扶教育。

5. 有效推动未成年社区矫正对象常态化监督

未成年人社区矫正检察是为了保证国家法律法规在社区矫正活动中的正确实施，维护未成年社区矫正对象合法权益，维护社会和谐稳定。检察机关未检部门以未成年人社区矫正特别规定落实为重点，强化对未成年社区矫正对象矫治帮教情况的常态化监督。发现社区矫正机构违反未成年人社区矫正相关规定的，依法提出纠正意见，保障有关未成年人社区矫正特别规定落实到位，配合做好对未成年人的教育。一是与公安、司法行政等部门联合印发制度规范和工作意见，在所辖范围内开展未成年人社区矫正检察监督专项活动，逐人逐项进行核查，做好未成年社区矫正对象摸底调查和动态掌握，推进一案一档、一人一档。二是主动与乡镇街道、社区等沟通配合，灵活运用联席会议、情况通报、实地抽查等方式，加强对未成年社区矫正对象调查评估、交付执行、收监执行等环节的监督，实现底数清、情况明、动态准。三是以建立符合未成年人身心特点的特殊矫正机制为切入点，积极引入专业社会力量，开展定制式、个性化帮教，助力未成年人顺利回归社会。四是探索建立社区矫正信息共享平台，强化对未成年人社区矫正工作的常态化监督，促进提升社区矫正工作质效。

未检部门开展未成年人社区矫正检察监督工作，具体履行以下职责：一是对社区矫正决定机关、社区矫正机构或者有关社会组织的调查评估活动实行法律监督。二是对社区矫正决定机关判决管制、宣告缓刑、裁定假释、决定或者批准暂予监外执行活动实行法律监督。三是对社区矫正法律文书及未成年社区矫正对象交付执行活动实行法律监督。四是对监督管理、教育帮扶未成年社区矫正对象的活动实行法律监督。五是对变更刑事执行、解除矫正和终止矫正的活动实行法律监督。六是受理申诉、控告和举报，维护未成年社区矫正对象的合法权益。七是按照刑事诉讼法的规定，在对社区矫正实行法律监督中，发现司法工作人员相关职务犯罪线索的，按照职责权限移交有关单位或者部门处理。八是其他依法应当履行的职责。

6. 依法开展未成年人刑罚变更执行、未成年服刑人员又犯罪的未成年人刑事执行检察工作

当前我国刑罚变更执行主要包括减刑、假释和暂予监外执行等。而未成年人刑罚变更执行检察工作是指检察机关未成年人检察部门对未成年服刑人员减刑、假释、暂予监外执行等案件依照法定职权、程序开展的一系列检察监督工作，包括从执行机关提请、呈报到决定、裁定的全部过程所进行的全流程监督工作。未成年人刑罚变更执行检察工作的法律依据主要基于我国《刑事诉讼法》第 276 条和《人民检察院组织法》第 20 条的相关规定，即人民检察院对执行机关执行刑罚的活动是否合法实行监督，如果发现有违法的情况，应当通知执行机关纠正。为做好该项监督工作，检察机关未成年人检察部门要建立对刑罚变更执行的同步监督工作机制，解决事后监督的滞后性问题，对于刑罚变更执行活动中的每一个发展变化，都要及时了解情况，及时发现问题，及时监督纠正。要发挥主观能动性，积极建立与刑罚执行机关、人民法院信息沟通共享机制，畅通信息获取渠道，强化发现违法行为的能力。需要注意的是，未成年人检察部门本身不是刑罚执行者，只能对执行权和监管权的行使结果发挥监督作用，做到“监督而不越位，督导而不替代”。

此外，检察机关未成年人检察部门办理未成年服刑人员又犯罪案件是未成年人刑事执行检察的重要工作职责之一。主要法律依据：一是《人民检察院监狱检察办法》第 3 条第 5 项的规定，即人民检察院监狱检察的职责之一，是对监狱侦查的罪犯又犯罪案件审查逮捕、审查起诉和出庭支持公诉，对监狱的立案、侦查活动和人民法院的审判活动是否合法实行监督。二是《人民检察院看守所检察办法》第 3 条第 5 项的规定，即人民检察院看守所检察的职责之一，是对公安机关侦查留所服刑罪犯又犯罪案件，审查逮捕、审查起诉和出庭支持公诉，对公安机关的立案、侦查活动和人民法院的审判活动是否合法实行监督。

（二）未成年人刑罚执行中检察职能的特点

应当说，推进未成年人刑罚执行中的检察职能落实落地的出发点和落脚点是监督公安机关、人民法院以及司法行政部门依法履行职责，在司法活动中保护未成年人的合法权益。未成年人刑罚执行中检察职能，既有刑事执行检察的共性特征，也有未成年人检察的独特之处。

一是在职能定位方面，未成年人刑罚执行相比传统刑事执行检察更加注重、更加强调对涉罪未成年人的帮教和救助以及维护其合法权益，重点监督未成年犯监管场所“教育、感化、挽救”方针、“教育为主、惩罚为辅”原则和未成年人特殊制度的落实情况。检察机关作为唯一参与未成年人司法保护全流程的司法机关，未检部门履职贯穿于未成年人刑事执行检察工作全过程，工作中注重把握针对在押未成年人监督、维权、帮教工作的有机结合，注重全流程保护和体现未检业务特色，进一步强化整体观念、系统思维，既避免“头痛医头、脚痛医脚”式的应急诊疗，又避免“铁路警察、各管一段”式的单兵作战，全方位保障在押未成年人合法权益，有力推进落实未成年人综合司法保护。

二是在工作举措方面，未成年人检察特殊制度依然可以在刑罚执行阶段继续适用，即涉未成年人社会调查、心理矫治、法治教育和救助帮扶等特殊程序和措施可以在未成年人刑罚执行活动中加以统筹运用。例如，在开展未成年服刑人员假释监督时，未成年人检察部门可以依法开展必要的社会调查或委托合法有资质的未保社会组织开展社会调查。同时，加强刑罚执行检察监督本身，“细化和完善相关刑事执行检察规章制度，如羁押必要性审查、出入所核查、个别约谈等，并通过上述制度机制加强对在押未成年犯合法权益的保护。”① 在处置方面突出未成年人的特殊性，更多地考虑刑法的教育和特殊预防功能。

---

① 孙谦主编：《中国未成年人司法制度研究》，中国检察出版社 2021 年版，第 323 页。

三是在内外联动方面，未成年人刑罚执行中的检察职能既包括检察机关内部监督工作的实施，也包括充分利用外部力量联动开展的相关工作。实践中，未成年人检察部门可以积极利用前期搭建的社会支持体系，汇聚更多社会资源，充分发挥人才、体系和制度优势，注重引入社会力量对未成年犯开展帮教，利用自身专业优势及社会支持体系，开展形式多样的帮教，如法治教育、职业技术教育等，提高未成年人刑罚执行质量和效果，共同推动未成年人全面综合司法保护工作，更好地促进涉罪未成年人早日回归社会。

第二节　未成年人民事诉讼中的检察职能

一、检察机关介入未成年人民事诉讼的原则和法律依据

未成年人民事检察是指案件的当事人或利害关系人为未成年人的、以民事诉讼监督为主要内容的检察工作，其主要内容包括对涉未成年人民事案件的审判监督、涉未成年人的民事执行活动监督、涉未成年人民事案件审判人员违法活动监督、支持起诉等方面的检察工作。[①] 未成年人民事检察监督工作范围广、涉及未成年人民事活动的方方面面。近年来，较其他涉未成年人民事检察监督案件而言，最常被发现和提出的涉未成年人民事检察监督线索是未成年人监护类案件线索，各地检察机关监护类案件办理较多且工作取得一定成效，也形成了一套行之有效的工作方法。可以说，未成年人民事检察监护类案件办理是检察机关介入未成年人民事诉讼的重要内容和典型代表之一。该类案件主要包括监护侵害监督和监护缺失监督等。

---

① 参见童建明、万春、宋英辉主编：《未成年人检察业务》，中国检察出版社2022年版，第422页。

（一）检察机关介入未成年人民事诉讼的原则

1. 最有利于未成年人原则

儿童利益最大化原则作为国际儿童保护的指导性原则，联合国《儿童权利宣言》《儿童权利公约》要求各国制定法律时应以“儿童的最大利益”为首要考虑因素。我国作为联合国《儿童权利公约》的缔约国，也通过制定、修改多部涉及儿童权利的法律法规与政策文件，切实保障儿童利益最大化。通过法律修订，我国逐渐确认了“最有利于未成年人”原则作为儿童利益最大化原则的中国化表达。最有利于未成年人原则是指涉及未成年人的一切行为，必须首先考虑未成年人的最大利益，尊重未成年人的基本权利，并应最大限度地确保未成年人的生存和发展。① 检察机关在办理涉未成年人民事案件时应全面充分贯彻落实该项原则，以未成年人利益的最大化、最优化为工作的出发点和落脚点，依法积极开展民事监督工作。

2. 全面保护、优先保护、特殊保护原则

全面保护原则应包括隐私保护、严防和避免次生伤害和检察机关全流程介入和同步监督等方面的内容，如文书寄递的非公开、姓名信息的替代或加密、未成年人案卷的封存、对未成年被害人以一次询问为原则等。我国在加入联合国《儿童权利公约》后，在制定相关法律法规和政策文件时，根据我国国情提出了“儿童优先”原则。《未成年人保护法》第 4 条规定，处理涉及未成年人事项，应当符合“给予未成年人特殊、优先保护”的要求。检察机关立足检察职能，在法律监督视野下积极探索未成年人民事权利维护的途径，即顺应上述原则的要求，这不仅是检察机关保障未成年人合法权益应秉持的司法理念，更是弥补了司法需求与立法不足的空白，成为未成年人民事检察重要的工作指南。

---

① 参见童建明、万春、宋英辉主编：《未成年人检察业务》，中国检察出版社 2022 年版，第 447 页。

3. 普惠型儿童福利原则

儿童福利有补缺型和普惠型之分。补缺型儿童福利是仅面向特定儿童和家庭的服务，特别是在家庭和其他社会机构中需求未能得到满足的儿童。普惠型儿童福利则面向全体儿童，不限于弥补不足，是一切针对全体儿童的，促进和保障儿童生理、心理以及社会潜能得到最佳发展的各种方式和设计。在现代儿童保护领域，国家不仅需要对孤儿、困境儿童、困境家庭儿童实施必要的救助，更需要设立面向全体普通儿童的福利制度，鼓励、指导、监督自然亲权人更好地发挥作用，促使未成年人权益得到最大程度的实现。换言之，普惠型儿童福利是现代国家亲权，尤其是超越型国家亲权的立足之本，检察机关介入未成年人民事诉讼可以视为国家行使亲权职能的重要体现。

4. 听取和尊重未成年人意见原则

《儿童权利公约》第 12 条明确确立了尊重儿童意见原则，只要与未成年人合法利益相关的事项就应充分听取、考虑和尊重未成年人本人的意见。听取意见意味着消除排斥感，尊重意见意味着增加认同感，而在涉未成年人民事监督工作尤其是监护类监督工作中，认同感有利于建立良好的监护关系，有利于民事检察监督工作目标的实现和社会价值的体现。因此，检察机关在办理涉未成年人监护权案件中，要全面充分听取未成年人意见，保障涉案未成年人的参与权、知情权和表达权。

（二）检察机关介入未成年人民事诉讼的法律依据

近年来，相关法律及解释意见为检察机关介入未成年人民事诉讼提供了相应的法律依据。

1. 联合国《儿童权利公约》

《儿童权利公约》第 3 条第 1 款明确规定："关于儿童的一切行动，不论是由公私社会福利机构、法院、行政当局或立法机构执行，均应以儿童最大的利益为一种首要考虑。"涉未成年人民事诉讼必然涉及特定或不特定多数未成年人的合法权益，将《儿童权利公约》规定的儿童利益最大化要求融入民事检察工作中，必然是落实《儿童权利公约》的具体体现。这既是检察机关介入未成年人民事诉讼的理论基础，也是法律依据。

2.《未成年人保护法》

2020 年《未成年人保护法》新增了网络保护、政府保护两章，加强了家庭保护，完善了学校保护，充实了社会保护，强化了司法保护，把近年来最高人民检察院会同相关部门力推的“强制报告”“入职查询”相关机制以及禁止胁迫、引诱、教唆未成年人参加黑社会性质组织或者从事违法犯罪活动检察政策，以立法形式固定下来，并赋予检察机关对未成年人保护更重责任和更高要求。该法第 105 条规定，人民检察院通过行使检察权，对涉及未成年人的诉讼活动等依法进行监督；第 106 条规定，未成年人合法权益受到侵犯，相关组织和个人未代为提起诉讼的，人民检察院可以督促、支持其提起诉讼；第 108 条规定，未成年人的父母或者其他监护人不依法履行监护职责或者严重侵犯被监护的未成年人合法权益的，人民法院可以根据有关人员或者单位的申请，依法作出人身安全保护令或者撤销监护人资格，也即检察机关可以在未成年人或相关人员提请撤销监护人资格诉讼中给予相应的支持。

3.《民法典》

我国《民法典》第 35 条明确了监护人应当按照最有利于被监护人的原则履行监护责任。该法第 36 条同时规定了监护人有下列情形之一的，人民法院根据有关个人或者组织的申请，撤销其监护人资格，安排必要的临时监护措施，并按照最有利于被监护人的原则依法指定监护人：（1）实施严重损害被监护人身心健康的行为；（2）怠于履行监护职责，或者无法履行监护职责且拒绝将监护职责部分或者全部委托给他人，导致被监护人处于危困状态；（3）实施严重侵害被监护人合法权益的其他行为。检察机关作为适格组织，可以支持未成年人提起民事诉讼，请求撤销或更换监护人。

4.《民事诉讼法》

《民事诉讼法》第 14 条规定，人民检察院有权对民事诉讼实行法律监督，涉未成年人民事诉讼案件的监督也是其应有之义。根据《民事诉讼法》第 15 条、第 58 条、第 219—221 条的规定，检察机关监督未成年人民事诉讼活动的方式包括：(1) 对已经发生效力的民事判决、裁定提出抗诉或提出检察建议；(2) 对已经发生效力的损害国家利益、社会公共利益的民事调解书提出抗诉或提出检察建议；(3) 对民事审判程序中审判人员的违法行为提出检察建议；(4) 对损害国家、集体或是个人民事权益的行为支持起诉；(5) 在涉及众多未成年人利益受损的情况下，如果没有利益保护机关或组织，或者相关机关和组织没有提起诉讼的情况下，检察机关可以向法院提起诉讼。依照上述规定，《民事诉讼法》赋予检察机关在民事司法活动中行使检察权保护未成年人权益的几种方式，分别是对法院审判活动实施监督、涉及审判人员违法活动的制发检察建议，对法院判决、裁定以抗诉、检察建议的方式引起二审或再审，支持受侵害的未成年人向人民法院提起民事诉讼。

5.《人民检察院民事诉讼监督规则》

该规则第 3 条规定，人民检察院通过抗诉、检察建议等方式，对民事诉讼活动实行法律监督。

6. 其他相关法律、司法解释和办案规则

这些法律和规范性法律文件为检察机关介入未成年人民事权益保护提供了更细化的依据，如《民法典》的婚姻家庭编、《义务教育法》、“两高两部”《关于依法处理监护人侵害未成年人权益行为若干问题的意见》等。

二、未成年人民事检察工作的重点和履职方式

（一）工作重点

未成年人民事检察工作的重点主要包括涉未成年人民事案件审判监

督、涉未成年人民事执行活动监督、涉未成年人民事案件审判人员违法活动监督以及涉未成年人民事诉讼的督促、支持起诉等方面。

1. 民事审判监督

涉未成年人民事审判监督是指检察机关对人民法院涉未成年人民事案件作出判决、裁定、调解等活动实施监督，其案件范围大致包括：(1) 婚姻家庭、监护、继承纠纷，即涉及未成年人的离婚及财产纠纷、亲子关系纠纷、抚养纠纷、法定、遗嘱继承纠纷；(2) 人格权纠纷，主要包括涉及未成年人的生命权、身体权、健康权纠纷、隐私权纠纷、个人信息保护纠纷；(3) 侵权责任纠纷，主要包括涉及未成年人的监护人责任纠纷，适用于未成年人造成他人损害时，由监护人承担侵权责任的案件；(4) 劳务纠纷，因未成年人提供劳务过程中致人损害，或因提供劳务活动自身受到伤害而引发纠纷的案件；(5) 网络侵权责任纠纷，适用于侵权行为人利用网络为手段和工具实施侵权行为所应当承担的民事责任而引发纠纷的案件；(6) 违反安全保障义务责任纠纷，适用于因宾馆、商场、银行、车站等公共场所的管理人员或群众性活动的组织者未尽到安全保障义务致未成年人损害时引起纠纷的案件。

2. 民事执行监督

涉未成年人民事执行监督是指检察机关对人民法院涉未成年人案件的执行活动进行监督。例如，《民事诉讼法》第 109 条第 1 项规定，人民法院根据当事人的申请，可以裁定抚养费先予执行，实践中一些执行案件中存在着执行难、执行不到位的客观问题，为优先保护未成年人的健康成长，检察机关应当监督涉及抚养费部分的先予执行，保护未成年人健康成长。

3. 民事审判人员违法行为监督

涉未成年人民事审判、执行人员违法行为监督，是指对民事审判程序中审判人员违法行为的监督，比如调解违反自愿原则或者调解协议的内容违反法律、应当立案而不立案、审理案件适用审判程序错误、违反法定审理期限、违反法律规定送达等，以及对审判人员个人不法行为的监督，比如是否接受当事人及其委托代理人请客送礼或者违反法律规定会见当事人及其委托代理人、是否存在审判人员实施或者指使、支持、授意他人实施妨害民事诉讼行为，尚未构成犯罪的以及其他违反法律规定的情形。

4. 督促、支持起诉

检察机关督促、支持起诉是指人民检察院对损害国家利益和社会公共利益及弱势群体利益的行为，督促、支持受损害单位或个人向人民法院起诉并参与诉讼的活动。依据《民事诉讼法》第 15 条规定，未成年人的民事权利受到侵害，有诉权的当事人因诉讼能力欠缺等原因未提起诉讼的，检察机关可支持受损害的未成年人及相关人员向人民法院提起民事诉讼。

（二）履职方式

1. 未成年人民事检察工作法定履职方式

未成年人民事检察的监督方式应遵循法定性原则。根据相关法律规定，未成年人民事检察的监督方式一般包括提出抗诉、再审检察建议、审判人员违法监督检察建议、社会治理检察建议、支持（督促）起诉。因此，未成年人民事检察工作的法定履职方式主要包括涉未成年人检察建议、抗诉、督促起诉、支持起诉等方面。

（1）制发检察建议。检察建议是人民检察院依法履行法律监督职责，参与社会治理，维护司法公正，促进依法行政，预防和减少违法犯罪，保护国家利益和社会公共利益，维护个人和组织合法权益，保障法律统一正确实施的重要方式。其中，再审检察建议是人民检察院对同级人民法院确有错误的生效裁判和损害国家利益、社会公共利益的调解书进行监督的一种方式。

（2）抗诉。抗诉是人民检察院对人民法院作出的判决、裁定，认为确有错误时，依法向人民法院提出重新审理要求的一项法律监督权。涉未成年人民事检察中的抗诉，是指人民检察院对人民法院涉及未成年人的已经发生法律效力的民事判决、裁定、调解，认为有错误时，依照审判监督程序向人民法院提出的抗诉。

（3）督促起诉。督促起诉是指个人权利、集体财产或社会公共利益遭受损害，相关个人和组织不行使或懈怠行使诉权，检察机关以监督者的身份，督促有关个人和组织履行职责，依法提起的民事诉讼。涉未成年人督促起诉是指未成年人临时照料人或者其他有监护资格的人，因与侵害未成年人权益的监护人有亲属关系，出于亲情考虑或者害怕履行监护则不愿起诉或者怠于提起诉讼，或者有监护职责的相关职能部门未依法提起诉讼时，人民检察院可以向其发送检察建议督促其提起民事诉讼。

（4）支持起诉。检察机关支持起诉是指人民检察院对损害国家利益和社会公共利益及弱势群体的行为，支持受损害的单位或个人向人民法院提起诉讼的活动。《民事诉讼法》第15条规定，机关、社会团体、企业事业单位对损害国家、集体或者个人民事权益的行为，可以支持受损害的单位或者个人向法院起诉。涉未成年人支持起诉是指未成年人合法权益受到损害无力维权或面临其他困境时，人民检察院介入支持其提起民事诉讼。

2. 延伸型未成年人民事检察工作

为更好地保护未成年人权益，检察机关未成年人检察部门有针对性地开展了一些创新性工作。其中比较典型的是检察机关在监护权监督方面全面推行并开展“督促监护令”工作。最高人民检察院于2021年6月《未成年人保护法》修订施行之际，同步印发《关于在办理涉未成年人案件中开展“督促监护令”工作的意见》。检察机关结合涉未成年人案件办理，针对未成年人违法犯罪或遭受侵害背后存在的教养不当、放任不管、保护不力等监护缺位问题，有针对性地督促未成年人的父母或其他监护人依法履职尽责。通过开展“督促监护令”工作，推动监护责任落实，筑牢家庭保护“防线”，推进未成年人案件诉源治理和源头预防，维护未成年人合法权益，护航未成年人健康成长。这一延伸型创新工作推行后，已取得了积极的进展和成效。①

三、未成年人民事检察工作存在的问题及其完善

（一）存在的问题

相较于传统的未成年人刑事检察业务，独立的未成年人民事检察工作在我国刚刚起步，面临的困难更大，遇到的问题也更多。此处从内生动力、外部协作和实践操作三个层面进行分析。

1. 内生动力层面

从未成年人民事检察工作的内生动力来看，存在检察人员素质能力跟不上，涉未成年人民事权益保护法律规定贯彻落实不到位等问题。

（1）思想认识和人员素能相对不足。未成年人检察部门干警对未成年人权利的维护更多围绕“刑事人权”这一核心问题进行思考，对未成年人需要加强全面综合司法保护的理念更新尚不到位，对未成年人司法规律的特殊要求的认知和把握尚不到位，对于侵犯未成年人合法权益的问题和线索敏感性不足。现实中，侵犯未成年人民事权益的问题涉及的人数多、领域宽，且容易诱发其他犯罪。同时，涉未成年人刑事案件办理中因需要承办大量帮教、社会调查、法治宣讲等工作，导致未成年人民事检察工作的人力和精力有限。此外，队伍职业素养和专业水平大多停留在刑事检察要求层面，掣肘了该项检察工作的深入推进，部分未成

① “2021 年，检察机关共发出督促监护令 1.9 万份，更利促进‘甩手家长’依法带娃。”参见 2022 年《最高人民检察院工作报告》，载最高人民检察院网，https：//www. spp. gov. cn/spp/gzbg/202203/t20220315_ 549267. s html，最后访问日期：2022 年 9 月 8 日。

年人检察部门人员的业务素能还不能很好地适应新业务的开展。

（2）未成年人保护法律尚需全面推进落实。我国未成年人保护相关法律法规并不少，但相关法律法规比较原则、零散，操作性不强，涉及未成年人民事权利保护的法律法规更是如此。《未成年人保护法》《预防未成年人犯罪法》等重要法律虽然已经修订完善，但现实中仍需要具体贯彻落实和全面推进，力度依然需要进一步加大。

2. 外部协作层面

从未成年人民事检察工作的外部协作来看，存在未成年人保护职能单位作用发挥不够，缺乏有效协作沟通机制，新兴领域监管监督不力等问题。

（1）未成年人保护相关部门作用发挥有待提升。团委、关工委、妇联、民政、教育等未成年人保护机构和组织相关保护义务与责任多是指导性、原则性规定，缺乏操作性。2020 年《未成年人保护法》确定了民政部门作为未成年人保护工作协调机制原则上的牵头单位、县级以上人民政府及其民政部门应当根据需要设立未成年人救助保护机构，但是未成年人救助保护机构的职能定位、责任边界还亟须从政府层面厘清，机构的相关工作流程、工作标准还需统一。有些地方的民政部门安置配套措施不尽完善，如在监护干预案件中，因当地没有相应的儿童救助机构或福利院，导致机构监护难以有效落实。有些地区民政部门采取救助属地原则，导致流动未成年人难以得到及时救助。

（2）内外协作开展有效衔接配合体系有待深化。在检察机关内部，未成年人检察部门与民事、行政、公益诉讼等部门在相关业务分工、工作标准、力量协作等方面还缺乏明确规范，还没有形成未成年人司法保护的合力。在外部，未成年人检察与团委、妇联、民政、关工委、公益组织、司法社工等力量的配合协作尚不充分，社会支持力量还需加强。检察监督宣传少、检法沟通不足，导致无法做到全程监督、动态监督，无法及时维护未成年人的合法权益。

（3）针对未成年人权益新兴领域民事检察监督不力。例如，未成年人实施网络诈骗、成年人利用网络侵害未成年人权益犯罪案件高发，侵犯了未成年人的诸多民事权益，也暴露了网络运营平台监管不力、职能部门监管不到位、家庭教育缺位等问题。这类案件普遍存在专业性强、取证困难、认定网络运营商过错的证据和依据不足、网络监管部门责任难以确定等问题，致使民事公益诉讼工作难以开展，未成年人合法权益难以有效保障。

3. 实践操作层面

从推进未成年人民事检察工作的实践操作来看，权利保护类型单一掣肘未成年人民事检察监督全面推开。目前开展的未成年人民事检察监督主要是针对未成年人监护权受到侵害的保护，其他权利遭受侵害开展检察监督较少。究其主要原因，一是案件线索发现难。案件线索发现是办理案件的前提，线索发现不力，会极大影响案件发现、监督力度。二是司法救济难度大。未成年人民事侵权诉讼中对名誉权、隐私权、人格权涉及的精神损害赔偿难以量化或缺乏依据。

（二）完善建议

针对上述问题和症结，需要探索一条未成年人民事检察的科学发展路径，下文具体从三个方面提出完善建议。

1. 内生动力方面

一方面，需要完善未成年人民事权益保护法律规定；另一方面，加强未成年人民事检察专业人才建设，明确未成年人检察部门民事检察监督的实质定位。

（1）为未成年人民事检察发展提供有力法律支撑。目前，除《刑法》《刑事诉讼法》规定了刑事领域未成年人特殊保护的特别程序外，我国关于未成年人民事权益方面的保护主要集中体现在《未成年人保护法》中，其他涉及未成年人权益保障的法律主要零散分布于《民法典》

的婚姻家庭编、《义务教育法》等法律中。我国在加强未成年人司法建设过程中，应当从更广阔、更深远的背景上加强国际合作和联系，学习借鉴世界各国少年司法的有益做法。《民法典》被称为“社会生活的百科全书”，保护民事权利是民法的核心。《民法典》在“自然人”中完善了未成年人监护制度，真正体现了国家监护的兜底作用。贯彻未成年人最大利益、特殊优先保护理念，可以探索在《民法典》中设立未成年人保护专章，参考刑事诉讼法的设置，在民事诉讼法中规定未成年人民事案件特别程序。

（2）为未成年人民事检察发展强化队伍人才建设。一是配置专业人员，为未成年人民事检察业务筑牢根基。未成年人检察部门探索民事检察工作的前提是专业人员的配置。新业务的探索有必要首先充实未成年人检察部门在民事检察业务范围内的办案力量，保持业务骨干相对稳定，推动队伍专业化建设，夯实未成年人民事检察工作基础，为未成年人检察部门办案人员拓宽民事领域的专业知识，保证人员配备与未成年人民事检察监督职能拓展和业务增长相适应。未成年人民事检察业务的开展，不仅需要责任和担当，还必须在现有的未成年人检察工作框架下，树立儿童利益最大化的理念，进一步扩大职能范围，积极开展未成年人检察一体化建设的探索，从而提升专业能力，聚集资源优势，填补保护真空，实现无缝衔接，形成监督合力。二是加强业务培训，增强未成年人民事检察的工作敏锐性。首先，加大未成年人检察办案人员的教育培训力度，针对性地开展未成年人民事检察业务的分类培训和岗位练兵，提升专业能力和专业精神，培养一批精通民事检察业务的未成年人检察办案骨干。其次，可学习其他国家或地区的有益经验以及已经建立的涉未成年人民事、公益诉讼制度及实践成果，补短板、强弱项，努力提升专业素养。最后，发挥“借力”思维，可聘请网络、环保、食药监、医疗、文化执法等与未成年人民事权益保护密切相关的单位中具备相关领域专业知识或技能的人员为专家辅助人，利用他们的专业知识及理论素养，在相关未成年人民事检察案件的办理中担任“外脑”角色，对涉及的专门性问题进行解释说明或提供专业意见，推动通力协作和社会广泛参与。三是实现专案专办，推进未成年人检察工作一体化。长期的未成年人检察工作使检察机关拥有一支优秀的未成年人保护队伍，不仅了解未成年人的身心特点，同时能够有效整合资源，在心理疏导、司法救助、社会支持等方面形成一套完整、科学的工作模式，为未成年人民事检察业务的开展打下扎实基础。在未成年人检察部门设立未成年人民事检察办案组或专办人员，加大人员和精力的投入，实施专案专办、专案快办，不断推进“专业平台、专业工具、专业素质”三位一体的检察专业化建设，整合权能、术业专攻。

（3）明确未成年人检察部门民事检察监督的实质定位。检察机关介入未成年人民事权益保护有着国际条约、未成年人保护相关立法及检察机关职责职权相关规定的理论支撑，这些既是未成年人检察部门开展民事检察工作的主要依据，也是更新保护理念、完善保护机制、创新保护措施的法律蓝图。一是明确未成年人民事检察监督权的实质定位。我国《宪法》第 134 条、《人民检察院组织法》第 2 条均明确规定，检察院是国家的法律监督机关。2020 年修订的《未成年人保护法》第 105 条明确，人民检察院通过行使检察权，对涉及未成年人的诉讼活动等依法进行监督。《民事诉讼法》《行政诉讼法》等法律法规也明确了检察机关监督民事诉讼活动的方式。未成年人检察部门是检察机关设立的专门处理涉未成年人案件的部门，由该部门行使未成年人民事检察权，具有宪法和法律依据。二是独立开展未成年人民事检察聚焦未成年人保护实质。当前，检察机关通过检察建议、公益诉讼、司法救助、法治教育、强制报告、入职查询等检察工作，与教育、市场监督管理等多部门有诸多交集，涉及未成年人民事权益方面的部分监督，充分体现了未成年人检察部门在多角度、全方位保护未成年人权益方面存在天然的优势。在未成年人的私权受到侵害而得不到有效救济时，检察机关对民事法律的监督机制应予启动。此时若未成年受害人及其监护人未提起救济，检察机关的介入自然也非私权干预，而是国家亲权的实际体现。

2. 外部协作层面

要进一步发挥相关职能部门和社会力量在未成年人民事权益保护方面的积极作用，建立具体协作沟通机制。

（1）整合社会力量，创设未成年人民事检察新格局。因未成年人民事权利保护的相关立法较为散乱，导致实务中涉未成年人民事权利保护主体虽多但权责不明。未成年人民事权利保护工作也不是一时一地之事，需要系统性、长效性的工作机制作为支撑，单纯依靠民政、妇联、关工委等机构尚不足以承担全面保护未成年人民事权利的重任。因此，应当从国家战略高度重新审视未成年人民事权利保护工作，努力形成多方参与、齐抓共管、强监督、有回应的新局面。未成年人检察在传统工作中积累的多方合作优势，且兼具法律强制力和社会影响力，有足够的能力在未成年人民事权利保护中发挥力量，坚持督导不替代原则，逐步形成多领域、全方位、立体化的未成年人民事权利保护新格局。

（2）加强平台建设，强化涉未成年人线索共享机制。充分运用未成年人检察部门长期与教育、民政、妇联、团委、人力保障、文化执法等部门沟通联络的一贯优势，进一步强化与相关部门的联系，通过加强信息网络平台建设，强化未成年人民事检察线索的移送机制和共享机制。传统的未成年人权益保护多主体模式，反而更容易出现“人人有权管，人人都不管”的现象。这种“归属于其他部门管辖范畴，如果去管是否越界”的思维，将不断限缩未成年人权益保护边界。因此，检察机关未成年人检察部门可以主动作为，引导涉未成年人线索移送和共享机制的建设。一方面，为相关单位列明未成年人民事检察线索大类目清单，厘清哪些情况一旦发现就必须列为未成年人民事检察线索移送共享；另一方面，检察机关须加强移送及共享线索的梳理和整合，以点带面，修炼好将多个线索连成一线的本领，联合多部门共同作为，让侵害未成年人民事权利的情况无处遁形。

3. 实践操作层面

要强化未成年人民事检察监督质效，拓宽未成年人民事检察线索来源，拓展未成年人民事检察监督的内容。

（1）强化监督质效，提升未成年人民事检察工作“强制力”。未成年人民事检察监督具体体现在诉前、诉中和诉后各环节，应积极运用抗诉、检察建议、公益诉讼等手段，强化对未成年人的全方位司法保护。要准确把握适用抗诉、提请抗诉、再审检察建议、纠正违法检察建议等监督形式，通过多元化监督办案，切实维护未成年人合法权益。一是强化监督理念，贯穿未成年人保护前置理念。由于未成年人民事权利受侵害后的不可逆转性，在开展未成年人民事检察监督的同时，有必要将未成年人保护的理念前置，贯穿于整个办案过程。而在民事执行监督中，则须尤其重视可能涉及未成年人名誉、隐私、涉及未成年人财产权等领域的侵权行为，如民事执行中为未成年人保留财产份额、将未成年人误列入失信人员名单、执行中未对未成年人隐名处理等。须以未成年人保护前置的理念，妥善维护未成年人的合法权益。二是转变监督模式，充分运用检察调查核实权。未成年人民事检察业务往往呈现民事、行政、公益诉讼三个领域交叉的多元化监督格局，案件办理模式亦由“审查型”监督向“调查型”监督转变，在未成年人民事检察业务的开展中，检察机关依法行使调查核实权显得尤为重要。对未成年人民事检察线索核实作出立案决定后，未成年人检察部门应当着手开展诉前调查活动，结合未成年人案件特点，主要采用以下方式：案发现场走访，调查取证，必要时委托专业机构进行司法鉴定；针对未成年被害人开展心理干预，必要时采取司法救助、心理救助、社会救助等综合救助措施；听取多方意见，包括未成年人及其法定代理人的意见，制作调查笔录，最后形成诉前调查报告。必要时，也可听取民事检察部门意见和建议，与民事检察部门联合开展调查活动。三是增强监督刚性，多元化监督确保监督质效。在未成年人民事检察开展实践中，最常见的是监护缺失及监护侵害类，需要检察机关从未成年人的利益出发，以支持起诉等方式，完成监护权的变更，或采取多元化的综合救助手段，为困境中的未成年人提供帮助。此外，司法实践中最常启动的未成年人民事检察监督方式，即检察建议，无论是诉前检察建议，还是履行抗诉等职能后提出的后续检察建议，均系检察机关行使检察监督权的重要表现。检察建议是否有效落实，对于未成年人民事检察监督权的行使至关重要。因此，要强化检察建议效果，要有效落实制发的未成年人民事检察建议，首先需要检察建议制作的规范化和高质量，即规范化书面制作、规范化说理、规范化管理和评估等。检察建议的高质量首先依赖于规范化说理，而规范化说理离不开对检察建议事项的调查核实，对于确实通过调查查实了侵害未成年人权益的情况，在有证据支撑、有法律支持的情况下，充分释法说理，以理服人；检察建议的外部规范化则包括发送、宣告、跟踪、督办、备案等方面的规范化管理。尤其是对未成年人权益的保护，更需要强调后续的跟踪和督办。检察建议发出后，未检部门应及时派员跟踪监督，通过走访家访、电话回访、召开座谈会等形式，帮助侵权方抓好整改措施，并要求限期整改。此外，在《人民检察院检察建议工作规定》中，还探索性规定针对不同情况以检察提示函、检察关注函等模式提示上级有关主管机关予以关注，进一步加强了检察建议的落实督促。

（2）多措并举，构建涉未成年人民事检察线索“大矩阵”。针对检察机关案源较少的问题，建议可从以下几个方面改进：一是畅通宣传举报渠道，提示监护人代为维护未成年人权益。畅通未成年人民事检察线索发现渠道，最重要的是做好法治宣传，通过宣传让监护人明确什么情况下未成年人合法权益可能遭受侵害，如何举报才能有效保护未成年人，举报的信息将被采取妥善的保密措施等，解除监护人举报的后顾之忧。在为监护人厘清举报内容、途径、产生后果等问题的同时，拓展举报渠道的多样化选择，尤其是网络举报通道的启动，对于侵害不特定多数未成年人权益的情况而言，更易让家长消除举报顾虑。因此，有必要重点强化网络举报渠道的建设及宣传，以微信公众号平台、微博、抖音等群众易参与、普及性强的方式，通过网络发掘未成年人民事检察线索。同时，传统的来信、来访、电话等举报渠道亦不可放松，需要通过持续的宣传及专人管理接受群众提供的未成年人民事检察监督线索。二是立足涉未成年人刑事案件，主动强化重点线索摸排。一方面要不断增强刑事案件办案人员的主动性，建立好未成年人民事检察线索的发现、排查机制，实施一案一报备，将案件中涉及的可能影响未成年人合法权益的线索以清单式一一列举，每案必查，根据案件中获取的线索信息开展摸排调查。另一方面将摸排线索突出重点，统筹兼顾。重点梳理在刑事案件中登记报备的未成年被害人的自然情况、犯罪嫌疑人未成年子女、未成年犯罪嫌疑人民事权益保障等情况，对梳理出的线索实行三层级管理，根据权益保护紧迫程度，区分不同情形，实行一般关注、重点关注、实时介入三层级管理方式，统筹兼顾做好权益保障工作。另外，还需要重点关注涉未成年人刑事案件中常见的涉网络情况，如受网络不良影响、网友见面、网络诈骗等，专门设立网络观察员，主动开展各类涉未成年人网络信息的发现与排查，实现网络信息排查的全面覆盖；对最接近每一个家庭的村居社区，办案人员亦有必要主动加强走访排查，尤其是要重点开展涉及家庭暴力、监护侵害及监护缺失、事实孤儿等的走访家访等。三是加强检察机关内部沟通，强化涉未成年人线索移送机制。未检部门行使未成年人民事检察权后，应当加强与民事检察部门的内部沟通和联络：一方面未检部门需要学习民事检察部门的案件办理方法，改变传统办理刑事案件的思维模式，以新视角、新视野审视未成年人民事检察案件的办理；另一方面要强化涉未成年人线索移送的提醒。未检部门对民事检察部门收集的线索开展全方位排查并不现实，因此，在加强内部沟通的基础上，主动提醒民事检察部门开展线索排查后，将涉未成年人线索移交未检部门，同时要明确涉未成年人线索范围，列出大类目清单，以防出现漏移漏送。

（3）靶向发力，拓展涉未成年人民事检察保护“辐射面”。针对当前检察机关对未成年人民事权利保护内容相对单一的问题，可采取以下措施：一是加大对侵害未成年人其他权利的监督。针对特定未成年人权益的保护，进一步做好人身损害赔偿、人格权、隐私权等领域的权益保护。例如，检察机关可支持在校学生因人身伤害纠纷对其所在学校提起诉讼，根据具体案情认定学校未尽到管理义务，建议法院判决其赔付医疗费用，促进法院采纳检察机关支持起诉的意见。再如，检察机关支持起诉未成年在校生申请恢复受教育权案件，促进人民法院采纳检察机关意见以民事人格权受侵害立案审理，以检察之力真正保护未成年人的受教育权不受侵害。二是强化对未成年人权益保护重点领域的监督。积极开展涉未成年人食品药品等民生重点领域检察监督，配合公益诉讼、社会治理等工作，对未成年人开展全面司法保护。例如，检察机关可在办理生产、销售不符合安全标准的食品案中，通过校园周边食品安全专项监督活动发现案件线索，及时启动立案监督程序，采取实地考察、走访群众、调阅案卷、查阅相关资料等方式开展诉前调查工作，并依法支持未成年被害人提起刑事附带民事诉讼，要求被告人支付赔偿金，并公开在媒体上赔礼道歉，促进诉讼请求依法得到人民法院支持。

第三节　未成年人公益诉讼中的检察职能

一、未成年人公益诉讼检察的制度源起和确立

作为社会事务多元化治理背景下应运而生的制度，公益诉讼制度最早可以追溯到古罗马时期，广义上是指包括国家机关在内的任何组织或者个人，认为包括行政机关及其他国家机关或者公益机构乃至一般组织

或者个人的行为或者不作为违法，对国家利益、社会公共利益或者他人利益造成损害或者可能造成损害的，皆可以根据法律的规定向人民法院提起的诉讼。① 未成年人公益诉讼检察，是专门以未成年人为服务主体和保障对象的公益诉讼检察工作。

党的十八届四中全会审议通过的《中共中央关于全面推进依法治国若干重大问题的决定》中提出“探索建立检察机关提起公益诉讼制度”，2015 年全国人大常委会出台《全国人民代表大会常务委员会关于授权最高人民检察院在部分地区开展公益诉讼试点工作的决定》，对检察机关提起公益诉讼进行全面授权。随后，最高人民检察院会同有关部门制定了《检察机关提起公益诉讼试点方案》，2015 年 5 月 5 日中央全面深化改革领导小组第十二次会议审议并通过了这一方案。7 月 2 日，最高人民检察院印发《检察机关提起公益诉讼改革试点方案》。12 月 24 日，最高人民检察院印发《人民检察院提起公益诉讼试点工作实施办法》。试点方案为了防止把不具有国家利益和公共利益属性的案件以公益诉讼的方式进行保护，因此准确界定了试点范围。在试点方案中，检察机关提起民事诉讼的案件范围限定在污染环境、食品药品安全领域侵害众多消费者合法权益的案件，提起行政公益诉讼的案件范围限定在生态环境和资源保护、国有资产保护、国有土地使用权出让领域造成国家利益和社会公共利益受到伤害的案件，尤其是以生态环境和资源保护为重点。2017 年相继修订的《民事诉讼法》《行政诉讼法》，正式赋予检察机关提起公益诉讼的职权。2018 年最高人民法院、最高人民检察院印发《关于检察公益诉讼案件适用法律若干问题的解释》，对检察机关、法院办理公益诉讼案件进行了规定。2018 年 10 月 26 日第十三届全国人民代表大会常务委员会第六次会议修订通过的《人民检察院组织法》第 20 条第 4 项规定了依照法律规定提起公益诉讼是人民检察院行使的职权之

① 参见杨建顺：《行政诉讼法的修改与行政公益诉讼》，载《法律适用》2012 年第 11 期，第 60－68 页。

一。2019年10月，党的十九届四中全会通过的《中共中央关于坚持和完善中国特色社会主义制度、推进国家治理体系和治理能力现代化若干重大问题的决定》明确提出"拓展公益诉讼案件范围"。2022年10月，党的二十大报告首次提出"完善公益诉讼制度"。公益诉讼检察作为"四大检察"的重要组成部分，发展迅速，成为以法治思维和法治方式推进国家治理现代化的重要制度设计。

未成年人的发展与国家民族的命运紧密相连，全社会都应当重视未成年人保护，未成年人的健康成长是至关重要的国家利益和社会公共利益。国家通过对未成年人的保护谋求社会发展的可持续性，未成年人保护存在显著的国家化、社会化、公法化趋势，未成年人利益呈现由私益向公益、未成年人保护职责呈现由监护人个人职责向国家公共职责的转变。在这一大背景下，未成年人保护公益诉讼日渐受到社会各界的重视和呼吁。当权利侵害行为涉及不特定未成年人利益时，不再单纯属于个人利益范畴，而具备公共利益属性，需要国家和社会积极干预，这既是历史的进步，也是人类文明发展的应然结果。开展未成年人保护公益诉讼工作，是实现未成年人全面综合司法保护的需要。相较于成年人，未成年人在辨认能力、诉讼能力、自我保护能力等方面均处于相对弱势的一方，合法权益易遭受有形或无形的侵害。加之未成年人群体缺乏权益被侵害的自知力，处于维权的"集体无意识"状态，而全社会保护未成年人的"共同责任"所导致的"责任稀释困境",① 造成无人"发声"的悲剧点，如果司法不予以特殊、优先的保护和支持，易导致社会公平正义的丧失和社会公共秩序的紊乱。同时，联合国《儿童权利公约》正

① "责任稀释"一词由姚建龙教授提出，指的是保护未成年人的共同责任原则所带来的"责任稀释困境"——谁都有保护未成年人的职责，但谁都没有将保护未成年人的职责列为专门的职责和业务范围，其结果是保护未成年人"说起来重要，做起来次要，忙起来不要，出了问题找不到"。参见姚建龙：《未成年人法的困境与出路——论〈未成年人保护法〉与〈预防未成年人犯罪法〉的修改》，载《青年研究》2019年第1期，第1－15页。

式确立了“未成年人最大利益”原则，要求关于未成年人的一切行动，均应以未成年人的最大利益为一种首要考虑，作出影响未成年人利益的决策时，必须考虑未成年人的最大利益。可以说，最有利于未成年人原则是未成年人保护工作的“帝王原则”，为未成年人公益诉讼工作的开展提供了直接依据。同时，未成年人保护公益诉讼制度也涵盖了国家亲权的内在逻辑，是完善法律监督体系、促进国家治理能力和治理体系规范化的要求。

2017 年 12 月，最高人民检察院印发《关于开展未成年人刑事执行检察、民事行政检察业务统一集中办理试点工作的通知》，规定自 2018 年 1 月起，在北京、辽宁、上海、江苏、浙江、福建、山东、河南、湖北、广东、重庆、四川、宁夏等 13 个省（自治区、直辖市）部署开展为期一年的未成年人刑事执行检察、民事行政检察业务统一集中办理试点工作，试点内容包括开展未成年人保护公益诉讼，公益诉讼检察工作的范围延伸至未成年人保护领域。

2020 年《关于加强新时代未成年人检察工作的意见》提出，未成年人公益诉讼检察业务统一由未成年人检察部门集中办理是实现未成年人综合司法保护的客观需要，并对未成年人公益诉讼检察的重点领域进行了规定，对食品药品安全、产品质量、烟酒销售、文化宣传、网络信息传播以及其他领域侵害众多未成年人合法权益的，要结合实际需要，积极、稳妥地开展公益诉讼工作。2020 年《关于加快推进未成年人检察业务统一集中办理工作的通知》，要求积极、稳妥地开展未成年人公益诉讼检察工作，并于 2021 年起未成年人公益诉讼工作由未检部门独立开展，积极、稳妥地开展未成年人公益诉讼检察工作。

2020 年修订后的《未成年人保护法》第 106 条明确规定未成年人合法权益受到侵犯，相关组织和个人未代为提起诉讼的，人民检察院可以督促、支持其提起诉讼；涉及公共利益的，人民检察院有权提起公益诉讼。赋予检察机关在未成年人保护领域开展公益诉讼的职责，至此，未成年人公益诉讼通过立法正式成为检察机关的法定职责，未成年人公益诉讼检察制度得以确立。

二、未成年人公益诉讼检察的实践探索

2017 年，最高人民检察院下发通知开展未成年人民事行政检察业务统一集中办理试点后，福建省福清市检察院针对无证幼儿园的乱象，向市政府、市教育局及 7 个街道办事处（镇政府）发出公益诉讼诉前检察建议，妥善处理无证园问题。该起案例是全国首起未成年人保护检察公益诉讼案。① 随后，全国检察机关探索开展侵害众多未成年人合法权益监督，积极参与加强和创新社会治理，助力创造未成年人成长成才良好环境，未成年人公益诉讼检察工作发展迅速，实现了精细化与高质量发展。在开展未成年人公益诉讼检察工作中，检察机关遵循未成年人保护的立法精神，围绕群众迫切关注、未成年人权益损害严重的问题，进行了一系列实践探索。

（一）未成年人公益诉讼检察探索的主要领域

1. 危害不特定未成年人的食品、药品安全领域

商品、药品与人的基本生存需要密切相关，特别是处于生长发育关键阶段的未成年人，一旦被不安全的食品、药品侵害，会造成不可逆的伤害。例如，江苏省江阴市检察院、浙江省桐乡市检察院等地发现母婴用品商店销售的进口婴幼儿食品没有中文标签和中文说明书，违反了《食品安全法》的相关规定，向市场监管部门制发检察建议，推动全市范围专项整治，维护“摇篮里的食品安全”。又如，宁夏银川西夏区检察院针对画室发生学生群体性食物中毒事件、多家校外艺考培训类机构

① 参见《福建福清：探索办理全国首起涉未成年人公益诉讼案》，载最高人民检察院网，http：//www. spp. gov. cn/spp/zdgz/201810/t20181016_ 395386. shtml，最后访问日期：2022 年 3 月 5 日。

存在食品安全隐患的问题，向市场监管部门发出行政公益诉讼诉前检察建议，从源头上解决了校外培训机构食品安全隐患。

2. 危害未成年人主要活动空间、场所安全领域

一是维护校园安全，重点针对校园的选址、校舍建筑、教学使用危险化学物品存放、学校周边生态环境和资源保护等隐患。例如，全国第一例未成年人检察公益诉讼案，就是福建福清市检察院针对辖内幼儿园未经审批无证办学、存在诸多安全隐患的问题，及时发出公益诉讼诉前检察建议，督促教育等行政主管部门严格依法履职，有力清理整改，妥善安置了1500名在园幼儿，得到了党委政府重视和被监督部门的理解支持。又如，湖北省南漳县检察院发现学校校舍存有安全隐患后，通过诉前检察建议，督促教育部门、属地政府加固校舍，并开展全区域的排查，消除安全隐患。再如，江苏镇江丹徒区检察院针对学校化学实验室的化学试剂存放、实验残液残渣处置不规范、缺少监管的问题，通过制发检察建议、会商沟通处置等方式，助推校园安全建设。

二是维护校车安全，重点针对校车质量隐患、无法营运校车、校车超载、司机不合格等问题。例如，江西鹰潭余江区检察院针对校车存在的问题，办理“整治黑校车，守护未成年人生命安全”公益诉讼系列案。

三是维护校园周边交通安全，校园周边交通安全关乎公共交通安全和在校未成年人的人身安全。例如，2020年江苏省检察机关开展全省“保障校园周边安全”检察公益诉讼专项监督活动，将校园周边交通安全作为重点整治内容。又如，江苏南京浦口区检察院经对全区学校周边道路交通设施进行检查，发现存在交通设施缺失、占道经营等突出问题，分别向区公安分局、区交通运输局、区城市管理局发出行政公益诉讼诉前检察建议。

四是维护校园周边学校居住房屋安全。例如，江苏涟水县检察院发现某学校附近有私自搭建的40间简易板房，面向该校学生及陪读家长

出租。简易板房内存在燃气管随意摆放、私拉电线、占用集体土地等问题及安全隐患，为此向属地政府制发检察建议，既拆除了违章建筑，也做好了学生的寄宿安置工作。

五是维护未成年人经常活动的场所的安全。2020 年修订后的《未成年人保护法》第 56 条详尽规定了未成年人集中活动的公共场所与一般公共场所对未成年人保护的安全规范。

六是维护校外培训机构的场所安全、经营安全。例如，四川广元利州区检察院发现校外培训机构安全隐患突出，工作人员侵害未成年学生案件多发的问题，发出检察建议，推动相关职能部门对 254 家校外培训机构进行检查，6 家机构暂停办学、限期整改，79 家不具备办学条件的机构被责令关停，并以专项报告推动区委区政府出台了未成年学生校外培训托管机构监督管理办法。

3. 危害未成年人身心健康的商业活动领域

一是违反法律明确性禁止性规定，如违反烟草管理规定、酒类商品销售规定、网吧管理规定中禁止向未成年人出售烟酒、网吧不得接纳未成年人、向未成年人出售有害不良信息的图书等。例如，北京海淀区检察院针对本区学校周边的部分零售经营场所存在违法出售烟草制品等行为，使得未成年人可轻易获得烟草制品，可能损害未成年人的身心健康，向区烟草专卖局、区市场监督管理局发出诉前检察建议，两机关高度重视检察建议提出的问题，积极履行监管职责，采取切实有效整改措施消除学校周边可随意购买烟草制品的问题。江苏江阴市检察院针对商家在实体店、外卖平台商店内没有执行法律法规规定的张贴禁止向未成年人售酒的标志、注明举报电话、核实顾客是否成年的义务，向市商务局、市场监督管理局制发检察建议。根据相关法律规定，商家禁止向未成年人售酒，经营者应当在显著位置设置警示标志，并注明市场监督管理部门的举报电话。江苏徐州市云龙区检察院、江苏溧阳市检察院针对办案中发现的未成年人出入网吧，并在网吧内实施违法犯罪的问题，向市文化广电新闻出版局制发检察建议，推动全市专项整治。重庆市检察院针对网吧大量违规接受未成年人上网的突出问题，及时发出检察建议，督促行政执法机关检查网吧5400余次，查处违规接纳未成年人网吧81家，取缔71家，停业整顿50家。上海长宁区检察院针对儿童读物中包含未成年人跳楼、自杀、打架、骂人等未成年人不宜等情节，督促区文化和旅游局执法大队联合调查，对涉事图书下架处理，并向家长制发告知书，制止未成年人阅读有害书籍。

二是不落实法律规定的注意性义务，如旅馆在接纳未成年人住宿时不实名登记，或者是收留夜不归宿的未成年人的，没有征得监护人同意或者履行报告义务。例如，江苏江阴市检察院针对办案中发现的旅馆违规经营，导致侵害未成年人犯罪案件发生的问题，向市公安局制发检察建议，联合出台《促进旅馆行业加强未成年人保护的意见》。

三是在禁止经营的区域内开展经营活动，如违反规定在校园周围特定范围内开设营业性歌舞娱乐场所、电子游戏场所、互联网上网服务场所、彩票专营、香烟专卖等。

四是没有禁止性、注意性规定，但损坏未成年人身心健康的行为。例如，江苏沭阳县检察院办理了全国首例未成年人文身公益诉讼案，在办案中发现涉案未成年人文身现象比较突出，虽然法律没有明文规定未成年人不得文身，但未成年人文身行为会扭曲其价值观、养成不良社会习气。为此举行公开听证会，向卫生健康局、市场监督管理局制发检察建议，对文身行业开展专项整治，建立风险提示、身份审核等制度，推动了国家层面禁止为未成年人纹身制度的出台。又如，针对童模热点事件，浙江杭州滨江区检察院多次与相关职能部门会商联动，会签出台《关于规范童模活动保护未成年人合法权益的意见》，探索建立童模活动保护工作机制。

4. 危害不特定多数未成年人的网络权益领域

网络作为一把“双刃剑”，在便利未成年人生活学习的同时，也带来了一系列不良后果。网络经营平台筛选监管存在漏洞、信息流入和生产端口无秩序状态等因素，导致未成年人所处的网络虚拟空间中的越轨行为处于野蛮生长状态。[①] 在这其中，未成年人沉迷网络游戏、受到网络负面文化的侵蚀等问题尤为突出，网络保护成为未成年人行政公益诉讼的重要领域。例如，浙江省检察机关针对办案中反映的某公司在开发运营该公司 App 的过程中，未以显著、清晰的方式告知并征得儿童监护人有效明示同意允许注册儿童账户，并收集、存储儿童个人信息，在未再次征得儿童监护人有效明示同意的情况下，向具有相关浏览喜好的用户直接推送含有儿童个人信息的短视频，同时也没有采取技术手段对儿童信息进行专门保护。在经过调查取证、诉前公告后，杭州市余杭区人民检察院于 2020 年 12 月 2 日向杭州互联网法院提起民事诉讼，请求判令某公司立即停止实施利用该公司 App 侵害儿童个人信息的侵权行为，赔礼道歉、消除影响，赔偿损失并将款项交至相关儿童保护公益组织，专门用于儿童个人信息保护公益事项。诉讼期间，检察机关推动公司立行立改，对相关问题制定整改措施，并明确落实整改措施的具体时间表，双方依法达成和解协议，落实了儿童个人信息保护监护人明示同意规则。又如，2020 年 6 月，北京海淀区检察院针对辖区内一些经营性互联网文化单位存在传播违法涉毒品音视频的问题，开展了互联网平台违法涉毒音视频领域未成年人公益诉讼检察专项监督，向行政主管部门制发检察建议，要求查处违法行为并加强检查监测，共清理涉毒音视频、文章 1927 条、下线 7 名歌手 46 首歌曲，技术处理或查封账号 88 个。

5. 落实未成年人社会福利保障政策不到位的领域

一是对未成年人劳动权的保护，尤其是对非法招募童工问题的处置。例如，江苏扬州广陵区检察院针对企业雇佣童工的问题，经调查发现区人力资源和社会保障局存在不依法履职致使未成年人利益受损的情

① 参见敬力嘉：《信息网络犯罪中集体法益保护范围的扩张与限度》，载《政治与法律》2019 年第 11 期，第 57－68 页。

形，制发检察建议督促行政机关全面履职，明确监管责任。

二是对特殊未成年人群体权益的保护。例如，江苏省海安市检察院在办理一起贪污案中，发现23万余元残疾儿童基本康复资金未能追回，受侵害的众多残疾儿童康复权益未能得到弥补，向残联制发检察建议，确保属于特殊未成年人群体保障的资金追回，并用于特殊未成年人群体。

三是对未成年人教育权的保护。例如，江苏沭阳县检察院对2017年以来审查起诉未成年人案件及未成年人被侵害案件开展调研，发现涉案未成年人在义务教育阶段辍学比例较高，教育主管部门和部分地方乡镇政府怠于履行控辍保学职责，对辖区学校工作领导不力、监督不严，有违公益事业保护职责。依法向教育主管部门和地方乡镇政府制发诉前检察建议，建议教育主管部门，通过建立控辍保学动态监测机制、考核问责机制、动态关爱机制等措施，督促教育主管部门把好义务教育出口关，切实落实辍学学生劝返、登记和书面报告制度，将控辍指标作为学校和教师工作业绩、评先评优的重要依据；加强对农村、贫困等重点地区、初中等重点学段以及流动儿童、留守儿童、贫困儿童等重点群体的监控。建议乡镇政府建立教育监督管理和激励机制，注重舆论宣传引导、加强执法检查，规范企业用工行为，同时加强对电子游戏室、网吧等特殊行业的管理，净化学校周边环境。推动开展全县专项整治活动，对于排查出的242名辍学学生，符合入学条件的已全部重新就学，全县义务教育巩固率达到99.2%。

四是对未成年人群体专属权利的保护，如门票的优惠、交通费用的减免等。例如，浙江宁波江北区检察院针对景区未对身高超过1.2米的6岁以下儿童免票的行规陋习，联合区监察委、法制办向物价部门发出《关于完善部分景点儿童票政策的建议书》，并及时跟踪回访，监督落实。

（二）未成年人公益诉讼检察的特点

未成年人公益诉讼检察在实践探索中形成了与普通公益诉讼检察不同的规律和特点。

1. 法律适用方面的专门性。未成年人公益诉讼检察是专门针对未成年人保护开展的工作。未成年人公益诉讼检察工作，必须将未成年人作为权利主体去认真审视，不能脱离了未成年人特殊性去认识、研究、实践。与成年人不同，未成年人身心发育不成熟，缺少依法维护自身权益的知识和能力，甚至常常缺少对自身事务的发言权。很多情况下，未成年人对于自身权益遭受侵害并不能正确作出判断，更遑论依法进行维权。[①] 而普通公益诉讼案件中权利受损影响人，他们会更主动地发现自己的权益被侵害，会更积极地通过举报、诉讼等方式维护权利，会更完整地收集、保留好相关证据，也会更在意自身权利的修复程度。未成年人的权益被侵害大多是隐性的，问题的爆发不具备密集性、即时性，如向未成年人出售烟酒、网吧接纳未成年人等问题，但这些伤害的后果却是不可逆的。未成年人保护涉及的职能部门多、专业分布散、社会层面广，而未成年人检察部门作为检察系统中唯一专门以未成年人为工作对象的业务部门，在未成年人保护的专业性上，在研究未成年人权益保护的力度、深度、广度上，具有无可比拟的优势。因此，在开展未成年人公益诉讼检察工作时，未成年人检察部门要充分发挥专业性的优势，针对未成年人群体的劣势，更加积极主动地开展工作。

2. 与刑事、民事、行政检察工作紧密结合，未成年人检察一体化优势凸显。未成年人检察业务集成了刑事检察、民事检察、行政检察、公益诉讼检察业务，由未成年人检察部门集中统一办理涉未成年人权益保护案件，既能够充分发挥检察职能，最大限度地维护未成年人合法权

---

① 参见张宁宇、田东平：《未成年人检察公益诉讼的特点及案件范围》，载《中国检察官》2020 年第 3 期，第 9 – 13 页。

益，又能够充分检视案件背后深层次的不良、不安因素，推动综合治理。大多数未成年人公益诉讼案件的线索，都是从未成年人刑事案件中发现的，线索的来源更加方便、顺畅。例如，福建福清检察院整治无证幼儿园公益诉讼案，就是从该院办理的一起黑校车危险驾驶案中发现的线索。又如，浙江省检察机关办理的全国首例未成年人网络保护民事公益诉讼案，也是从未成年人涉网络犯罪的专题调研、典型案例中发现的线索。再如，全国多地办理的督促职能部门履职，规范酒类商品销售、规范旅馆行业经营等公益诉讼案件，也是在深耕刑事案件的基础上，从未成年人犯罪、被侵害的深层次原因发现问题的线索，继而开展公益诉讼检察工作。

3. 完备的社会支持体系，有效支撑公益诉讼案件的办理。未成年人检察部门积累了依托和借助社会力量开展工作的丰富经验，与社区、街道、团委、妇联等部门都有较为密切的联系，形成了较为成熟的合作机制，这为深入推进未成年人公益诉讼检察工作、积极促进未成年人司法保护提供了便利条件，具有较大制度优势。例如，江苏江阴市检察院在办理督促公安机关规范旅馆行业经营案中，以召开联席会议、座谈会等形式，听取妇联、教育局、团委等职能部门，人大代表、家长代表、旅馆行业经营者等的意见，确保提出的建议对策、整改举措更实更到位。在案件效果评估上，社会支持可以扩大评估意见的来源，发动社会力量去感受问题整治的程度，为诉讼决定的作出等提出更有效的依据。

4. 以保护未成年人、促进社会治理为中心、源点，扩展未成年人公益诉讼案件领域。未成年人公益诉讼检察工作发展迅速，没有现成的规范去操作，没有现成的先例去遵循，能够取得成绩的重要因素，是始终以保障未成年人健康成长为指引，以促进社会治理为目标，从公益诉讼制度设置的初衷和本意出发，针对人民群众对涉及众多未成年人利益问题的保护提出的新期待，在遇到新问题的时候，尤其在法律没有规定，甚至是没有禁止性法律规定的时候，蹚出了一条具有时代特色的道路。

如江苏沭阳县检察院办理的未成年人文身公益诉讼系列案件中，在法律没有明确规定未成年人不得文身的情况下，从保护未成年人身心健康、消除有害于未成年人的不良习气等角度出发，创新性地运用未成年人保护纲领性精神、规定开展工作。

5. 坚持预防优先理念，注重督促行政履职。开展未成年人保护应当做到预防优先，避免事后亡羊补牢式的补救，因此未成年人行政公益诉讼检察工作是未成年人公益诉讼检察工作的重中之重。从结构与功能视角理念，未成年人公益诉讼本质是一种偏重督促行政履职的司法机制，将行政管制没有发现或不愿意呈现的问题显现出来，在一定程度上弥补行政治理之不足，并且建立起行政管制与司法治理相互依存的公益保护行动链接，形成多元社会治理机制在公益保护层面的耦合。[①] 只有坚持将隐患化解在萌芽状态，才能避免发生不管是未成年人个体还是群体受损事件，强化诉源治理，才是切实履行国家监护职责，落实最有利于未成年人原则。

三、未成年人公益诉讼中履行检察职能的几个主要问题

经过几年的探索，未成年人保护公益诉讼在立法完善、办案实践、案例总结、规则探索方面均取得了一定进展，但在制度理解、实践把握等方面也暴露出一些问题和误区，需要进一步厘清。

（一）对未成年人能否提起公益诉讼

实践中，未成年人损毁公共利益的情形并不罕见，学界关于未成年人能否作为公益诉讼的对象也有不同的认识。有观点认为，未成年人对未成年人造成公共利益损害的，可对其提起民事公益诉讼，并令其监护

---

① 参见王广聪：《以公益诉讼促进实现未成年人保护国家责任》，载《检察日报》2020年11月16日，第3版。

人承担损害赔偿等民事责任。另有观点认为，“应当从理念上明确未检公益诉讼是保护未成年人集体利益的司法措施，对未成年人危害社会公益行为，原则上应当按传统司法措施处置，而非径行提起公益诉讼”。[①]

笔者认为，不宜对未成年人提起民事公益诉讼。未成年人保护领域公益诉讼的立法目的在于，通过保护公共利益实现对未成年人的保护。以未成年人为被告人提起民事公益诉讼的行为，不符合未成年人保护公益诉讼的立法原意，也有悖于“最有利丁木成年人”和“特殊、优先保护”原则。

对未成年人侵犯公共利益的情况，可探索通过其他方式，如义务劳动、社会服务等，弥补公益损害，兼顾各方公共利益平衡。对未成年人损害公共利益的情形，可以以案件为契机推进未成年人综合保护。未成年人保护是全社会的责任，未成年人侵犯公共利益案件的发生也折射出在公益保护、公益意识培养等方面未成年人多元综合保护的不足。办案单位可以以案件为契机，进一步加强与相关单位及学校、家庭、社区等的协作，通过加强教育宣传等适当方式，将案件转化成鲜活素材，将司法保护融入未成年人保护其他方面，共同推进未成年人保护多元共治。

（二）未成年人保护领域预防性公益诉讼

预防性公益诉讼，是指为了避免国家及社会公共利益遭到难以弥补的损害，当检察机关综合判断具有危险发生的高度盖然性时，允许其在危害行为作出之前，或者在损害结果实际发生之前，向法院提起公益诉讼以保全公共利益。[②] 预防性公益诉讼与救济性公益诉讼在诉讼请求、举证难度、诉讼效果等方面均有所不同。预防性公益诉讼的诉讼请求是

---

① 王广聪：《论最有利于未成年人原则的司法适用》，载《政治与法律》2022 年第 3 期，第 134－147 页。

② 参见杨晗露：《预防性行政公益诉讼制度研究》，安徽大学 2019 年硕士学位论文，第 1 页。

停止侵害、排除妨碍、消除危险，目的是防止损害扩大或防止潜在的损害成为现实；而救济性公益诉讼的诉讼请求为恢复原状、赔偿损失等，目的是对已产生的损害进行经济补偿，责令采取补偿性措施进行恢复。预防性公益诉讼中的原告要针对未发生的损害或将要发生的可能性进行举证，举证难度和成本更大；救济性公益诉讼的原告主要针对已经造成的损害进行举证，对既成事实进行举证相对容易。预防性公益诉讼面对的对象是未来将会对社会公共利益产生损害的行为，其从源头上消灭了危害未成年人权益、损害社会公共利益的可能，能够产生良好的社会效果；而救济性公益诉讼更多的是“亡羊补牢”，面对的是已经造成的公共利益损害。

在公益诉讼探索之初，就有关于公共利益是否需要侵害结果为条件的讨论。目前暂无关于预防性公益诉讼的相关立法，尤其是没有对未成年人预防性公益诉讼进行细化规定。笔者认为，从未成年人保护法的立法本意、未成年人保护的现实需求和司法实践来看，未成年人保护预防性公益诉讼应成为未成年人保护公益诉讼的题中之意。

从结构与功能视角理念来看，开展未成年人保护应当坚持预防优先理念，注重督促行政履职，做到预防优先，避免事后亡羊补牢式的补救。未成年人系特殊弱势群体，既缺乏自护意识也无救济能力，这种事前的预防性保护为现实所必需。未成年人公益诉讼本质上是一种偏重督促性的司法机制，将行政管理没有发现或不愿意呈现的问题显现出来，在一定程度上弥补了行政治理之不足，并且建立了行政管制与司法治理相互依存的公益保护行动链接，形成了多元社会治理机制在公益保护层面的耦合。[①] 只有坚持将隐患化解在萌芽状态，才能避免发生不管是未成年人个体还是群体受损事件，才是切实地履行国家监护职责，落实最有利于未成年人原则。

① 参见王广聪：《以公益诉讼促进实现未成年人保护国家责任》，载《检察日报》2020 年 11 月 16 日，第 3 版。

从现实依据方面看，最高人民检察院发布的《关于积极稳妥拓展公益诉讼案件范围的指导意见》明确了新领域案件立案条件之一是国家利益或社会利益存在重大侵害风险，充分发挥检察公益诉讼的预防职能，推动源头治理、系统治理。2020 年修订后的《未成年人保护法》规定：未成年人合法权益受到侵犯，相关组织和个人未代为提起诉讼的，人民检察院可以督促、支持其提起诉讼；涉及公共利益的，人民检察院有权提起公益诉讼。在该项规定中，使用的是“侵犯”而不是“侵害”，实际包括了发生现实侵害和存在侵害风险的情形，也为未成年人预防性公益诉讼工作的开展提供了空间。

同样，这一观点也被公益诉讼的实践所采纳，北京市海淀区人民检察院督促落实未成年人禁烟保护案（检例第 88 号），即以校园周边售烟存在侵害未成年人身心健康之虞启动公益诉讼。在检例第 143、第 144 号中，也以最高人民检察院指导性案例的形式对预防性公益诉讼在一定程度上进行了认可。

当然，在司法实践中需准确把握“未成年人合法权益受到侵犯”的内涵，适时履行公益诉讼检察职能。并不是只要存在风险，就可以提起公益诉讼。在没有实害结果发生的情形下，检察机关可以依据专业检验报告、行业标准、规范等判断危险的潜在性、危害后果的必然性，公益保护的紧迫性，评估相关主体履职程度和行为违法性。

（三）未成年人保护公益诉讼的立案条件和对积极稳妥原则的理解和把握

《未成年人保护法》第 106 条规定，“未成年人合法权益受到侵犯，相关组织和个人未代为提起诉讼的，人民检察院可以督促、支持其提起诉讼；涉及公共利益的，人民检察院有权提起公益诉讼”。司法实践中，对这一规定理解不一。有观点认为，这一规定为将未成年人保护检察公益诉讼纳入公益诉讼法定范畴，为未成年人保护检察公益诉讼提供了实体法依据。未成年人公益诉讼办案可以“全领域”开展，无须受其他法律和单行法规所规定的领域限制，也无须经过审批等手续。另有观点认为，未成年人保护公益诉讼的办案领域范围仍有“法定领域”与“新领域”之区别。

笔者认为，对该条的理解和未成年人保护公益诉讼工作的办案领域把握，可以从公益诉讼工作开展的“积极、稳妥”这一原则出发，探求其含义。

公益诉讼制度初创和实践探索阶段，确立的原则为“稳妥、积极”。党的十九届四中全会召开后，最高人民检察院将探索办理公益诉讼新领域案件的指导原则从“稳妥、积极”调整为“积极、稳妥”。两个词语的顺序调整，体现了最高人民检察院关于公益诉讼新领域案件拓展的指导性原则的调整和变化。积极稳妥原则，一是要求把积极主动放到更优先的顺位，二是要求用这一原则指导整个公益诉讼办案和工作，而不仅仅局限于公益诉讼新领域探索。“积极稳妥”这四个字，既包含着对拓展公益诉讼案件范围秉持的工作态度，也蕴含着对开展公益诉讼工作的具体要求，还包含着深化公益诉讼制度和理论建设的要求。从对这一原则的理解来看，“积极”追求的是一种工作态度，一种精神状态。在政治站位上坚持对人民高度负责，勇于探索，勇于担当，主动作为。“稳妥”强调的是底线思维，是质效导向。秉持法治、理性精神，立足公益诉讼检察职能定位，把握办案程序和实体的规范性，聚焦重点领域，注重办案质效，做足做实调查取证、研究论证、民意舆情研判等工作，争取各方支持。①

从对这一原则特别是对“稳妥”原则的理解和把握来看，按照《未成年人保护法》第106条规定，未成年人保护属于法定领域，与安全生产、个人信息保护类似，也属于单行法授权的范围。但是，这一领域的

① 参见胡卫列：《国家治理视野下的公益诉讼检察制度》，载《国家检察官学院学报》2020年第2期，第3－20页。

划分标准与其他领域不同，其他领域如生态环境、个人信息保护等，是按照行业等标准加以划分，而未成年人保护是按照人群进行划分。而且这一人群的利益涉及社会生活的方方面面，社会关注度高，舆论影响大，很多都是人民群众关注的难点痛点问题。如果对未成年人保护公益诉讼案件办理领域一概不通过审批等方式进行限制，不利于案件质量的把握，最终不利于案件的办理效果。因此，从法律规定上，未成年人保护属于公益诉讼法定领域，在实践操作上，案件办理仍需上级院发挥指导作用，尤其是对于新领域案件，需要按照相关规定要求，审查是否存在国家利益或者社会公共利益遭受严重侵害或者存在重大侵害危险，人民群众反映强烈、侵害行为违反法律强制性规定，具有明显的违法性，现有行政执法制度机制严重失灵或者存在明显短板，难以有效解决公益侵害问题、没有其他适格主体可以提起诉讼，难以通过普通民事、行政、刑事诉讼有效实现公益保护等情形，从立案条件、审批权限等方面加以把握。同时，对于存在通过私益诉讼可以有效解决权利救济的、保护特定公共利益可能影响其他公共利益、容易引发或者加剧社会矛盾的、存在重大争议的新生事物或者历史遗留问题、相关行政法规缺位或者如何治理有待进一步凝聚共识的、行政机关对所涉公益侵害事实正在依法履职，有明确处理意见或具体处理措施的情形，一般不宜作为未成年人保护公益诉讼案件办理。

第四节　未成年人司法社会支持体系建设中的检察职能

一、未成年人司法社会支持体系建设概述

“社会支持”一词最早出现于20世纪六七十年代的精神病学文献之

中，学者在分析现代社会中各类压力对个体身心的影响过程中，发现社会支持对于个体身心健康的改善具有重要作用。随后，在社会学、心理学、精神病学等学科内获得广泛应用。[①] 这一概念进入我国语境比较晚，近年来逐渐运用到未成年人司法领域。2010 年，中央综治委预防青少年违法犯罪工作领导小组、最高人民法院、最高人民检察院等发布《关于进一步建立和完善办理未成年人刑事案件配套工作体系的若干意见》。该意见虽未提出社会支持体系的概念，但对合适成年人制度、开展社会调查时可以委托共青团组织以及其他社会组织协助调查给予了明确规定。2012 年修订的《刑事诉讼法》虽未明确提出社会支持体系概念，但其通过对社会调查、合适成年人到场、附条件不起诉等制度的规定，为引入社会力量参与涉罪未成年人刑事诉讼过程提供了一定的法律依据。2018 年《关于构建未成年人检察工作社会支持体系合作框架协议》明确提出“未成年人检察工作社会支持体系”这一概念，明确了未成年人检察与社会服务合作的基本架构，依托 12355 青少年服务台、青少年社会工作服务机构或者未成年人司法社会服务中心等专门机构，“一门受理”检察机关、共青团委派的工作及委托提供的相关社会服务，逐步实现实体化注册、专业化运作，共同推动未成年人检察工作社会支持体系建设，标志着我国未成年人司法社会支持体系建设进入新的发展阶段。2020 年《未成年人保护法》首次对社会力量协助司法机关做好未成年人保护工作作出规定。其中第 10 条将协助的义务主体从“共产主义青年团、妇女联合会、工会、青年联合会、学生联合会、少年先锋队以及其他有关社会团体”扩大到“共产主义青年团、妇女联合会、工会、残疾人联合会、关心下一代工作委员会、青年联合会、学生联合会、少年先锋队以及其他人民团体、有关社会组织”，吸收更多的人民团体和社会组织参与未成年人保护工作。针对目前存在的各地社会力量

---

① 参见高玥:《社会支持理论的犯罪学解析与启示》，载《当代法学》2014 年第 4 期，第 50 - 58 页。

发展不平衡、专业社工机构培育不足等问题，《未成年人保护法》第99条规定："地方人民政府应当培育、引导和规范有关社会组织、社会工作者参与未成年人保护工作，开展家庭教育指导服务，为未成年人的心理辅导、康复救助、监护及收养评估等提供专业服务。"第116条规定："国家鼓励和支持社会组织、社会工作者参与涉及未成年人案件中未成年人的心理干预、法律援助、社会调查、社会观护、教育矫治、社区矫正等工作。"这些规定既明确了地方人民政府有义务培育、引导和规范有关社会组织、社会工作者参与未成年人保护工作，也规定了社会力量参与涉未成年人刑事诉讼过程的具体环节和任务，为进一步健全社会支持体系建设提供了法律依据。2020年修订的《预防未成年人犯罪法》规定了共青团、关工委等各类人民团体和社会组织有协助做好预防未成年人犯罪工作，为预防未成年人犯罪培育社会力量、提供社会支持的义务。其中第9条规定："国家鼓励、支持和指导社会工作服务机构等社会组织参与预防未成年人犯罪相关工作，并加强监督。"虽然相关规定比较原则，但其就社会力量参与预防未成年人犯罪工作迈出了有法可依的一大步。

未成年人司法以未成年人为主要工作对象，以帮助涉案未成年人顺利回归社会为基本任务，在办案的同时，尽力帮助受到犯罪侵害的未成年人尽快走出困境、正常生活，同时也要对涉嫌犯罪的未成年人进行教育挽救，促进其走上正途、回归社会。为此，就需要开展必要的社会调查、心理干预、人格甄别、行为矫正、社会观护、技能培训等工作。这些工作的开展，不仅会耗费大量的时间、精力，还需要具备相关的经验和专业的知识，如果仅由公安司法机关来开展这些工作，原本就承受着案多人少压力的未成年人司法队伍不仅精力上无法保障，在专业性、帮扶效果等方面也难以达到预期的效果。而高质量地做好这些工作，离不开社会力量，尤其是专业力量的支持，以弥补司法人员知识结构的局限性与人力资源的有限性，共同帮助涉罪未成年人、救助未成年被害人，使其顺利回归正常社会生活，形成未成年人保护合力，提升工作质效。拥有健全的社会支持体系，已成为成熟未成年人司法制度的特殊内容和重要标志。①

二、未成年人检察社会支持体系建设的主要内容

从上述法律、司法解释及相关政策规定来看，未成年人检察社会支持体系的概念和内涵并非一蹴而就，而是在实践中不断探索改进完善，逐渐发展、明晰。从新修订的《未成年人保护法》和《预防未成年人犯罪法》来看，未成年人检察社会支持体系建设，不再局限于涉罪未成年人刑事诉讼程序，更基于未成年人的长远发展，覆盖到临界预防、困境儿童保护等多个环节。

从未成年人检察社会支持体系提出的背景、发展的历程来看，未成年人检察社会支持体系的提出和发展与未成年人检察工作的专业化、规范化的发展相辅相成、相互促进。对涉罪未成年人的精准帮教、对受害未成年人的帮扶救助以及开展临界预防、困境儿童保护等，需要社会力量尤其是专业力量的介入，弥补检察机关在帮教过程中存在的资源不足、人力有限、知识局限等问题。社会力量参与未成年人检察工作高度契合了未成年人检察工作的目的，都是为了促进涉案未成年人顺利回归社会。因此简单来说，在现有法律框架下，未成年人检察社会支持体系可以表述为，在未成年人检察工作中，通过链接各类社会资源、搭建协作平台，推动政府及其职能部门、各类人民团体、社会组织、专业力量及其他社会爱心力量共同加入，通过社会调查、观护帮教、心理干预、司法救助等多种方式帮助涉案未成年人回归社会。

首先，从社会支持体系服务的对象来看，随着未成年人检察工作的

① 参见张鸿巍、果晓峰：《未成年人司法社会支持体系之回顾、反思与建构——基于服务集成的视角》，载《青少年问题研究》2020年第2期，第98-105页。

深入发展，服务对象从最初的涉罪未成年人，逐步延伸到未成年被害人，再到有严重不良行为未成年人以及留守儿童、困境儿童等特殊群体，切实做到了对未成年人的全方位司法保护。

其次，从社会支持体系的主体来看，主要包括共产主义青年团、妇女联合会、关心下一代工作委员会、青年联合会等群团组织；青少年事务服务中心、社工机构等涵盖心理咨询师、社会工作者等专业的社会组织和社会力量；居委会、村委会等基层群众自治组织；企业、志愿者等爱心主体等。这些主体的专业化程度不同，在未成年人检察工作中发挥的职能各有不同、各有侧重，共同形成了保护涉案未成年人的爱心力量。

最后，从介入的范围和阶段来看，目前社会力量参与未成年人检察工作开展帮扶救助的形式多样。主要包括：（1）参与社会调查。实践中，社工等专业力量介入对涉罪未成年人开展社会调查亦渐成常态，推动了这一制度的真正落实。（2）作为合适成年人在场。在询问、讯问、审判时，邀请合适成年人到场，亦是实践中广泛落实的制度，有力地保护了未成年人在诉讼过程中的合法权益。（3）作为取保候审阶段的合适保证人。该制度在2020年《预防未成年人犯罪法》中被明确，确保在本地没有住所地的涉罪未成年人能够得到平等的处遇。（4）对涉罪或受害的未成年人进行心理干预，开展心理咨询、心理测评等专业服务。（5）对附条件不起诉的涉罪未成年人在考验期内的考察教育和跟踪帮教。（6）对不捕、不诉等非羁押的涉罪未成年人开展观护帮教。（7）临界预防过程中开展心理干预和跟踪帮教。（8）对监护失职的监护人开展家庭教育指导等。（9）对性侵被害人的救助及转学安置等帮扶救助。（10）刑事和解阶段帮助修复社会关系等。

三、未成年人检察社会支持体系建设的实践探索和发展完善

自1986年上海市长宁区人民检察院成立全国第一个少年起诉组至

今，未成年人检察工作走过了30多年的发展历程。在这一历程中，未成年人检察社会支持体系和未成年人检察工作相伴而生、共同促进、共同发展。自从20世纪80年代开始，未成年人检察工作在萌芽、探索阶段，就提出了“司法保护一条龙”和“社会保护一条龙”建设相结合的思路。主要是加强与综治、共青团、关工委等相关职能部门和社会组织的联系与衔接，邀请热心未成年人保护工作的干部群众、“五老”（老干部、老战士、老专家、老教师、老模范）等社会力量参与未成年犯罪嫌疑人帮教和犯罪预防工作，共同构筑未成年人犯罪的综合防控和教育挽救体系，产生了积极效果。2000年后，未成年人检察工作逐步进入发展、深化阶段，各地检察机关主动探索尝试了社会调查、合适成年人、社会观护、附条件不起诉、心理矫正、法律援助、刑事和解、羁押必要性审查等一系列特殊检察制度，对社会支持体系建设提出了更高的要求，一些地方检察机关开始探索引入社会工作者、心理咨询师参与未成年人检察工作，有的还利用爱心企业、社区服务站等建立起涉罪未成年人观护基地。一方面，社会专业力量的介入提高了检察机关办理未成年人案件的专业化水平；另一方面，未成年人检察专业化需求也推动了社工队伍等专业力量的发展。

2012年以后，最高人民检察院进一步加强对未成年人检察工作的顶层设计，并逐步强化了未成年人检察社会支持体系建设。2012年，全国第一次未成年人刑事检察工作会议提出，要大力促进政法机关办理未成年人刑事案件配套工作体系和未成年人犯罪社会化帮教预防体系建设。2016年，全国未成年人检察工作30周年座谈会提出，要大力推进未成年人检察专业化、规范化、社会化建设的发展思路，把未成年人检察社会化建设放在与专业化规范化建设同等重要的位置来谋划和推进。[①] 2018年《关于构建未成年人检察工作社会支持体系合作框架协议》，明

---

① 参见席小华、史卫忠：《建构未成年人司法社会支持体系的理论框架与实践路径》，载《预防青少年犯罪研究》2020年第5期，第25－37页。

确提出了“未成年人检察工作社会支持体系”这一概念，标志着未成年人检察社会支持体系进入快速发展阶段。2018 年 10 月，最高人民检察院在上海召开全国未成年人检察社会支持体系建设座谈会，总结各地检察机关经验做法并提出新的部署要求。2019 年 4 月，最高人民检察院和共青团中央经过评审确定在北京市海淀区等 40 个地区开展未成年人检察社会支持体系建设试点，推进未成年人检察社会服务机构实体化运转。2019 年 12 月，双方共同举办未成年人检察社会支持体系建设工作推进暨专题培训班，同时委托首都师范大学研发未成年人司法社会工作标准。2020 年 8 月，最高人民检察院第九检察厅联合共青团中央维护青少年权益部、首都师范大学北京青少年社会工作研究院开展《未成年人司法社会工作服务》国家标准制定阶段总结，并依托 7 个省份的未成年人检察社会支持体系试点单位开展服务标准试行工作。按照“试点引路，示范带动”的思路，2020 年 10 月，两家部署开展未成年人检察社会支持示范建设单位创建工作，围绕强化联动、搭建平台、规范流程、实施项目、完善保障等目标及框架协议有关任务，开展示范单位建设工作，以进一步积累经验，培养社会专业支持力量，完善服务机构，推动整个未成年人司法社会支持体系建设取得实质性的发展和进步。2021 年 2 月，《未成年人司法社会工作服务规范》国家标准试行工作全国总结会召开，对国家标准试行工作整体情况和取得的成效进行总结，并对标准的后续宣传贯彻工作作出安排，以期推动未成年人司法工作社会支持体系进一步完善。2021 年 10 月，最高人民检察院与共青团中央共同下发《关于开展全国未成年人检察工作社会支持体系示范建设的通知》，决定以未成年人检察工作社会支持体系建设试点单位为基础，以发挥示范引领作用为目标，自 2021 年 11 月至 2022 年 10 月在 80 个地区开展为期一年的未成年人检察工作社会支持体系示范建设，确定了示范建设标准，提出了示范建设要求，明确了示范建设目标，有利于推动社会支持体系建设长远健康发展。

需要指出的是，在下一步加强社会支持体系机构等硬件建设的同时，更需要完善社会支持体系的系统建设。一是未成年人不良行为早期干预社会支持系统。对存在一定不良行为、尚无司法干预必要的未成年人，应当建立早期干预体系，由家庭、学校、社区和行政机关进行干预，既起到过滤作用，减轻司法负担，又避免司法过早干预的弊端，如轻微校园欺凌事件处理、轻微不良行为学生校内转化等机制。二是涉案未成年人诉讼需求社会支持系统。未成年当事人的法定诉讼权利，如果脱离社会支持，往往会落空。如合适成年人到场，要有专门的合适成年人队伍予以支撑；依法少捕慎诉，要有社会观护体系提供必要的取保候审和帮教条件作为基础。三是涉案未成年人教育矫治和保护救助需求社会支持系统。少年司法人员能力、精力、资源有限，不可能也没有必要搞“全能司法”，应当将教育矫治和保护救助需求交给社会力量来完成。例如，未成年人的心理干预，应当交由社会化的专业机构和人员来开展。四是未成年人罪错和被害预防社会支持系统。司法机关在办案中发现未成年人罪错或被害案件背后存在社会治理问题的，不能越俎代庖，只能向相关政府职能部门提出完善社会治理的建议，需要有相关机制来确保落实。例如，针对娱乐场所招揽未成年人入内引发的罪错或被害案件，只有依托政府综治体系，才能形成治理合力和长效机制，创新社会治理。①

① 参见孙谦：《关于建立中国少年司法制度的思考》，载《国家检察官学院学报》2017年第4期，第3－18页。

第六章　检察视角下完善我国未成年人司法制度的对策建议

总结回顾我国未成年人司法制度的发展历程不难看出，未成年人检察已然成为我国未成年人司法制度极其重要的组成部分，通过各项检察职能在未成年人司法领域全过程的充分履行，引领着我国未成年人司法制度的发展，从某种意义上讲，也正是未成年人检察的不断探索创新推动形成了有别于西方国家以少年法院为中心，而以未成年人检察为中心的中国特色未成年人司法制度。从检察视角看，完善我国未成年人司法制度，就要牢牢把握未成年人司法的规律与理念，并结合中国司法体制的实际，在原有制度基础上进行有效调整与构建。首先，把握好借鉴与吸纳的关系。立足我国国情，充分考虑我国政治体制、法律制度、文化传统、社情民意等实际情况，吸纳既往成功经验，进一步发挥未成年人检察在未成年人司法中的重要职能作用。适当借鉴域外及其他地区先进做法，有条件地吸收借鉴域外经验、制度、理念，避免照猫画虎、囫囵吞枣，保留具有中国特色的未成年人司法制度，[①] 构建具有中国特色的未成年人司法模式。其次，把握好宏观与微观的关系。宏观上要从最有利于未成年人原则的高度，对未成年人司法的运行模式、机制进行整体考量，循序渐进构建相对完善的、可持续发展的未成年人司法制度，切实提高未成年人司法保护水平。微观上要从具体的未成年人司法特殊制度的设计、衔接与落实上着手，注重从薄弱的地方突破，进一步统一司

---

① 参见孙谦：《关于建立中国少年司法制度的思考》，载《国家检察官学院学报》2017 年第 4 期，第 3 – 18 页。

法理念，逐渐使制度成为刚性，成为相互配套、环环相扣、有机联系的整体。最后，把握好短期与长远的关系。从短期来讲，可以在充分调研的基础上，通过对现有法律体系的修订完善来提高未成年人司法的针对性和可操作性。从长远来看，通过制定专门未成年人司法法，与成人司法区分开来，将涉未成年人犯罪的程序法、实体法乃至涉未成年人民事诉讼、公益诉讼等法律规定均纳入其中，形成一套完整的、独立的、系统的未成年人司法制度体系。

第一节 “保护·惩罚·福利·协作”司法模式的构建

一、“保护·惩罚·福利·协作”司法模式的内涵

从前文对域外少年司法的主要模式和发展的介绍来看，世界各国基本都根据各自国情、司法传统、司法制度选择构建了各有特色的少年司法模式，同时相互借鉴，不断发展。不同的司法模式从根本上体现了各国少年司法传统、理念、制度的差异，也推动着各国少年司法制度的不断完善。如前所述，我国的未成年人司法模式近几十年可以概括为经历了初期的“惩罚·教育”模式、发展中的“社会·司法”模式和“福利”模式的嵌入。但发展到今天，应该说仍未定型。借鉴域外少年司法模式的发展，结合我国司法传统和国情，笔者认为中国特色未成年人司法模式应是一种综合性的司法模式，单一的惩罚或保护或福利都不足取，具体说应构建集保护、惩罚、福利、协作为一体的“保护·惩罚·福利·协作”未成年人司法模式。

所谓“保护”，是指办理涉未成年人案件司法机关应当加强对未成年人利益全方位、多角度的综合保护。这是一种广义的保护，包括特殊保护、优先保护、双向保护等，同时也体现在惩戒、福利、协作等过程

中。在保护罪错未成年人方面，尊重罪错未成年人处置规律，设置独立的未成年人司法体系，避免进入与成年人无异的司法系统给未成年人造成难以弥补的负面影响。采取合适的分级干预措施，精准惩戒、矫治、帮教涉罪未成年人，疏导、矫正其不良心理，帮助未成年人实现再社会化，避免重新犯罪。坚持个别处遇、因案施策，预防不良行为、严重不良行为的未成年人实施犯罪，加强提前干预，避免向更为恶劣的方向发展。在保护未成年被害人方面，提高对未成年被害人权益保护的重视，对遭受侵害的未成年被害人进行有效的保护救助，包括经济赔偿、司法救助、心理疏导、身体救治、精神抚慰、转学就业等方方面面的救助。坚持让专业的人做专业的事，通过社会支持体系的完善、“一站式”办案区的建立与使用、财政资金的更多投入等，引入更多专业力量向未成年被害人保护倾斜，提供更为多元、综合的救助，将恢复性司法的理念体现到对未成年被害人人道主义关怀和帮扶中。

所谓“惩罚”，是指对罪错未成年人依法宽容不纵容，采取符合未成年人身心特点的、罪责相适应的惩戒处罚手段，根本目的还是促进未成年人改过自新。一方面，坚持教育为先，刑罚相符。充分考虑未成年人的特殊性，既要保持未成年人司法制度必要的刚性，也要转变传统以刑罚为中心的惩戒手段，加强对未成年人的教育、感化、挽救，从内部强化未成年人对自身违法犯罪行为的深刻认识和服从教育、改造的必要性，突出惩罚的特殊预防功能。另一方面，减少羁押手段，注重量刑区分。避免采取不必要的羁押手段，对于犯罪情节较轻、社会危险性不大的未成年人，可以通过取保候审、纳入观护基地等方式，有利于提高矫治教育的效果，为其回归社会提供更多可能性。对于确有必要羁押的，应当根据案件进展情况及时动态调整。对于未成年人的刑事处罚的种类与幅度，有必要进一步与成年人进行区分，比如可以设置社会服务令、保护处分等类型的刑罚，降低减刑的条件，严格落实未成年人犯罪记录封存制度等，尽可能促使罪错未成年人更好地回到正途。

所谓“福利”，是指将“儿童福利”理念贯穿于未成年人司法的全领域。强化司法机关办理涉未成年人案件要最大限度避免和降低司法活动给他们带来的不利影响，帮助他们尽快回归正常生活。未成年人成长过程中容易受不良因素或社会环境影响，可能遭受到各种伤害，包括身体与心理的伤害、物质与精神的剥削、轻微乃至严重的权益损害等。基于最有利于未成年人原则，司法程序中要采取适合未成年人身心特点的方式方法，如由专业的人员办理、在更为儿童化的环境中讯问和询问、设置专门的案件流转程序等。注重保护未成年人的受教育权等合法权益，妥善解决监护侵害、监护缺失等家庭问题，通过关爱的、相对缓和的方式达到司法保护的良好效果。在未成年人司法的犯罪预防方面，注重加大社会资源的投入，降低未成年人误入歧途的可能性。比如，禁止未成年人吸烟、饮酒，严防未成年人遭受家暴或性侵，对未成年人工作的年龄和允许从事的行业规定较为明确的条件，对影视剧进行级别划分等，都是预防未成年人犯罪的有效举措。我国在禁止未成年人文身、购买烟酒、游戏打赏等方面已有明确规定，有必要进行更加有力的探索，比如对未成年人从事电竞、影视、选秀等行业有必要进一步规范，在全社会、多领域为未成年人构筑起更为严密的保护网。

所谓“协作”，是指在未成年人司法保护过程中，加强司法部门与民政、教育等政府部门、社会团体、学校家长等主体的合作配合。落实《未成年人保护法》相关规定，推动“六大保护”有机融合，才能找准未成年人涉罪或被害的症结所在，实现未成年人的社会化进程，促进未成年人保护社会治理。统筹家庭、学校、社会、民政部门和司法机关的联系与配合，共同构建社会化综合保护体系，汇集全体力量保护未成年人。[①] 就检察机关来说，不能简单地就案办案，更要加强与有关部门的沟通协作，推动进一步凝聚共识，建立协同保护机制，建设更加完备的

① 参见孙谦：《中国未成年人司法制度的建构路径》，载《政治与法律》2021 年第 6 期，第 2－14 页。

社会支持体系，解决社会治理的痛点、难点问题。各级政府机关也应持续建立完善的未成年人保护工作领导机制，统筹各方力量，建立常态化联席会机制，对于常见多发的未成年人保护漏洞高位推动出台相关制度，对于个案反映的问题制定专门帮扶方案，彰显未成年人保护工作力度与温度。涉案未成年人的家长、学校、社区等，对未成年人更好地回归学业和家庭生活也发挥着至关重要的作用，司法程序中应注重引入相关人员参与，通过家庭教育指导、法治进校园、进社区等工作，提高对关爱未成年人的重视，强化相关主体的责任意识。

只有将保护、惩罚、福利、协作融会贯通于未成年人司法运行模式中，才能发挥未成年人司法最大的功能价值，最大限度地在未成年人司法中体现“儿童利益最大化”。因此，应积极推进“保护·惩罚·福利·协作”未成年人司法模式在我国的构建和完善。

二、“保护·惩罚·福利·协作”司法模式的运行机制

“保护·惩罚·福利·协作”司法模式，既体现出办理涉未成年人案事件的优先顺位，又较为全面、立体地呈现了处理未成年人司法事项时的各种方式，即坚持以最有利于未成年人原则为统领，以保护为先导，以惩罚为补充，以福利为支撑，以协作为路径，在维护好涉案未成年人权益的同时，也兼顾社会秩序和公共利益。可以将这一司法模式的运行机制简要概括为“保护优先、惩罚为辅、福利贯通、协作增效”。

（一）保护优先

保护优先，即面对涉及未成年人案事件，优先采取保护措施。一方面，对于侵害未成年人案件“零容忍”，从严打击。对未成年被害人采取全面综合保护措施，从身体康复、心理疏导、司法救助等方面全方位保护，并切实保障未成年被害人的各项诉讼权利。另一方面，对未成年人犯罪，坚持“教育、感化、挽救”方针和“教育为主、惩罚为辅”

原则，对犯罪情节较轻的涉罪未成年人，依法少捕慎诉慎押，对于被羁押的，通过开展看守所监管活动监督，防止与成年人混管混押，避免交叉感染，并及时开展羁押必要性审查，实行全流程审查与审查起诉阶段必查相结合，及时变更强制措施，避免“一押到底”；对于犯罪情节轻微的可以作不起诉处理，对于需要判处 1 年有期徒刑以下刑罚的，可以依法适用附条件不起诉，设置 6 个月至 1 年的考验期，考验期内没有重新犯罪或者发现漏罪以及有其他严重违反监督考察规定情形的，考验期满就不再起诉；对被判处管制、宣告缓刑、假释和暂予监外执行的未成年人开展社区矫正，与成年人分别进行，并根据未成年社区矫正对象的年龄、心理特点、发育需要、成长经历、犯罪原因、家庭监护教育条件等情况，采取针对性的矫正措施；对于被判处监禁刑的未成年人与成年人分开执行，由专门的未成年犯管教所执行刑罚，执行期间以教育改造为主，开展符合未成年人特点的劳动，且以学习文化和生产技能为主。可以看出，对涉罪未成年人的保护涵盖了侦查、检察、审判、执行等刑事诉讼全过程。

除了全流程保护，在刑事诉讼中，还采取了一系列加强保护的特别程序和制度。比如，根据《刑事诉讼法》《未成年人保护法》的规定，讯问未成年犯罪嫌疑人、被告人，应当依法通知其法定代理人或者其成年亲属、所在学校的代表等合适成年人到场，并采取适当方式，在适当场所进行，保障未成年人的名誉权、隐私权和其他合法权益。办理未成年人刑事案件，根据情况可以对未成年犯罪嫌疑人、被告人的成长经历、犯罪原因、监护教育等情况进行调查。最高检 2017 年制发的《未成年人刑事检察工作指引（试行）》进一步明确，对于未成年人刑事案件，一般应当进行社会调查，并作为审查逮捕、审查起诉、提出量刑建议以及帮教等工作的重要参考。同时规定了亲情会见、心理测评与心理疏导等特殊保护措施，以实现更全面、专业的保护。为统筹保护未成年人刑事、民事、行政权益以及公共利益问题，最高检自 2018 年开始试点，2021 年全面推开未成年人刑事、民事、行政、公益诉讼“四大检察”业务集中统一办理，要求各级检察机关强化系统审查意识，在涉未成年人案件办理中综合审查有无犯罪侵害发生、是否涉嫌刑事犯罪；确认为刑事案件的，同时研判涉案未成年人民事、行政权益及公共利益是否遭受损害，更加注重系统维护未成年人合法权益。

（二）惩罚为辅

惩罚为辅，即针对未成年人严重案事件，当保护无法或难以奏效时，惩罚成为必要手段。对于罪错未成年人特殊保护、优先保护，并不意味着一味保护，教育、管束不可或缺，惩罚也是另一种形式的教育挽救。体现在刑事追诉方面，就是要遵循宽严相济的刑事政策。一些未成年人法治意识淡薄，缺乏对法律最起码的尊崇和敬畏，以至于走上违法犯罪道路。

对于未成年人严重刑事犯罪，该追诉的必须依法惩治，让涉罪未成年人明白违法就要付出代价，同时也教育社会、家长、广大未成年人不断增强法治意识，明辨是非、引以为戒。据统计，2022 年检察机关批准逮捕未成年人犯罪 15462 人，起诉 26859 人，尽管随着不捕率、不诉率的逐年上升，批捕、起诉人数明显下降，但这恰恰体现了检察机关对绝大多数轻缓犯罪从宽的同时，对少数未成年人严重犯罪不纵容的态度，对于附条件不起诉期间犯新罪或者发现漏罪以及其他严重违反监督考察规定的，依法撤销附条件不起诉，2022 年又提起公诉 820 人，同比上升 38.1%。

对于低龄未成年人恶性犯罪，依法进行核准追诉，对于最高检决定核准追诉前以及决定不予核准追诉的，要求各地原则上送专门学校接受矫治教育，严加管束，使其不致继续危害社会。还有一些犯罪，比如盗窃惯犯已形成惯窃恶习，必须把管束落实到位。

究竟哪些犯罪可以从宽，哪些应当依法惩治，同一种犯罪什么情形需要从宽、什么情形需要从严，需要因案施策，因人而异，把个案情况吃透，根据涉案未成年人成长环境、不同犯罪心理、认罪悔罪情况，将党和国家统一规范的未成年人犯罪惩教方针、原则个别化，精准运用到每一个案件办理实践中。

（三）福利贯通

福利贯通，即不论如何处理，福利措施应当予以及时保障。这种福利贯穿于涉未成年人案事件全过程、各方面，既包括对罪错未成年人的教育挽救，也包括对未成年被害人的关爱救助，同时还包括推动建立一系列制度机制预防和减少未成年人遭受侵害。

其一，在促进涉罪未成年人回归社会方面，《刑事诉讼法》第 286 条规定，对被法院判处五年有期徒刑以下刑罚以及被检察机关作不起诉处理等未成年人的犯罪记录予以封存，除司法机关为办案需要或者有关单位根据国家规定进行查询外，不得向任何单位和个人提供。针对实践操作标准不一，未成年人犯罪记录被泄露情况时有发生的问题，2022 年 5 月，最高检联合最高法、公安部、司法部出台《关于未成年人犯罪记录封存的实施办法》，就未成年人犯罪记录封存工作的具体标准和操作程序等进行全面细化，做到封存内容力求全面、封存措施力求有效、查询程序力求严格、责任追究力求到位，助力涉罪未成年人轻装上阵，重新回归社会。修订后的《未成年人保护法》第 113 条第 2 款进一步明确“对违法犯罪的未成年人依法处罚后，在升学、就业等方面不得歧视”，畅通了涉罪未成年人回归社会通道。

其二，在关爱救助未成年被害人方面，除了依职能开展司法救助，还需协调教育、民政、司法行政等部门提供复学就业、身体康复、经济帮扶、心理干预、法律援助等多元化综合救助。为避免在侵害未成年人犯罪案件办理中因反复询问或因询问方式不当造成未成年被害人“次生伤害”，检察机关还联合公安机关、妇联等共建“一站式”办案救助机制，在“一站式”办案场所，一次性完成询问、人身检查、生物样本采集、侦查辨认等取证工作，并同步开展法律援助、心理疏导、医疗救治、司法救助等。

其三，在构建相关制度机制方面，根据修订后的《未成年人保护法》规定，办案机关及任何组织和个人不得披露有关案件中未成年人的姓名、影像、住所、就读学校以及其他可能识别出其身份的信息；法律援助机构应当指派熟悉未成年人身心特点的律师为未成年人提供法律援助服务，从隐私保护、权益维护方面进行专门强调。修订后的《未成年人保护法》吸纳了检察机关联合相关部门建立的侵害未成年人案件强制报告制度、入职查询制度，其第 11 条通过赋予国家机关、居民委员会、村民委员会、密切接触未成年人的单位及其工作人员的额外义务，保障受到侵害的未成年人及时获得帮助的权利。第 62 条规定拒绝具有性侵害、虐待、拐卖、暴力伤害等违法犯罪记录人员进入密切接触未成年人的单位工作，进而设置未成年人健康成长的保护屏障。

（四）协作增效

协作增效，即通过协作提升保护质效。协作机制根源的意义在于，涉未成年人犯罪不仅是重要的司法问题，更是突出的社会问题，社会问题需要整个社会参与解决。实践表明，各类涉未成年人犯罪无不与未成年人保护法律制度和相关主体的保护责任落实密切相关。

《未成年人保护法》确立了家庭、学校、社会、网络、政府、司法“六位一体”的未成年人保护大格局，国务院专门成立未成年人保护工作领导小组，带动省、市、县三级未成年人保护工作领导小组全覆盖，加强统筹协调和督促指导，共同把未成年人保护工作做得更实。比如，针对文身行业归属类别不明、主管部门不清、法律依据缺失、社会治理共识不够以及未成年人自护能力不足等困难和问题，最高检总结地方经验，组织召开推进未成年人文身治理研讨会，结合办案、调研情况，向国务院未成年人保护工作领导小组专题报告，提出明确行业主管部门、完善相关法律法规、开展未成年人文身问题专项治理等工作建议，引起高度重视。2022年6月，国务院未成年人保护工作领导小组办公室出台《未成年人文身治理工作办法》，明确规定任何企业、组织和个人不得向未成年人提供文身服务，从源头上解决此类问题。以检察机关为视角，可以看出协作对于促进未成年人保护的重要性、必要性。

近年来，检察机关坚持监督不替代、到位不越位，以司法保护、能动履职助推家庭、学校、社会、网络、政府保护形成“化学反应”，让“1+5>6=实”。比如，在融入家庭保护方面，会同全国妇联、中国关工委印发《关于在办理涉未成年人案件中全面开展家庭教育指导工作的意见》，并发布典型案例，创新建立“督促监护令”制度，有力促进“甩手家长”依法带娃。在融入学校保护方面，会同教育部制发专门规定，推动全国4万余名检察官在近8万所学校担任法治副校长，实现四级检察院检察长全覆盖，编写出版图文并茂的《未成年人保护法律全书》，连续七年联合中央广播电视总台制作播出未成年人法治教育节目《守护明天》，以中小学生喜闻乐见的方式促进学法、懂法、守法。在融入社会保护方面，与共青团中央签署合作框架协议，持续加强未成年人检察工作社会支持体系建设，会同民政部、共青团中央制定首个《未成年人司法社会工作服务规范》国家标准，倡导、支持社会组织和社会工作者参与未成年人保护工作。在融入网络保护方面，针对一个时期以来的网络乱象，2020年向工业和信息化部发出“六号检察建议”，抄送公安部等部门，促请、配合相关部门净化未成年人成长网络环境。在全面融入政府保护方面，积极履行国务院未成年人保护工作领导小组成员单位职责，推动将司法保护纳入未成年人保护工作要点及重点实事共抓落实，会同民政部推进基层检察机关与民政部门开展未成年人保护深度合作试点，加大未成年人监护保障、关爱帮扶力度，打通未成年人保护“最后一公里”。

第二节　立法展望

一、长期目标——制定专门的未成年人司法法

从世界各国经验来看，成熟的未成年人司法机制的重要标志，就是将涉未成年人犯罪及其审理程序从成人刑事司法中抽离出来，制定专门的法律明确未成年人司法程序。从长远来看，有必要在我国制定一部独立的未成年人司法法，使之与未成年人保护法以及以后条件成熟时制定的未成年人福利法形成“三足鼎立”的未成年人法律体系。制定未成年人司法法的重要意义在于，通过解除未成年人司法在成人司法相对定型的模式中的诸多限制，充分体现对未成年人利益的保障，将“教育为主、惩罚为辅”等刑事政策落实到位，进而实现对未成年人的全面综合司法保护。具体而言，考虑到我国关于未成年人司法保护的专门条款散见于《刑法》《刑事诉讼法》《治安管理处罚法》《社区矫正法》《未成年人保护法》《预防未成年人犯罪法》等相关法律中，且均属于正在适用中的法律，建议在充分调研论证的基础上，在条件成熟时，将相关法律条文加以整合，并进一步细化、完善，加以改造，制定体现未成年人司法规律、具有可操作性的特别程序相关制度、条文，形成一部集组织法、实体法和程序法于一体的未成年人司法法。这部法律应当既能处理未成年人犯罪行为，也能处理未成年人违法行为，同时对未成年人民事、行政、公益诉讼等相关司法程序有所体现。笔者认为，构建一部综合性的未成年人司法法，要重点健全和完善以下几项制度。

（一）建立未成年人保护处分制度

对未达到刑事责任年龄的违法未成年人、实施严重不良行为的未成

年人以及依法不予刑事处罚的罪错未成年人，设置具有强制性的管束矫治措施，衔接刑罚与放纵之间的空白地带，对未成年人的不法行为应管束尽管束。保护处分不同于行政处罚或刑事处罚，是一种非刑罚化、非监禁化的处遇措施，不是针对违法犯罪行为的制裁，而是通过干预解决未成年人的心理行为偏常问题，既具有保护的特点，又有处分的内涵。具体包括训诫、管教、督促家长管教、专门教育、专门矫治教育等方面措施，健全观护基地、专门学校等专业机构，由社会化、专业化的专门人员进行处置，增加未成年人司法干预手段，扩大未成年人司法的适用范围与处遇效果。

（二）完善未成年人刑事处罚制度

尽量减少羁押性强制措施和监禁刑的适用，最大限度减少交叉感染，避免对罪错未成年人标签化，为社会化帮教和回归社会创造良好条件。明确检察机关的先议权，进一步发挥检察机关诉前分流的作用，设置未成年人涉嫌犯罪更严格的逮捕标准，适当降低不起诉、附条件不起诉的条件。在刑事诉讼全过程中建立分流制度，审前严格分管分押，审中尽量分案办理，判决后刑罚分开执行，有必要退出刑事司法程序的及时退出，为流向保护处分、社会帮教创造机会，强化未成年人司法的教育挽救功能。从严落实未成年人犯罪记录封存制度，对违反相关规定的主体，依法进行处理，确保制度的刚性。将未成年人刑罚执行与成人进行区分，定期对未成年人进行羁押必要性审查，限定数罪并罚的执行上线，对采取减刑、假释等措施的条件进一步放宽，完善刑罚执行期间的特殊处遇措施。

（三）健全未成年人监护干预制度

家庭教育因素往往是未成年人犯罪案件的重要诱因之一，因此，要注重消除未成年人违法犯罪的家庭教育诱因，实现国家监护的替代功能，深化责任加强管教和家庭教育指导制度，对监护缺失较为严重或监护能力存在重大缺陷的罪错未成年人家长，责令其加强管束教育，必要时要求其接受指定时间、地点和内容的家庭教育指导，从家庭前端提升预防未成年人犯罪的效果。随着《家庭教育促进法》的颁布和施行，我国构建了家庭主责、国家支持、社会协同的家庭教育体系，对包括检察机关在内的司法机关的职责作用作出了明确规定。① 但是在司法实践中，家庭教育指导仍然存在刚性不足、有关部门重视不够等问题。比如，按照最高人民检察院、中华全国妇女联合会、中国关心下一代工作委员会《关于在办理涉未成年人案件中全面开展家庭教育指导工作的意见》要求，对涉未成年人案件全面开展家庭教育评估，对存在教育主体意识不强、教育方式不当、法治意识淡薄等突出问题的，强制开展家庭教育指导。但地方检察机关在落实上存在差异，有关单位对相关规定参与和了解不足，尚未形成部门协同联动的成熟机制，有待进一步统一司法理念，加强协作配合。此外，建立严重监护失职家长的监护权转移机制，民政部门可以根据司法机关及其他利害关系人申请，决定将涉案未成年人家长的监护权临时转移给其他相关人员或部门。必要时，可以支持当事人起诉撤销监护权。

（四）完善未成年被害人综合救助机制，加大司法保护救助力度

健全“一站式”办案制度，尽量一次性完成询问、身体痕迹采集、伤情鉴定等取证活动，保证法定代理人或合适成年人、心理咨询人员等到场。完善司法救助金制度，进一步明确和统一司法救助的资金来源、发放主体、适用对象、发放条件等，每年由政府部门编制财政预算，对

---

① 《家庭教育促进法》第 49 条规定：“公安机关、人民检察院、人民法院在办理案件过程中，发现未成年人存在严重不良行为或者实施犯罪行为，或者未成年人的父母或者其他监护人不正确实施家庭教育侵害未成年人合法权益的，根据情况对父母或者其他监护人予以训诫，并可以责令其接受家庭教育指导。”

未成年被害人司法救助专项拨款，司法机关在案件办理过程中提出救助方案，申请救助金额并进行支付。对于不同类型案件设置不同的发放标准和数据，比如对遭受性暴力等恶劣影响的未成年受害人，可以适当提高救助的金额。进一步完善未成年被害人法律援助、心理评估干预、司法救助等制度。适当扩大救助保护的范围，比如因目睹家庭暴力行为或目击人身伤害类刑事案件而身心受到重创的未成年证人等，以及在未成年被害人死亡的案件中，对身心遭受重大创伤的家属进行相应心理辅导等。完善未成年人出庭保护制度，对于必须出庭的未成年人，可以进行远程询问，并对声音、容貌做技术性处理，注重询问方式的柔性等。

（五）建立综合性未成年人司法制度

总结检察机关未成年人检察业务集中统一办理的成功经验，突破传统的以刑事司法为主的未成年人司法体制，探索逐步将涉未成年人民事、行政、公益诉讼相关规定一并纳入未成年人司法法范围。未成年人刑事案件中往往一并伴随着涉未成年人民事、行政、公共利益等权益，且与成年人相比，未成年人因法律意识有限、维权力量薄弱，在监护、教育、网络等社会关系中更容易受到侵害，更需要在司法程序中通过特殊的制度加强全面综合保护。随着检察机关在全国范围内开展未成年人检察业务集中统一办理工作，未成年人刑事、民事、行政、公益诉讼统一由司法机关专门部门、专业人员办理亦是大势所趋。比如，可以将未成年人刑事诉讼中的有关制度和经验做法引入未成年人民事、行政、公益诉讼程序中，包括心理疏导、家庭教育指导、保护令、禁止令、社会支持体系、社会调查等，注重在案件办理过程中充分听取未成年人意见，实现未成年人利益最大化。对于近年来发展较快的未成年人公益诉讼，要注重规范办案类型和方式，提高专业办案能力，完善诉前调查程序，提高调查手段的多样性、灵活性，找准切入口，注重诉源治理，提高公益诉讼的质效。

二、短期路径——现有法律体系的修订完善

基于现实考虑，构建系统而完善的未成年人司法法需要有较强的司法实践及理论支撑，需要长期研究与推动，因此在现阶段可以通过修订完善现有法律体系，进一步健全未成年人司法制度体系，在相关法律法规中对未成年人司法制度进行细化与扩充，待条件成熟后再推进立法。通过《预防未成年人犯罪法》《治安管理处罚法》《刑法》《刑事诉讼法》《社区矫正法》《监狱法》等法律法规的完善，共同构建我国未成年人罪错行为教育矫治体系。具体来说，可以在充分论证的基础上，对以下法律法规进行修订完善。

（一）针对未成年人不良行为、严重不良行为的分级干预体系

在《治安管理处罚法》中设立符合未成年人身心特点、具有教育矫治功能的特殊处遇措施，如对12周岁以上的未成年人适用训诫、参加社区劳动、转入观护基地等措施，对12周岁以下的未成年人适用责令加强管教等。

（二）以刑法修正案的方式，在《刑法》中设置“未成年人犯罪”专章

通过在《刑法》中增设“未成年人犯罪”专章，统一、全面、集中规定未成年人犯罪的特殊处遇制度。主要包括以下三方面内容：一是规定处理涉未成年人犯罪的基本原则。包括坚持最有利于未成年人原则，坚持“教育为主、惩罚为辅”原则和“教育、感化、挽救”方针，坚持特殊保护、双向保护、综合保护等。二是规定未成年人犯罪与刑事责任。刑事责任年龄设置12周岁、14周岁、16周岁、18周岁四个分段。对未成年人犯罪的认定及处罚要与成年人进行区分，比如对未成年人实施的情节轻微的盗窃、诈骗等非暴力行为，可不认定是犯罪，不进

入刑事诉讼程序，通过专门教育、保护处分等制度进行处理。未成年人构成犯罪的，如果能够采用非监禁刑罚措施进行教育改造的，优先适用非监禁刑，如司法警告、行为规范令、赔礼道歉令、教育矫治令、社会服务令、家庭教育令、转入专门学校等。适用执行刑罚特殊制度，包括认罪认罚从宽制度、不适用死刑、剥夺政治权利、罚金刑及没收财产，不构成一般累犯，规定适用缓刑、减刑与假释的特殊条件等。三是规定未成年人刑罚及犯罪记录的消灭，包括未成年人犯罪的追诉时效、犯罪记录封存、前科消灭、特赦等制度。

（三）完善《刑事诉讼法》“未成年人刑事案件诉讼程序”专章

完善逮捕程序和羁押替代措施，规定不公开宣判的条件，降低附条件不起诉的适用条件，扩大适用范围，建立暂缓判决制度以及对未成年被害人的特殊保护程序等。

（四）完善《社区矫正法》“未成年人社区矫正特别规定”专章

规定对社区矫正的未成年人实施动态评估、分级管理，设置个性化矫正方案，可以采取政府购买服务的方式提升社区矫正专业化水平，加强社区矫正专职社工和志愿者队伍建设，建立专业的未成年人社区矫正社工队伍。

（五）完善《监狱法》“对未成年犯的教育改造”专章

对未成年犯管教所的监管模式、人员配备、管理机制、教育方法、考评奖惩等方面作出更为明确、细化的规定，建立以教育改造为核心的考核机制，将义务教育和职业技术教育纳入教育改造方案。

（六）制定《专门教育法》

对专门学校的建设要求、入学程序、师资保障、分类管理、教育制度以及评价标准作出详细规定，明确专门教育与司法程序的衔接机制，推动专门学校的专业化、规范化建设。

（七）修订相关法律

根据新修订的《未成年人保护法》与《预防未成年人犯罪法》，对《义务教育法》《母婴保健法》《人民法院组织法》《人民检察院组织法》等涉及未成年人保护相关法律进行修订，适时制定未成年人福利法。

第三节　检察视角下未成年人司法特殊制度的完善

未成年人司法涉及的特殊制度较为庞杂，涉及公检法司方方面面，下文主要从检察视角择取几项与未成年人检察密切相关且在未成年人司法保护中具有重要意义的特殊制度提出完善建议。

一、未成年人观护制度

未成年人观护制度是指司法机关将符合条件的涉案未成年人，交由专门的组织和人员，开展观察、教育、矫正、监督、保护等工作，以达到改善行为、预防再犯、保证诉讼活动顺利进行的目的，并为司法机关处理提供依据的活动。未成年人观护制度在未成年人司法实践中具有极其特殊的地位，起着至关重要的作用，体现保护主义、恢复性司法理念，充分维护涉案未成年人的利益。虽然目前在检察机关的推动下我国已建立起一批观护基地，但是适用范围较小，主要适用于外来人员采取非羁押措施以及附条件不起诉工作观护帮教中，监护人无法尽到监护职责的情况下，由社区、社会组织承担相应的观护职能。完善我国未成年人观护制度，建议重点从以下四个方面构建。

（一）明确观护的适用范围

将观护帮教适用于有证据证明涉嫌犯罪，案件进入司法环节但无须采取羁押措施的所有未成年人。具体包括：被取保候审的；符合取保候审条件，但无法提供保证人或者保证金的；被附条件不起诉的；被相对不起诉的；以及其他可以纳入观护基地的未成年人。

（二）设置观护基地的建立条件

为提高观护主体的专业性，建议依托企事业单位、学校、社区、救助机构、社会团体、公益组织等设立观护基地。一般应当同时具备热心观护工作、有专门的观护场所、具有与观护工作相适应的人员与经济能力、具有相应的组织机构和管理制度等条件。同时，观护基地应当以满足观护帮教工作需要为标准，设立一定的专门场所，为学习教育、谈心谈话、心理疏导、技能培训以及开展适合未成年人身心特点的活动等提供便利。根据观护工作需要，观护基地可以下设若干观护点（站），方便观护对象就近参与日常观护活动。

（三）规定观护人员的选任标准

观护人员是指以观护基地为依托，对观护对象进行日常教育考察、帮教矫正的专（兼）职工作人员。主要包括观护基地工作人员、专业社工、共青团干部、教师、村（居）委会干部及其他热心未成年人保护工作的人员等。一般应当同时具备以下条件：品行良好、公道正派；熟悉未成年人身心特点，具有一定的社会阅历、专业知识及思想教育能力；自愿参与观护帮教工作；有固定的住处和收入。观护基地应当为每名观护对象成立专门的观护帮教小组，成员由观护人员组成，根据观护对象特点从中择优选任组长。观护对象为女性的，观护人员应当由女性成员担任。

（四）明确观护帮教工作的内容

观护帮教工作的内容主要包括：（1）教育考察。开展思想、法治教育，考察观护期间的行为表现和思想动态，及时掌握其日常活动情况；（2）心理矫治。通过谈心谈话、心理疏导和干预等，矫正认知偏差和心理问题，帮助其树立正确的人生观和价值观；（3）行为矫正。开展行为矫正工作，使游戏成瘾、赌博、酗酒等偏差行为戒除或得到有效矫治；（4）公益活动。组织参加与未成年人身心特点相适应的公益活动，培养其社会责任感；（5）学习培训。通过开展文化知识学习和劳动技能培训，使观护对象能够自食其力；（6）开展其他有益于未成年人身心健康的活动。

二、"一站式"办案救助制度

近年来，检察机关联合公安机关大力推动"一站式"办案救助机制建设，在刑事诉讼程序中争取对未成年被害人只询问一次，避免因反复询问而造成次生伤害。截至2022年9月，检察机关已在全国建设2053个"一站式"专门办案场所。其中，重庆、云南、江苏、上海、浙江等地均形成较为成熟的"一站式"办案机制和工作模式。①在"一站式"办案区，未成年被害人由熟悉未成年人特点的专业人员进行询问和取证，并为其提供医疗支援、心理疏导、经济救助、法律援助等救助措施，尽量减少未成年被害人在刑事诉讼程序中的精神压力和痛苦。但是，目前由于尚未出台关于"一站式"办案救助机制的规范性文件，各地在经济条件、办案理念、司法场所基础设置等方面也不同程度存在差异，因此在推动"一站式"办案区建设和适用的过程中难免会出现阻

---

① 参见《未成年人检察工作白皮书（2021）》，载《检察日报》2022年6月2日，第6版。

碍。比如，在位置选择上，有设立在公安局、派出所、医院、检察机关等情况；在办案区功能上，有的主要用于询问、取证，有的还可以同步进行心理咨询、医疗救助等工作；在检察官介入引导侦查上，有的地区案件量不多，案发后检察机关接到公安机关通知后，便深入“一站式”办案区介入取证等工作，有的则在案件办理过程中进行引导侦查。此外，由于公安机关少年警务队伍的建设不充分，一些办案区建成之后使用率不高、使用效果不好，专门人员也配备不足。因此，有必要进一步提高“一站式”办案救助制度的规范性，更大限度保障受侵害未成年人的权益。

（一）提高“一站式”办案救助工作的实效性

根据案件类型在“一站式”办案区设立性侵害、监护侵害、校园暴力等不同救助分区，有针对性地开展心理咨询、医疗救助、法律援助等工作，提高对未成年被害人的救助效果和专业化水平。比如，对于多发高发的性侵害案件，取证救助时应当充分考虑对未成年人身体、心理伤害的双重修复。对于经过专业评估后，有必要进行长期救助的未成年被害人，应当制订个性化的救助计划，指派专门机构进行长期跟踪，并向司法机关定期反馈救助效果，直至被害人能回归正常社会生活。

（二）完善“一站式”场所询问方式和措施

进一步规范“一站式”询问的程序，对常见多发犯罪类型，吸收心理专家意见，设置询问笔录提纲模板，在公安机关广泛推广使用。明确限制再次询问的条件，非因重要证据发生变化或者被害人要求补充重要证据事实等特殊原因，不得随意开展再次询问。为提高取证效果，在监护人或者合适成年人到场的情况下，可以探索允许相关专业救助人员在询问现场。比如，可以借鉴日本建立的儿童咨询所、警察和监察机构联合司法询问制度,[1] 可在取得未成年人或其代理人的同意后，询问过程中允许教育行政部门人员、医疗人员或心理咨询师等人员在场，减轻未成年被害人心理负担，更加准确、全面地陈述被侵害事实。

（三）探索“一站式”办案场所远程作证制度

在未成年被害人有必要出庭陈述的情况下，为避免未成年人深化痛苦，减少再次直面犯罪嫌疑人的心理冲击，可以借鉴英国、日本等国家未成年被害人在一定条件下在法庭外作证的做法，充分利用“一站式”办案场所的功能和优势，建立未成年被害人在“一站式”办案场所远程作证制度，通过技术手段视频作证，并隐去未成年被害人的面容和声音。

三、附条件不起诉制度

2012 年全国人大审议修订《刑事诉讼法》，正式确立未成年人犯罪附条件不起诉制度。附条件不起诉制度应该说是最具中国特色的未成年人检察乃至未成年人司法制度，能够综合体现未成年人检察各项特色职能，也是未成年人检察在未成年人司法中先议权的重要体现，在涉罪未成年人诉前分流中发挥着最为重要的作用。附条件不起诉制度经过十来年的运行，取得了明显成效。自 2018 年至 2022 年 9 月，检察机关决定附条件不起诉 6.3 万人，适用率由 12.1% 上升至 36.6%。可见，仅依据该项制度，目前进入司法程序的涉罪未成年人有超过 1/3 的在被诉前分流，避免走上法庭、贴上犯罪的标签。通过设置个性化附带条件并全程监督考察，提升精准帮教实效，97% 以上的被附条件不起诉未成年人回归正途。但是也应清楚地认识到，与未成年人司法制度不断发展完善的趋势相比，目前附条件不起诉制度发挥的功能和作用还存在一些问题和

---

[1] 参见陶建国、谢佳欣：《日本儿童被害人司法询问制度及启示》，载《少年儿童研究》2021 年第 9 期，第 97 - 104 页。

不足，适用的范围仍然过窄、适用数量提高的情况下适用质量仍有提升空间，有必要进一步彰显未成年人司法的分流处遇、教育矫治等理念，认真总结制度运行的司法经验，在此基础上增强制度的弹性，确保制度实施的效果，扩展司法保护的处置空间。

（一）从修改法律的长远角度考虑，应适当扩大附条件不起诉的适用条件

该项制度的价值还没有得到最大程度的发挥，适用附条件不起诉的罪刑条件要求还比较严，案件范围也比较窄。根据目前的法律规定，对未成年犯罪嫌疑人适用附条件不起诉，在罪名要求上，只能限定于《刑法》第四、五、六章涉嫌侵犯公民人身权利、民主权利罪、侵犯财产罪和妨害社会管理秩序罪等三类犯罪。在刑罚要求上，只能是可能判处1年有期徒刑以下刑罚。根据《未成年人刑事案件诉讼程序专章实施状况评估报告》，从量刑幅度上来看，适用附条件不起诉的绝大部分案件都属于法定量刑幅度在3年有期徒刑以下的案件，但是还有一些案件的法定起刑点相对较高，将最低可能判处的刑罚降到1年有期徒刑以下有一定难度和争议，影响了附条件不起诉制度的适用。① 同时，虽然目前规定的三类罪名在未成年人犯罪中占大多数，但对罪名作此限定仍值得商榷。如危害公共安全罪中的交通肇事、危险驾驶等过失犯罪，主观恶性并不大，但却不能适用附条件不起诉。附条件不起诉制度的最终目的在于教育矫正，实现诉前分流，给更多的涉罪未成年人悔过自新的机会。对于犯罪较轻且人身危险性较低的涉罪未成年人均应给予教育矫正、免受“犯罪标签”影响的机会。因此，建议突破附条件不起诉制度限定在1年有期徒刑以下犯罪的限制，在符合条件的基础上放宽至3年以下有期徒刑，并将适用罪名扩大到所有罪名。根据个案情况、个体情况设置

---

① 参见孙谦：《关于建立中国少年司法制度的思考》，载《国家检察官学院学报》2017年第4期，第3－18页。

所附条件，更符合未成年人司法关注行为人本身的特点。这能够更好地体现未成年人刑事司法的教育挽救和特殊预防功能，实现保护处分措施的替代刑罚功能。

(二) 从现阶段准确适用附条件不起诉制度的角度考虑，应着力提升附条件不起诉案件质量

检察机关要对司法实践中存在的难点问题及办案规则予以明确，指导各地依法积极规范适用附条件不起诉制度。准确把握适用附条件不起诉的条件，严格规范适用程序，准确区分附条件不起诉与相对不起诉及起诉的适用条件，既不能为了提高使用率，将本应作相对不起诉或起诉的案件作附条件不起诉处理，也不能为减少考察帮教工作量，将本应作附条件不起诉的案件简单作起诉处理。同时，要切实提高附条件不起诉考察帮教质量，推动解决调查报告形式化、同质化等问题，使所附条件与被考察对象所涉嫌的犯罪危害程度、其人身危险性和自身承受能力相适应，与实现特殊预防的需要相适应。通过构建社会支持体系强化监管以及开展异地协作考察帮教，进一步借力使力，整合资源，为提升附条件不起诉考察帮教质量提供外部环境。此外，对法院判处 1 年及以下有期徒刑未成年人犯罪案件较多的地方，加强跟踪指导，进一步维护未成年人合法权益。

四、未成年被害人保护救助制度

近年来，侵害未成年人犯罪案件逐年上升，且不满 14 周岁的未成年被害人占比不断增多，对未成年被害人的保护救助显得日益重要。由于我国的未成年人司法制度发端于未成年人犯罪案件的办理，长期以来，无论是法律规定还是司法实践，更多关注的是对涉罪未成年人的教育挽救和对涉罪未成年人权益的保护，对未成年被害人权益的保护和救助都关注不够。2012 年修订的《刑事诉讼法》专设了“未成年人刑事

案件诉讼程序”一章，但该章的11个条文基本都以保障未成年犯罪嫌疑人、被告人行使其诉讼权利为原则加以规定，只在第270条（现行刑事诉讼法第281条）对询问未成年被害人适用法定代理人及合适成年人到场作了相关规定，这也是整个未成年人刑事案件诉讼程序中唯一出现未成年被害人的地方。这也显示出我国在未成年刑事被害人保护方面的疏漏与不足。[①] 尽管随着“双向保护”理念的深入和普及，司法机关逐渐开始关注并重视未成年被害人权益的保护和救助，最高人民检察院、最高人民法院也专门针对未成年被害人的司法救助等下发了专门文件，但总体来讲，由于法律规定的缺位，比如《法律援助法》中没有专门针对未成年被害人提供法律援助进行规定，《刑事诉讼法》中没有专门规定未成年被害人的诉讼权利等，使得司法实践中对未成年被害人的保护救助往往因法律依据的缺失而不力。从立法上构建未成年被害人保护救助制度对于完善未成年人司法制度具有十分重要的现实意义和紧迫性，可从以下几个方面来构建未成年被害人保护救助制度。

（一）未成年被害人法律援助制度

未成年人身心发育尚未成熟，缺乏一定的自护能力和法律知识，没有独立的经济来源，受到侵害时不但身心受到巨大的创伤，而且因不具备运用法律保护自己的能力往往会无助甚至产生恶逆变，更需要国家监护的及时介入，及时得到国家公共法律服务体系的援助。近年来，我国法律援助制度不断健全，2021年颁布了《法律援助法》。但相较于针对犯罪嫌疑人和被告人提供法律援助的规定，虽然对被害人法律援助也有相应的规定，却设置了一定的条件限制，客观上影响了对未成年被害人法律援助的提供。《法律援助法》和《刑事诉讼法》都规定，未成年犯罪嫌疑人、被告人没有委托辩护人的，人民法院、人民检察院、公安机

---

① 参见杨晓静等：《未成年刑事被害人诉讼权利保护初论》，载《青少年犯罪问题》2015年第1期，第67页。

关“应当”通知法律援助机构指派律师担任辩护人。但对未成年被害人及其法定代理人没有委托诉讼代理人的，则规定的是“可以”向法律援助机构申请法律援助。可见两者有很大的不同：首先从启动法律援助的程序来看，对未成年犯罪嫌疑人、被告人是司法机关依职权主动启动，对未成年被害人则是依当事人申请启动；其次从提供法律援助的强制性看，对未成年犯罪嫌疑人、被告人，司法机关“应当”，也就是必须提供，对未成年被害人则是“可以”提供。相较于未成年犯罪嫌疑人、被告人，未成年被害人不能及时有效地通过法律援助来维护自身的合法权益。2021 年 1 月，《法律援助法》在全国人大常委会分组审议时，针对这一问题，有观点提出在草案第 20 条增加“刑事案件未成年被害人没有委托诉讼代理人的，人民法院、人民检察院、公安机关应当通知法律援助机构指派律师担任辩护人”的建议。但可惜的是，最终通过的《法律援助法》并未采纳该条建议。基于“双向保护”原则，笔者认为对未成年被害人应当提供和未成年犯罪嫌疑人相同的法律援助。基于此，可在修订《刑事诉讼法》和《法律援助法》时增加上述规定，并在此基础上予以细化，如对遭受性侵害的女性未成年被害人，由女性律师提供法律援助等。

（二）未成年被害人诉讼权利保护制度

相较于成年被害人，未成年被害人作为弱势群体，其诉讼权利更应得到充分、特殊的保护。遗憾的是，我国刑事诉讼法在未成年人刑事案件诉讼程序中并未对未成年被害人的诉讼权利作出专门规定，致使未成年被害人作为刑事案件当事人的权利未能得到应有的保障。有学者归纳，未成年被害人程序性权利包括告诉权、知情权、陈述意见权、律师帮助权、程序参与权、程序申请权、程序救济权等。① 除此之外，应该

① 参见兰跃军：《未成年被害人权益保障新论》，载《青少年犯罪问题》2013 年第 6 期，第 56 页。

说未成年被害人的隐私保护权、刑事和解参与权也非常重要。据此，笔者建议在《刑事诉讼法》的“未成年人刑事案件诉讼程序”一章中，专门增设一节规定未成年被害人诉讼权利，将未成年被害人的上述诉讼权利单独予以明确。比如，规定未成年被害人及其法定代理人有知悉案件办理进展和刑罚执行情况的权利，即公安司法机关立案、采取强制措施、移送审查起诉、作出不起诉决定、提起公诉、开庭审判、判处刑罚以及刑罚变更的每个环节，除有碍案件办理的情形外，都应及时告知未成年被害人及其法定代理人案件办理进展和处理结果；规定未成年被害人陈述意见权，即在上述每个诉讼环节，规定未成年被害人均有向司法机关陈述意见的权利；规定未成年被害人所提意见不被采纳有申请复议复核的程序救济权；规定未成年人及其法定代理人有庭审参与权，有案件公开审理或不公开审理的申请权，有出席法庭或视频远程作证的选择权；规定询问未成年被害人特殊程序，包括在“一站式”办案场所询问，询问尽量一次性完成避免“二次伤害”，询问时法定代理人或合适成年人必须到场等；规定未成年被害人有刑事和解选择权；规定对未成年被害人隐私权的保护，即司法机关办理侵害未成年人案件，对于未成年被害人的身份信息及可能推断出其身份信息的资料应当予以严格保密，未成年被害人确有必要出庭的，应当根据案件情况采取不暴露外貌、真实声音等保护措施，等等。通过上述规定，从法律层面构建未成年被害人诉讼权利保护制度，切实维护未成年被害人的合法权益。

（三）对未成年被害人精神赔偿制度

未成年人处在生理发育期，受到侵害，尤其是受到性侵害，往往不仅仅是身体损伤，常常伴随着心理损伤，容易造成创伤后应急障碍、精神抑郁等精神损害，严重影响其健康成长，一般都需要进行精神治疗和心理康复。《民法典》第1183条明确规定，侵害自然人人身权益造成严重精神损害的，被侵权人有权请求精神损害赔偿。但由于2012年最高人民法院《关于适用〈中华人民共和国刑事诉讼法〉的解释》规定，因受到犯罪侵犯，提起附带民事诉讼或者单独提起民事诉讼要求赔偿精神损失的，人民法院不予受理。使得未成年被害人难以通过诉讼获得精神赔偿。令人欣慰的是，最高人民法院在2021年对该司法解释进行了修正，将上述规定中的“不予受理”修改为“一般不予受理”，为特殊情况下受理刑事案件被害人提出精神损害赔偿请求提供了可能。目前司法实践中河北、上海、江苏、浙江、福建、江西、山东、河南等地已有多起检察机关支持性侵害案件未成年被害人主张精神损害赔偿，获得法院判决支持的判例。但因“一般不予受理”的规定，实践中对此仍有较大争议。身心尚未成熟的未成年人遭受侵害，尤其是性侵害具有特殊性，应当予以特殊保护，视为例外可以受理的情形。这也是《未成年人保护法》规定的“特殊、优先保护”在未成年人精神损害赔偿领域适用的具体体现。为避免分歧，进一步明确该类案件的办理，建议在《刑事诉讼法》中增加规定未成年人因遭受暴力伤害及性侵害造成严重精神损害的，可以提起附带民事诉讼或者单独提起民事诉讼要求赔偿精神损失，人民检察院可以支持起诉，从法律上完善未成年人精神赔偿制度。

（四）对未成年被害人综合救助制度

未成年人遭受侵害后，不但身心受到创伤，同时往往面临复学就业、生活安置等一系列问题。需要政府及司法机关及时予以帮扶。近年来，司法机关不断加大对未成年被害人的司法救助力度，最高人民检察院、最高人民法院都单独就未成年人司法救助问题制发文件，要求在办理涉未成年人案件过程中，对遭受犯罪侵害或者民事侵权，因不能及时获得有效赔偿或无法通过诉讼获得有效赔偿，造成生活困难的未成年人及其家庭及时采取辅助性救济措施。通过司法救助，使得一大批陷入困境的未成年被害人走出困境。但要使未成年被害人尽快摆脱阴影，重回社会健康成长，仅靠司法机关的司法救助还远远不够。也正因此，近年来检察机关在办理涉未成年人案件中，除了司法救助外，主动协调职能部门，借助社会力量，为未成年被害人提供心理干预、医疗救治、生活安置、复学就业、法律支持、经济帮扶等多元救助措施，帮助未成年被害人及其家庭摆脱困境。这种综合救助方式将对未成年被害人的保护落到了实处，真正体现了“最有利于未成年人”原则。但由于缺少相关制度设计和硬性规定，综合救助涉及部门众多，实践中各相关救助主体职能不清、积极性不一，仅靠司法机关乃至检察机关一家难以全面落实。因此，有必要在涉未成年人相关法律法规中规定未成年被害人综合救助制度，将其从实践探索上升到法律规定。对各部门的相关职能、启动程序及衔接配合作出明确规定，以利于对未成年被害人权益的最大保护。

五、侵害未成年人案件强制报告制度

侵害未成年人案件强制报告制度简称强制报告制度，是指国家机关、法律法规授权行使公权力的各类组织及法律规定的公职人员，以及密切接触未成年人行业的各类组织及其从业人员，在工作中发现未成年人遭受或者疑似遭受不法侵害以及面临其他危险的，应当立即向公安机关报案或举报，同时向本单位主管行政机关报告备案。发现不报的，依法追究相应责任。“强制”所蕴含的不仅是对未成年人保护的坚决态度，更体现了强制报告制度权利义务关系中的国家意志主导性，本质是在未成年人健康成长价值目标指引下产生的公权力对私权利义务关系的干预。强制报告制度所体现的公权力对私权利义务关系的干预将报告义务主体的举报、控告行为国家意志化，配之以法律责任规范，使报告行为由权利转向义务①。

2018 年 4 月，浙江省杭州市萧山区检察院办理了一起性侵幼女案

① 高维俭、彭宇轩：《侵害未成年人案件强制报告制度完善进路》，载《人民检察》2022 年第 5 期，第 55 页。

件。该案为典型的熟人作案，被侵害幼女在长达一年多的时间里被邻居男子性侵，后因女孩下体撕裂，男子带其就医期间被医生举报而案发。办案机关认为，本案正是得益于医生的及时举报，犯罪分子才得以伏法，被侵害幼女才得以解救。这种发现未成年人被侵害后主动报案的做法值得肯定和推广，甚至应当成为一些与未成年人密切接触的特定行业和人员应当履行的义务。随后，萧山区检察院在大量调研论证的基础上，联合市公安局、卫健委等部门制定出台了《关于侵害未成年人案件强制报告制度的意见》，明确医疗机构及其工作人员发现未成年人非正常伤害或者死亡情况的，应当向公安机关报案，并报告人民检察院、卫生主管部门备案。对侵害未成年人行为予以强制报告的做法立即获得了实践认同，江苏、湖北、江西等地纷纷结合各自实际建立起强制报告制度。2019 年初，湖北省人民检察院联合教育、公安等部门出台《关于建立侵害未成年人权益案件强制报告制度的工作办法（试行）》，成为全国首个在省级层面推行强制报告制度的省份。该《办法》实施不久，湖北枣阳检察机关即根据学校教师提供的一条未成年学生疑似遭受性侵害线索，监督公安机关立案查处了一起强奸 10 余名未成年人的重大恶性案件。在总结各地实践经验的基础上，2020 年 5 月，最高检会同国家监委、公安部等八部门联合出台《关于建立侵害未成年人案件强制报告制度的意见（试行）》，正式从国家层面确立强制报告制度。该《意见》共有 23 条，对强制报告的适用范围、报告线索的处置、不履行报告义务的法律责任等都作了详细规定。通过实践检验，强制报告制度在预防和惩治侵害未成年人违法犯罪、保障未成年人合法权益、推动未成年人保护社会治理等方面都显现出了明显作用。在理论界和实务界的一致呼吁下，强制报告制度顺利入法。2021 年 6 月，新修订的《未成年人保护法》正式实施。该法第 11 条第 2 款规定：“国家机关、居民委员会、村民委员会、密切接触未成年人的单位及其工作人员，在工作中发现未成年人身心健康受到侵害、疑似受到侵害或者面临其他危险情形的，应当立即向公安、民政、教育等有关部门报告。”国家在立法层面的确认对于健全完善强制报告制度具有重要意义。强制报告制度在保护未成年人合法权益方面发挥了重要功用。但我们也应看到，这项制度在执行过程中仍然存在一些突出问题，距离全社会形成共识、普遍接纳还有差距。自2020年5月至2022年9月，全国检察机关通过强制报告办理的侵害未成年人案件3700余件，与同期办理侵害未成年人犯罪案件总数相比，通过强制报告发现的案件所占比例还很低。

存在的主要问题有：（1）不知报告——强制报告制度尚未深入人心。强制报告主体涉及面广，目前的宣传普法力度、覆盖面、持续性不足，在教育、医疗卫生等重点行业缺乏系统培训，报告义务人对强制报告的内容、途径、法律后果等缺乏应有的了解，这项制度还没有真正渗透到社会的各个角落、成为人们的行动自觉。（2）不能报告——强制报告能力欠缺。部分密切接触未成年人的人员对未成年人所面临危险的敏感性不高，风险意识薄弱，不能及时发现和预判未成年人可能遭受的侵害，导致即使知道强制报告制度也不能有效执行。另外，《未成年人保护法》第11条仅笼统规定发现未成年人“身心健康受到侵害、疑似受到侵害或者面临其他危险情形”时需要报告，没有明确侵害的具体形式、疑似的判断标准、其他危险情形的范围等。这种对何事应当报告的不确定性在一定程度上削弱了相关人员的主观判断力，降低了其履行强制报告义务的能力。（3）不愿报告——传统观念的束缚。在传统社会观念里，于法之外还讲人情世故，人与人之间把握着一种相安无事的微妙。对于自家事务不希望外人插手，同样，对于别人家的事情，自己也多一事不如少一事。所以，即使有外人发现有儿童受伤，如果得知是因为家长教训所致，一般都会采取容忍的态度，不会随便干预他人的“家事”。（4）不报告不追责——刚性追责力度有待加强。实践中，强制报告制度的惩戒机制运用不足，法律责任倒逼法律义务落实的功能没有显现，强制报告制度的强制性并未完全体现。一是不履行强制报告义务被追责的案件数量较少，责任追究条款没有得到严格落实。二是追责手段偏软。根据《关于建立侵害未成年人案件强制报告制度的意见（试行）》第16条规定，对于不履行强制报告义务造成严重后果的，可以依法追究相关责任人员的刑事责任。但据现有材料来看，强制报告制度实施以来，截至2022年9月，全国仅有湖南长沙一例学校负责人被以渎职犯罪判处刑罚的案例，其余案件均为行政处罚、行政处分或纪律处分，可见实践中不履行强制报告义务追责的刚性不足，难以形成有效震慑。三是追责标准不统一。无论是《未成年人保护法》还是《关于建立侵害未成年人案件强制报告制度的意见（试行）》都仅规定了原则性的追责条款，并未详细规定具体的处罚形式和标准，造成实践中对同类违反强制报告义务的行为的处罚千差万别。比如，对旅馆业经营者的处罚，有的依据《旅馆业治安管理办法》仅处以200元以下的罚款，有的依据《治安管理处罚法》处以数百元的罚款，还有的依据《未成年人保护法》从重处以20000元罚款，罚金数额相差上百倍。

完善强制报告制度，推动该项制度落地生根，需要从以下几方面着手：

（一）持续开展普法宣传，凝聚强制报告制度共识

一方面，应继续加大对社会公众的宣传普法力度，创新宣传方式，丰富普法载体，借助两微一端、门户网站以及短视频平台等新媒体途径，多渠道多形式扩大强制报告制度宣传范围，不断凝聚“报告有责，不报告追责”的社会共识，努力将那些原本未成年人受侵害的旁观者变成主动保护未成年人权益的参与者。另一方面，要加强相关行业的专门培训。在强制报告义务主体行业系统内开展专门培训，对于落实强制报告制度的效果更为直接、更有针对性，有助于提高相关人员对强制报告制度的重视程度，掌握强制报告的有关流程，认清不履行强制报告义务所要面临的问责后果。

（二）强化顶层设计，形成强制报告制度执行合力

第一，要充分发挥未成年人保护工作协调机制的重要作用。《未成年人保护法》规定县级以上人民政府应当建立未成年人保护工作协调机制，统筹、协调、督促和指导有关部门在各自职责范围内做好未成年人保护工作。新法实施后，中央层面成立了国务院未成年人保护工作领导小组，各级地方政府也依法成立了未成年人保护专门工作机制。未成年人保护工作协调机制的全面建立起到了明确牵头单位、整合部门职能、部署工作任务的积极作用。在进一步推动强制报告制度落实方面，应充分利用现有的未成年人保护工作协调机制，在这一工作框架内加强各有关部门的沟通协作，通过召开联席会议等方式及时通报有关情况，汇总分析研判相关数据，定期听取公安、民政、教育等主要接收强制报告单位的专题汇报，适时组织开展多部门联合调研，深入发掘实践经验，着力解决工作难题，真正将各部门未成年人保护职能力量聚合在一起，形成落实强制报告制度的合力。

第二，要积极推动与未成年人保护制度机制的深度融合。一是加强与基层社会治理体系相融合。良好的群众基础有利于更好地发现侵害未成年人线索，拓宽线索的来源渠道。如前所述，应积极推动将强制报告制度纳入网格管理等基层社会治理体系，通过下沉到社区、村镇的网格员延伸制度触角，及时发现和报告侵害未成年人线索。同时，还可以发动基层组织的妇女主任、儿童主任重点了解辖区内未成年人的监护状况，对因监护缺失或监护不当造成未成年人面临危险情形的及时予以报告。二是加强与未成年人特殊保护制度相融合。强制报告制度的着眼点在于线索发现，通过早发现、早干预达到保护未成年人的目的，因此其在整个未成年人保护制度体系中处于前端位置，在发现侵害未成年人线索后还要与后续其他的未成年人特殊保护制度共同发力才能真正实现对未成年人权益的保护。比如，对于一些经强制报告发现的轻微监护侵害

案件，要及时做好家庭教育指导工作，必要时协调有关部门制发“督促监护令”，确保父母或其他监护人能够依法履行监护责任，并将相关处理结果反馈强制报告人，做到强制报告案件的件件有回复。三是加强与社会工作机制相融合。目前，我国社区工作者队伍已达 433.8 万人，取得社会工作者职业水平证书人员近 70 万人，专门的青少年事务社工约 25 万人。庞大的社会工作者队伍能够为履行强制报告制度提供充足的人员支持。可以进一步明确社工，特别是青少年事务社工为密切接触未成年人的人员，通过其在提供权益维护、心理疏导、行为矫治、关系调处等服务时，了解掌握未成年人的身心健康、生活状态、监护情况等信息，对发现存在侵害未成年人情况的，及时履行强制报告义务。

（三）加强监督问责力度，确保强制报告制度刚性运行

第一，严肃追责问责。一是加大行政处罚力度。按照从重处罚原则，对于负有强制报告责任的行政相对人没有履行报告义务的，相关部门应当依法从重作出行政处罚。比如，旅馆等住宿经营者违规接待未成年人入住，发现异常情况未予报告，导致未成年人遭受侵害的，应当根据《未成年人保护法》规定责令停业整顿或者吊销营业执照、吊销相关许可证，并处 1 万元以上 10 万元以下罚款。二是依法进行行政处分。对于主管行政机关或者单位接到相关部门移送的不履行强制报告义务追责线索的，应当严格按照有关法律法规和部门规章给予责任人员行政处分，不能因为怕“露丑”而“捂盖子”“护犊子”，以写检查、批评教育等代替正式的行政处分。三是强化纪律问责。监察部门通过强有力的监督执纪可以有效督促相关单位和个人认真履行强制报告义务。对于长期不重视强制报告工作、不按规定落实制度要求的，监察部门可以依法依规进行问责，根据情节、后果等给予纪律处分。

第二，强化检察机关的法律监督作用。强制报告制度最初即为检察机关通过监督办案发现问题并进而推动建立的一项制度，是检察机关在

未成年人司法保护方面作出的制度贡献。强制报告制度确立后，检察机关应继续立足法律监督职能，结合监督办案推动制度落实。一是加强对强制报告制度线索处置情况的跟踪监督，针对未履行强制报告义务的单位和个人，及时向有关单位发出检察建议，督促其整改。发现责任人员涉嫌违纪或者职务违法、职务犯罪的，移送纪检监察机关处理。二是注意做好本地强制报告制度落实情况的研究分析，定期向未成年人保护领导小组和相关行政主管部门进行情况通报，推动相关责任主体尽职履责，共同补齐强制报告工作短板。三是注重收集、梳理履行强制报告制度的案事例，适时编辑并向社会发布典型案例，通过典型案例的工作指导和警示教育作用引导相关责任人员自觉履行强制报告义务。四是对制度执行过程中发现的普遍性、根源性、深层次社会治理问题，通过制发检察建议、提起公益诉讼等多种法律监督手段和方式推动解决，以诉源治理促推社会治理，达到“办理一案，治理一片”的效果。

第三，推行“双罚制”。目前不履行强制报告义务的追责对象主要集中于个人，即直接负责的主管人员和其他直接责任人员，鲜有对责任单位作出处罚。有观点认为，强制报告最终必须由具体的个人进行报告，加强对个人的追责有利于压实责任，增强制度的可操作性。但是，法律既然规定了单位亦是强制报告的义务主体，那么就应当明确其不履行义务所应承担的法律后果，这既是法律逻辑的内在要求，也是严格落实强制报告制度的重要保障。而且单位作为个体的集合，其不重视、不落实、不执行强制报告制度对于个体履行义务的影响和阻碍更大。因此，应当在坚持对个人追责的同时，加强对单位的问责力度，对不履行强制报告义务的实行双罚制，既罚个人也罚单位。不过，双罚并不代表必罚，在追责时还要区分不履行强制报告义务是纯粹的个人行为还是涉及单位行为，对于单位存在故意隐瞒未成年人受侵害线索、阻止有关人员进行报告、长期不重视强制报告工作造成严重后果等情况的，应当予以处罚。

第四，“每案倒查”关口前移。查清每起侵害未成年人犯罪案件是否履行强制报告义务是强化责任追究、倒逼制度落实的有效手段。目前检察机关在办案中已建立起案件倒查机制，但是个案从案发到移送审查起诉，其中的时间间隔较长，导致检察机关开展倒查工作相对滞后，时效性不强，影响追责的效率效果。在开展倒查工作方面，公安机关更具优势，其在调查取证过程中可以一并调查相关责任主体是否履行强制报告义务，是否存在瞒报、漏报、不报情形。经倒查发现相关责任主体未履行报告义务的，公安机关可将线索及时移送行政主管部门或所在单位，由其依法依规追究相应责任。因此，从工作便利性和提高倒查效率的角度出发，可将倒查关口前移至侦查环节，由公安机关负责组织开展。

另外，可考虑适时在刑法中增设“不履行强制报告失职罪”。对于不履行强制报告义务应承担的法律责任，域外许多国家都有较为明确的规定，一般包括民事责任、行政责任和刑事责任。就刑事责任而言，大多规定都比较具体，便于追责。例如，加拿大《儿童与家庭服务法》规定，强制报告责任主体未履行报告义务，一旦被裁定构成犯罪的，被判处不多于1000加元的罚款。同时，授权、准许或同意雇员不履行其报告义务的董事以及高级人员也构成犯罪。德国《儿童和青年服务法》规定，负有报告义务的主体未履行义务时，将被吊销执业证并处以刑罚。美国密歇根州法律规定，报告义务主体因不作为使未成年人遭受损失的，需承担民事赔偿责任；报告义务主体故意不履行报告义务构成轻罪的，可单处或并处93日以下监禁或500美元以下罚款。此外，故意作不实报告的义务主体也会被认定为犯罪并受到刑事处罚。[①] 澳大利亚北领地的《儿童与少年法》，也对不履行报告义务设定了最高6个月的监禁。南非2007年《刑法修正案》《性侵害及相关事项法案》规定，任何公民

① 兰跃军、李欣宇：《强制报告制度的实施困境及破解》，载《中国青年社会科学》2021年第6期，第128－135页。

发现儿童遭受性侵害时而不报警就要承担刑事责任。①

我国在《未成年人保护法》和《关于建立侵害未成年人案件强制报告制度的意见（试行）》中对不履行强制报告义务应承担的法律责任都做了相应的规定。例如，《未成年人保护法》第117条规定：“违反本法第十一条第二款规定，未履行报告义务造成严重后果的，由上级主管部门或者所在单位对直接负责的主管人员和其他直接责任人员依法给予处分。”第129条第2款规定：“违反本法规定，构成违反治安管理行为的，依法给予治安管理处罚；构成犯罪的，依法追究刑事责任。”《关于建立侵害未成年人案件强制报告制度的意见（试行）》第16条规定：“负有报告义务的单位及其工作人员未履行报告职责，造成严重后果的，由其主管行政机关或者本单位依法对直接负责的主管人员或者其他直接责任人员给予相应处分；构成犯罪的，依法追究刑事责任。”但是，对于不履行强制报告义务造成严重后果的，在什么情况下构成犯罪？构成何种犯罪？如何追究刑事责任？均无相应的法律规定。这在一定程度上造成了实践中难以入罪，强制报告制度法律责任追究不力的状况，直接影响了强制报告制度“强制”的刚性。

正因为对于不履行强制报告义务造成严重后果的行为没有明确的罪名规定，司法实践和学术界对此种行为如何定罪也争议颇大。对于国有单位（公立学校、医院等）人员不履行强制报告义务造成严重后果需要追究刑事责任的，主要聚焦于玩忽职守罪和国有事业单位人员失职罪，但都存在较大争议。认定玩忽职守罪争议的焦点在于该罪的主体适格问题上。玩忽职守罪以特定身份为构成犯罪必要条件，属于纯正的身份犯，② 其犯罪主体主要包括以下几类：（1）国家机关工作人员，即在国家机关中从事公务的人员，包括各级国家权力机关、行政机关、司法机

① 高艳东：《增设“知危不报罪”旨在保护未成年人》，载《检察日报》2020年4月29日，第3版。

② 康均心：《刑法中身份散论》，载《现代法学》1995年第4期，第14－18页。

关和军事机关中从事公务的人员；（2）在依照法律、法规规定行使国家行政管理职权的组织中从事公务的人员；（3）在受国家机关委托代表国家机关行使职权的组织中从事公务的人员；（4）虽未列入国家机关人员编制但在国家机关中从事公务、代表国家机关行使职权的人员。据此，有观点认为公立学校、医院中正式在编的职工不履行强制报告义务造成严重后果的，可按照“在依照法律、法规规定行使国家行政管理职权的组织中从事公务的人员”以玩忽职守罪追究刑事责任。此种观点存在较大争议。根据《刑法》第93条第2款以及全国人大常委会《关于〈中华人民共和国刑法〉第九章渎职罪主体适用问题的解释》的规定，相关主体只有在代表国家机关行使职权时才有可能构成渎职犯罪。虽然“行为人是否属于国家机关工作人员，不是取决于其固定身份，而是取决于从事活动的内容及其根据。”① 但一般的医生只负责治病救人，教师只承担普通的教学任务，并不涉及行使国家行政管理职权问题，没有侵犯公共权力的廉洁性和正当性。普通医生、教师等难以划入玩忽职守罪的主体范畴。即使是公立学校、医院等的管理人员是否系在依照法律、法规规定行使国家行政管理职权的组织中从事公务的人员，或者在受国家机关委托代表国家机关行使职权的组织中从事公务的人员，目前也缺乏明确法律法规或者其他依据。认定为国有事业单位人员失职罪同样存在较大争议，该罪是指国有事业单位的工作人员，由于严重不负责任致使国家利益遭受重大损失的行为。从形式上看，将公立学校、医院等国有事业单位的人员不履行强制报告义务造成严重后果的行为认定为国有事业单位人员失职罪并无明显不妥。但从本质上看，国有事业单位人员失职罪规定于《刑法》分则第三章“破坏社会主义市场经济秩序罪”第三节“妨害对公司、企业的管理秩序罪”中，主要是妨害事业单位的管理。其侵犯的客体是国有事业单位的财产权益和社会主义市场经济秩序。有学者认为，从本罪的保护法益来看，本罪的损失仅限于财产、经

① 张明楷：《刑法学》，法律出版社2016年版，第1238页。

济方面的损失，而不包括其他方面的损失。[①] 与不履行强制报告义务所侵犯的客体截然不同。

同时，由于强制报告的义务主体范围广泛，既有国家机关工作人员，又有其他国家工作人员，还有负有强制报告义务的非国家工作人员（如私立民办学校、医院等），因此很难以《刑法》分则第九章规定的渎职罪名或第三章规定的国有公司、企业、事业单位人员失职罪来追究不履行强制报告义务之人的刑事责任。而纵观刑法分则，也未能找出能够适用的准确罪名。因此，从罪责刑相适应、保证法律规定周延性、保障强制报告制度有效落实的角度出发，建议可经过充分论证，适时考虑在刑法中新增一条“不履行强制报告义务失职罪”，即国家机关、居民委员会、村民委员会、密切接触未成年人的单位工作人员严重不负责任，对发现的未成年人身心健康受到侵害、疑似受到侵害或其他危险情形未向有关部门报告，造成未成年人身心健康遭受严重侵害或其他严重后果的，处3年以下有期徒刑或者拘役。

六、未成年人公益诉讼检察制度

近年来，未成年人公益诉讼检察制度实现了从无到有、从试点到全国推开、从探索到入法的发展历程，对于全方位保护未成年人权益，丰富中国特色未成年人司法制度内容起到了重要的作用。但是总体来讲，未成年人公益诉讼检察仍处于起步阶段，有必要进一步规范和完善，使其在法治的轨道内充分发挥重要价值。

（一）准确把握“未成年人公共利益”的范畴

检察机关提起公益诉讼是为了维护国家利益和社会公共利益。检察机关开展公益诉讼最初被授权的领域是生态环境和资源保护、食品药品

① 张明楷：《刑法学》，法律出版社2016年版，第765页。

安全、国有财产保护、国有土地使用权转让 4 个方面，随着《英雄烈士保护法》《未成年人保护法》《军人地位和权益保障法》《安全生产法》《个人信息保护法》《妇女权益保障法》等一系列法律的修订和颁布，在原有 4 个法定办案领域之外，进一步增加英烈权益保护、未成年人保护、妇女权益保护、军人荣誉名誉权益保障、安全生产、个人信息保护、反垄断、反电信网络诈骗、农产品质量安全 9 个新领域。未成年人保护公益诉讼是以保护的对象来确定，《未成年人保护法》第 106 条规定，未成年人合法权益受到侵犯，涉及公共利益的，检察机关可以提起公益诉讼。并没有限定未成年人的哪部分合法权益涉及公共利益，才能提起公益诉讼，应该说未成年人公益诉讼涉及的范围更广。但不能就此判定只要是涉及未成年人合法权益受到侵犯，就可能涉及公共利益，就可以进行公益诉讼。由于法律没有对“公共利益”进行明确的界定，各地检察机关对“公益”的理解有时出现偏差，导致出现冒进办案等问题，对于不属于公益诉讼范围的案件，按照公益诉讼程序处理，引发了不必要的社会舆论。因此，有必要通过完善法律进一步明确“未成年人公共利益”的范围，并在司法实务中探索不同类型案件办理的路径。

笔者赞同将公共利益界定为“能够满足不特定多数主体生存和发展的，具有公共效用的重大利益，具有公共性、基本性和发展性等特点”①。“未成年人公共利益”应是涉及不特定众多未成年人并可能影响未成年人生存和发展的重大利益。对于其他法律已经授权可以进行公益诉讼的领域涉及未成年人利益的，毫无疑问可以提起公益诉讼，如未成年人食品药品安全、未成年人个人信息保护、校园及周边环境污染、学校安全隐患等。对于涉及未成年人特定领域的，如未成年人纹身、未成年人网络安全保护、向未成年人出售烟酒、未成年人教育权保护等则应积极探索，准确判定是否涉及不特定众多未成年人并可能影响未成年人

---

① 孙谦主编：《中国未成年人司法制度研究》，中国检察出版社 2021 年版，第 463 页。

生存和发展的重大利益。同时，对此类案件的办理，上级检察机关应加强指导，可考虑采取立案报上级检察机关批准的形式，稳妥办理未成年人公益诉讼案件。条件成熟时，可在相关的法律规定或司法解释中，通过列举方式对未成年人保护公益诉讼范围进行明确界定，以规范未成年人保护公益诉讼检察工作，加强对涉及未成年人公益诉讼案件的处置力度，为未成年人营造健康的成长环境。

（二）规范未成年人公益诉讼线索审查和受理工作

为形成全社会参与的线索发现机制，检察机关有必要进一步畅通线索发现渠道，进一步完善未成年人公益诉讼线索审查和受理工作。一方面，要发挥未成年人检察集中统一办理工作优势，培养专业化的未成年人公益诉讼检察队伍，注重在办理的刑事、民事、行政案件中排查发现公益诉讼线索，一并审查和处理，对未成年人合法权益进行全面综合保护。另一方面，要注重在群众举报线索中筛查关系未成年人利益的公益诉讼线索，包括电话举报、现场举报、网络举报等形式，比如在法治副校长进校园活动中发现的相关线索，就要高度重视，认真研判公益诉讼的可行性。利用大数据功能，研发运行公益诉讼举报的专门小程序，设置未成年人专区，可以允许匿名举报。检察机关在 12309 设置了未成年人司法保护专区，涵盖了涉未成年人案件强制报告制度等线上举报功能，在专区中发现未成年人公益诉讼线索的，应及时转交办案部门研处。

（三）强化调查取证工作的刚性和实质性

改变传统的以审查卷宗为主的调查取证方式，建立系统性的调查取证工作机制，在法律中明确规定检察机关公益诉讼调查核实权的对象、范围、保障措施和行使程序等内容，增强调查取证工作的刚性，提高法律监督工作对有关单位、个人的约束力。具体来说，要结合涉未成年人案件突出主体的特点，制订调查取证计划，综合运用询问、调取资料、走访等多种方式，全面掌握和了解案件事实。取证过程中可以借助执法记录仪等专业设备，必要时运用信息技术人员的专业手段对证据进行采集和分析。对于涉案的未成年人，尽量到“一站式”办案场所进行询问，应有监护人或合适成年人到场。建立强制取证制度，对于三次及以上无正当理由不配合取证的单位或人员，可以在出具办案证件和手续的情况下进行强制取证，由司法警察或公安机关人员在场，同步做好录音录像工作。

结 论

诞生于19世纪末的少年司法制度，在国家亲权、实证犯罪学、教育刑、恢复性司法等理论的影响下，不断丰富完善。世界各国都结合各自的国情、法制传统、政体结构等形成了各具特色的未成年人司法模式，在未成年人权益保护方面发挥了重要的作用。少年司法制度已经成为考量一个国家司法文明水平的重要标志。虽然在发展历程中，大多呈现出在惩罚和福利之间不断摇摆的特点，但构建独立的不同于成人的未成年人司法制度已经成为各国的司法共识。未成年人利益最大化更是成为未成年人司法遵循的国际标准。

在借鉴吸收西方少年司法制度先进理念和经验的基础上，结合我国历史传统、法制文化和国情社情，经过近40年不断的探索创新，我国未成年人司法初步确立了最有利于未成年人原则、教育为主惩罚为辅原则、双向保护原则、司法机关专门化原则、社会支持协同原则等未成年人司法的基本原则，未成年人司法模式也从初期单纯的“惩罚·教育”模式发展为“社会·司法”模式，并开始逐步嵌入福利模式，中国特色未成年人司法制度已初具雏形。但由于我国未成年人司法制度起步较晚，理论研究不够充分，制度体系尚处在构建阶段，导致无论在法律规定还是司法实践中都存在诸多需要解决和完善的问题。比如，没有专门的未成年人司法法，重未成年人刑事司法、轻未成年人民事司法，社会支持体系建设不足等。未成年人司法制度的功能价值还远远没有得到应有的发挥。要完善我国未成年人司法制度，绝不能盲目照抄照搬西方少年司法制度，必须立足我国国情，在中国特色社会主义法律体系的大框架内去构建完善。

西方国家少年司法制度大多是以少年法院为中心构建，尽管近年来检察官在少年司法制度中发挥的作用越来越重要，但总体而言，在少年司法制度中起主导作用的仍是法官。与此不同，在我国未成年人司法制度的发展历程中，检察机关及检察官一直扮演着重要的角色，以上海的实践探索为起点，经过近 40 年的发展，我国未成年人检察从刑事检察起步，逐步丰富和完善了未成年人检察工作的内涵和外延，成为检察机关独具特色、亮点纷呈的重要业务，初步形成了具有中国特色的未成年人检察制度，并已然成为我国未成年人司法制度中极其重要的组成部分，在保障未成年人健康成长、促进社会和谐稳定等方面发挥着重要作用。这与我国检察机关的法律定位和履职内容直接相关。检察机关作为法律监督机关，也是唯一参与未成年人司法全过程的司法机关，前承公安、后接法院。纵向上贯穿着未成年人司法全流程，横向上通过行使刑事、民事、行政、公益诉讼“四大检察”职能覆盖未成年人司法全领域。从依法惩治与教育挽救涉罪未成年人到保护救助未成年被害人，再到综合保护未成年人合法权益，检察官既是国家公诉人，又是维护未成年人公共利益的代表。未成年人司法制度与我国检察制度无论是在理念上还是实践中都有着高度的契合。同时，未成年人检察在司法机构专业化和程序专门化方面的检察优势也直接助推了其在未成年人司法中的作用发挥。也正是基于此，近年来我国未成年人司法的许多重要制度都是来自检察机关的实践探索，比如，附条件不起诉制度、侵害未成年人案件强制报告制度、入职查询制度、未成年人保护公益诉讼制度、家庭教育指导制度、“一站式”办案救助机制等。可见，客观上，未成年人检察在我国未成年人司法中已经起到了引领作用，具有不可替代的优势地位和功能价值，这也是中国特色未成年人司法制度不同于西方少年司法制度的独特之处。

要构建并完善符合我国司法实际的中国特色未成年人司法制度，贡献未成年人司法制度的“中国方案”，就要进一步发挥未成年人检察在未成年人司法制度中的主导作用，检察机关要更加充分地在未成年人司法领域履行好刑事、民事、行政、公益诉讼“四大检察”职能。在未成年人刑事司法中，要进一步强化未成年人罪错行为分级干预中的检察职能。明确赋予检察机关在未成年人司法领域更多的先议权，更加发挥好检察机关诉前分流的作用，使得更多的一般罪错未成人通过适用观护、专门教育、不起诉等措施得以尽快从司法程序中分流，实现未成年人司法独有的功能价值。要加大未成年人刑罚执行监督力度，切实解决与成年人分管分押分别教育问题，加强对在押未成年人的帮教维权，注重未成年人社区矫正监督，促使涉罪未成年人尽快顺利回归社会。要完善未成年人被害案件中的检察职能，依法监督对未成年被害人正确适用相关司法程序，避免产生次生伤害。同时，不仅仅局限于刑事司法程序之中，在司法程序内外都应当对未成年被害人开展保护和救助工作。在未成年人民事司法中，要强化未成年人民事检察监督质效，拓展未成年人民事检察监督的内容。除了单一的监护监督以外，进一步做好未成年人人身损害赔偿、人格权、隐私权等领域的权益保护。通过多元化监督办案切实维护未成年人合法权益；要充分发挥未成年人民事行政公益诉讼检察这一中国特色检察制度的职能作用，通过对涉及未成年人公共利益的诉讼履职，推动对未成年人的全面综合司法保护，将未成年人司法保护从个体的未成年人覆盖到整个未成年人群体，进而为未成年人健康成长提供良好的社会环境，提升社会治理现代化水平。未成年人检察在充分履职的同时，要构建好与未成年人警务、审判及刑罚执行机关的关系，处理好监督与配合的关系，促进未成年人司法社会支持体系建设，完善专业化与社会化相结合的未成年人司法保护体系，共同助推未成年人司法保护大格局的形成。

从检察视角出发，完善我国未成年人司法制度，首先，要根据近些年未成年人司法理念的不断发展，对未成年人司法模式予以完善。传统、单一的未成年人司法模式已经不符合新时代未成年人司法的要求，仅靠传统的惩罚、教育司法模式已经远远不能满足当前乃至今后一段时间未成年人司法形势的发展，随着未成年人“六大保护”体系的全面构建、儿童福利理念的不断普及、社会协同治理效能的不断显现，构建新的“保护·惩罚·福利·协作”未成年人司法模式更符合我国未成年人司法制度的实际和发展。在该模式下，应更加重视儿童福利理念在未成年人司法制度中的践行，无论在司法程序还是实体处遇中都要充分体现儿童福利理念。更加重视未成年人的个体发展，最大限度地降低罪错行为及司法活动对未成年人健康成长的影响。通过未成年人司法助推儿童友好型社会的形成。同时，就未成年人司法而言，不能只简单地立足司法办案，除了司法机关之间的协作配合，还要进一步加强司法与民政、教育、妇联、共青团、社区等相关未成年人保护主体的协作配合，协同发力，才能实现未成年人司法的价值功能。其次，应进一步完善未成年人法律体系，制定一部专门的未成年人司法法，这既是我国未成年人司法实践之需，也是我国未成年人司法制度走向成熟的重要标志。专门的未成年人司法法应集组织法、实体法和程序法于一体，涵盖未成年人刑事、民事、行政、公益诉讼相关实体法律规定和司法程序。在专门的未成年人司法法尚未出台之前，对现行法律规定的修订完善，使其更符合未成年人司法规律则是现实之需。最后，加强未成年人司法专业机构和人员建设。未成年人司法制度归根结底是由一系列具体的特殊制度和特别程序组成的，是由具体的司法人员去适用执行，加强未成年人司法专业机构和人员建设，通过司法实践推动建立完善未成年人分级干预制度、未成年人观护制度、未成年被害人保护救助制度、未成年人监护干预制度、未成年人保护公益诉讼制度等特殊制度和特别程序等，则是当前未成年人司法实务的当务之急。

参考文献

一、著作类

1. 宋英辉、何挺主编：《未成年人刑事案件诉讼程序研究综述》，中国检察出版社2019年版。

2. 狄小华：《中国特色少年司法制度研究》，北京大学出版社2017年版。

3. 林崇德：《心理学大辞典》，上海教育出版社2003年版。

4. 樊崇义主编：《检察制度原理》，中国人民公安大学出版社2020年版。

5. 孙谦主编：《中国特色社会主义检察制度》，中国检察出版社2015年版。

6. 王桂五主编：《中华人民共和国检察制度研究》，法律出版社1991年版。

7. 姜伟主编：《中国检察制度》，北京大学出版社2009年版。

8. 刘方：《检察制度史纲要》，法律出版社2007年版。

9. 龙宗智：《检察制度教程》，法律出版社2002年版。

10. 宋英辉、孙长永、朴宗根等：《外国刑事诉讼法》，北京大学出版社2011年版。

11. 《睡虎地秦墓竹简》，文物出版社1978年版。

12. 朱红林：《张家山汉简〈二年律令〉集释》，社会科学文献出版社2005年版。

13. 周颖：《近代中国少年司法的启动》，法律出版社2019年版。

14. 高汉成主编：《〈大清新刑律〉立法资料汇编》，社会科学文献出版社 2013 年版。

15. 孙雄编：《监狱学》，商务印书馆 2011 年版。

16. 姚建龙：《少年法院的学理论证与方案设计》，上海社会科学院出版社 2014 年版。

17. 刘红立主编：《中国检察文化的发展史》，中国检察出版社 2017 年版。

18. 闵钐、谢如程、薛伟宏：《中国检察制度法令规范解读》，中国检察出版社 2011 年版。

19. 赵国玲主编：《未成年人司法制度改革研究》，北京大学出版社 2011 年版。

20. 高铭暄：《中华人民共和国刑法的孕育和诞生》，法律出版社 1981 年版。

21. 童建明、万春、宋英辉主编：《未成年人检察业务》，中国检察出版社 2022 年版。

22. 姚建龙主编：《中国少年司法研究综述》，中国检察出版社 2009 年版。

23. 邹碧华：《少年法庭的创设与探索》，法律出版社 2009 年版。

24. 侯东亮：《少年司法模式研究》，法律出版社 2014 年版。

25. 储槐植：《刑事一体化与关系刑法论》，北京大学出版社 1997 年版。

26. 姚建龙：《长大成人：少年司法制度的建构》，中国人民公安大学出版社 2003 年版。

27. 孙云晓、张美英主编：《当代未成年人法律译丛（美国卷）》，中国检察出版社 2006 年版。

28. 王雪梅：《儿童福利论》，社会科学文献出版社 2014 年版。

29. 高维俭：《少年法学》，商务印书馆 2021 年版。

30. 孙谦主编：《中国未成年人司法制度研究》，中国检察出版社2021年版。

31. 江山河：《犯罪学理论》，格致出版社2008年版。

32. 陈瑞华：《刑事诉讼的前沿问题（上册）》（第五版），中国人民大学出版社2016年版。

33. 吴燕主编：《未成年人检察理论研究》，法律出版社2016年版。

34. 宋英辉、何挺、王贞会等：《未成年人刑事司法改革研究》，北京大学出版社2013年版。

35. 王广聪：《变迁时代的福利司法——未成年人刑事审前程序的完善》，法律出版社2019年版。

36. 杨飞雪主编：《未成年人司法制度探索研究》，法律出版社2014年版。

37. 卞建林、陈卫东等：《新刑事诉讼法实施问题研究》，中国法制出版社2017年版。

38. 张雪梅：《儿童福利论》，社会科学文献出版社2014年版。

39. 张明楷：《刑法学》，法律出版社2016年版。

40. ［美］玛格丽特·K. 罗森海姆、富兰克林·E. 齐姆林、戴维·S. 坦嫩豪斯、伯纳德·多恩编：《少年司法的一个世纪》，高维俭译，商务印书馆2008年版。

41. ［日］武内谦治：《少年法讲义》，日本评论社2015年版。

42. ［美］马文·克朗、乔迪·莱恩主编：《少年越轨与未成年人司法手册》，苏明月、陈朗梓译，法律出版社2019年版。

43. ［美］巴里·C. 菲尔德：《未成年人司法制度》（第二版），高维俭等译，中国人民公安大学出版社2011年版。

44. ［日］平井彦三郎：《刑事政策论》，陈士诚译，载何勤华、李秀清主编：《民国法学论文精粹（第五卷）》，法律出版社2004年版。

45. ［日］大谷实著：《刑事政策学》，黎宏译，中国人民大学出版社 2009 年版。

46. Sonya Marie Goshe. （2015）. Lost Causes and Social Injustice：Going Beyond the Dominant Paradigms of Juvenile Justice Policy. Pro Quest Dissertations Publishing.

47. Stephen Case. （2018）. Youth Justice：acriticalintroduction. Routledge.

48. Ferro，Jeffrey. （2003）. Juvenile Crime. FactsonFile.

二、论文期刊类

1. 姚建龙：《少年司法制度概念论》，载《当代青年研究》2002 年第 5 期。

2. 高晓莹：《少年司法制度论纲》，载《中国刑事法杂志》2010 年第 7 期。

3. 孙谦、黄河：《少年司法制度论》，载《法制与社会发展》1998 年第 4 期。

4. 张鸿巍：《国家亲权法则的衍变及其发展》，载《青少年犯罪问题》2013 年第 5 期。

5. 王耀世、侯东亮：《少年司法分立论》，载《河南财经政法大学学报》2015 年第 2 期。

6. 汪贻飞：《论西方国家少年司法理念及对我国的借鉴意义》，载《中国青年研究》2009 年第 3 期。

7. 丁青青、窦长友：《恢复性司法与未成年人刑事司法制度的完善》，载《中国检察官》2016 年第 5 期。

8. 苏明月、李钰莹：《美国少年司法制度的矛与盾——以未成年人死刑为视角》，载《预防青少年犯罪研究》2015 年第 1 期。

9. 姚建龙：《少年司法制度基本原则论》，载《青年探索》2003 年第 1 期。

10. 牛凯：《论少年司法制度的基本原则》，载《预防青少年犯罪研究》2012 年第 12 期。

11. 康树华：《世界各国少年司法制度的基本特征》，载《法学杂志》1995 年第 3 期。

12. 徐宏、武倩：《少年司法理念的正本清源与制度设计》，载《青少年犯罪问题》2018 年第 6 期。

13. 王菲：《“少年司法”之传统、再造及辨析》，载《预防青少年犯罪研究》2016 年第 1 期。

14. 姚建龙：《近代中国少年司法改革的进展与高度》，载《预防青少年犯罪研究》2014 年第 4 期。

15. 康均心、韩光军：《试论我国少年司法制度的不足与完善》，载《青少年犯罪问题》2006 年第 6 期。

16. 肖姗姗：《改革开放以来我国少年司法的演进及前瞻》，载《预防青少年犯罪研究》2018 年第 5 期。

17. 卢春林：《浅谈我国少年司法制度的基本状况及发展趋势》，载《中共乌鲁木齐市委党校学报》2009 年第 4 期。

18. 张鸿巍：《美国未成年人检察制度》，载《国家检察官学院学报》2011 年第 3 期。

19. 刘仁海、周舟：《日本少年检察制度及其对我国的启示》，载《青少年犯罪问题》2016 年第 3 期。

20. 苗生明、程晓璐：《中国未成年人刑事检察政策》，载《国家检察官学院学报》2014 年第 6 期。

21. 程晓璐：《中国少年检察官的角色变迁与定位》，载《预防青少年犯罪研究》2013 年第 4 期。

22. 刘行星、李希龙：《我国未成年人检察监督及其完善》，载《预防青少年犯罪研究》2018 年第 1 期。

23. 樊荣庆：《改革视野下未成年人检察工作一体化构建研究》，载

《预防青少年犯罪研究》2018 年第 6 期。

24. 吴春妹等:《未成年人检察视阈下公益诉讼问题探究》,载《山西政法管理干部学院学报》2016 年第 3 期。

25. 李川:《观护责任论视野下我国少年司法机制的反思与形塑》,载《甘肃政法学院学报》2018 年第 6 期。

26. 王顺安、韩冰:《中国少年司法制度的成就、问题和出路》,载《预防青少年犯罪研究》2014 年第 6 期。

27. 张鸿巍:《少年司法的顶层设计与架构——以桥接、互动的双轨制为基点》,载《预防青少年犯罪研究》2014 年第 1 期。

28. 姚建龙:《中国少年司法的历史、现状与未来》,载《法律适用》2019 年第 17 期。

29. 李长城:《少年司法理念新论》,载《四川警察学院学报》第 1 期。

30. 宋英辉、苑宁宁:《完善我国未成年人法律体系研究》,载《国家检察官学院学报》2017 年第 4 期。

31. 苑宁宁:《未成年人司法的法理证成与本土建设研究》,载《河南社会科学》2020 年第 10 期。

32. 王顺安、王妍蓓:《少年司法处遇种类比较研究》,载《预防青少年犯罪研究》2018 年第 3 期。

33. 肖姗姗:《少年司法之国家亲权理念——兼论对我国少年司法的启示》,载《大连理工大学学报(社会科学版)》2018 年第 4 期。

34. 徐国栋:《国家亲权与自然亲权的斗争与合作》,载《私法研究》2011 年第 1 期。

35. 周长军、李军海:《论未成年人犯罪的刑事责任——从亲权到"国家亲权"》,载《青少年犯罪问题》2005 年第 5 期。

36. 曹震南:《古典犯罪学派和实证犯罪学派的差异》,载《净月学刊》2013 年第 2 期。

37. 沈吟徵、钟华：《赫希的社会控制理论与中国城市青少年的越轨行为》，载《净月学刊》2015年第1期。

38. 郭晓红：《未成年犯罪人社区矫正的路径选择——以社会控制理论为视角》，载《法学杂志》2014年第7期。

39. 张青瑞、迟萍萍、宋占美：《社会控制理论视野下的青少年犯罪预防研究》，载《云南民族大学学报（哲学社会科学版）》2016年第4期。

40. 李玲、张兵娟、王涵：《社会控制理论视角下中学生校园欺凌成因及预防对策研究》，载《中国电化教育》2018年第8期。

41. 崔海英：《社会支持理论蕴含的未成年犯罪危险因素探讨》，载《净月学刊》2017年第1期。

42. 曾培芳：《我国青少年犯罪预防和矫正理论与实践模式的整合——以社会控制与社会支持为视角》，载《江西社会科学》2007年第12期。

43. 管向梅：《青少年犯罪原因剖析——以社会支持理论为分析视角》，载《社会工作》2006年第10期。

44. 张金武、刘念：《紧张理论视觉下的青少年犯罪原因实证研究——以广州地区为例》，载《青少年犯罪问题》2014年第3期。

45. 崔海英：《生命历程理论对未成年人犯罪危险防控的启示》，载《预防青少年犯罪研究》2017年第1期。

46. 陈希：《教育刑理念下我国少年司法体系的完善》，载《中州学刊》2017年第6期。

47. 杨新慧：《论少年法的理论源流》，载《南昌大学学报（人文社会科学版）》2019年第6期。

48. 刘东根：《恢复性司法及其借鉴意义》，载《环球法律评论》2006年第2期。

49. 刘方权：《恢复性司法：一个概念性框架》，载《山东警察学院学报》2005 年第 1 期。

50. 唐芳:《恢复性司法的困境及其超越》，载《法律科学（西北政法学院学报）》2006 年第 4 期。

51. 史立梅、张丽霞:《基于犯罪预防的多机构合作策略与实践——来自英国的经验及其启示》，载《刑法论丛》2020 年第 2 期。

52. 常锋、郑志恒:《最有利于未成年人原则的阐释与落实——专访北京师范大学未成年人检察研究中心主任宋英辉》，载《人民检察》2022 年第 10 期。

53. 陈奇伟、邱子芮、来文彬:《论“儿童利益最大化”在家事立法与司法中之贯彻与完善》，载《南昌大学学报（人文社会科学版）》2020 年第 5 期。

54. 肖姗姗:《儿童最佳利益原则——兼论对我国少年法的启示》，载《学习与实践》2019 年第 9 期。

55. 郭开元:《论〈民法典〉与最有利于未成年人原则》，载《中国青年社会科学》2021 年第 1 期。

56. 王广聪:《论最有利于未成年人原则的司法适用》，载《政治与法律》2022 年第 3 期。

57. 王广聪:《“教育为主、惩罚为辅”刑事政策的福利化改造》，载《青少年犯罪问题》2019 年第 6 期。

58. 王仙菊:《试论我国未成年人司法中的双向保护原则》，载《文化学刊》2019 年第 6 期。

59. 邓泉洋、汪鸿波:《我国未成年人“双向保护原则”的实践困境及破解之策》，载《中国青年研究》2020 年第 5 期。

60. 张玮:《区域间经济协作司法适用专门化的路径思考——基于对专门法院角色的分析》，载《上海法学研究》2021 年第 14 卷。

61. 刘灿华:《德国、日本少年司法制度的变迁及其启示》，载《时代法学》2011 年第 6 期。

62. 林晓萌：《国家治理现代化视域下的少年司法社会支持体系：价值、立场及路径》，载《当代青年研究》2021 年第 1 期。

63. 全宏艳：《社会支持研究综述》，载《重庆科技学院学报（社会科学版）》2008 年第 3 期。

64. 黄思棉、张燕华：《国内协同治理理论文献综述》，载《武汉冶金管理干部学院学报》2015 年第 3 期。

65. 宋志军：《儿童最佳利益：少年司法社会支持体系之伦理议题》，载《浙江工商大学学报》2019 年第 5 期。

66. 宋志军：《社会支持体系建设的着力点》，载《人民检察》2017 年第 22 期。

67. 朱孝清：《中国检察制度的几个问题》，载《中国法学》2007 年第 2 期。

68. 陈翰丹、陈伯礼：《论未成年人国家监护制度中的政府主导责任》，载《社会科学研究》2014 年第 2 期。

69. 冯源：《儿童监护模式的现代转型与民法典的妥当安置》，载《东方法学》2019 年第 4 期。

70. 姚建龙：《国家亲权理论与少年司法——以美国少年司法为中心的研究》，载《法学杂志》2008 年第 3 期。

71. 陈瑞华：《检察机关法律职能的重新定位》，载《中国法律评论》2017 年第 5 期。

72. 韩波：《公益诉讼制度的力量组合》，载《当代法学》2013 年第 1 期。

73. 郑贤宇：《公益诉讼界定的困境和出路》，载《云南大学学报（社会科学版）》2012 年第 5 期。

74. 张鸿巍：《百年嬗变：美国少年司法之溯源、衍变及展望》，载《南京大学法律评论》2011 年第 1 期。

75. 夏菲：《美国矫正型少年司法的科学回归——发展型少年司法》，

载《青少年犯罪问题》2020 年第 3 期。

76. 肖姗姗：《美国少年法院之百年嬗变》，载《青少年犯罪问题》2017 年第 6 期。

77. 侯东亮：《论美国少年司法惩罚 · 福利二元模式》，载《厦门大学法律评论》2013 年第 2 辑。

78. 侯东亮：《英格兰少年司法协作模式》，载《社会科学家》2014 年第 7 期。

79. 王娜：《法国未成年人司法制度的变迁——兼论对中国未成年人司法制度完善的启示》，载《青少年犯罪问题》2013 年第 3 期。

80. 樊荣庆：《德国少年司法制度研究》，载《青少年犯罪问题》2007 年第 3 期。

81. 侯东亮：《芬兰少年司法福利模式及其启示》，载《预防青少年犯罪研究》2012 年第 1 期。

82. 徐家力、林琳：《域外视角：少年司法观护制度的演进及借鉴》，载《人民法治》2019 年第 11 期。

83. 刘建利：《日本少年司法制度及其对我国的启示》，载《青少年犯罪问题》2013 年第 2 期。

84. 刘拥军：《少年司法制度比较与启示》，载《公民与法》2011 年第 7 期。

85. 刘仁海、周舟：《日本少年检察制度及其对我国的启示》，载《青少年犯罪问题》2016 年第 2 期。

86. 吴海航、蒋宗言：《秦代刑事责任能力标准辨析》，载《西北师大学报（社会科学版）》2020 年第 3 期。

87. 南玉泉：《张家山汉简〈二年律令〉所见刑罚原则》，载《政法论坛》2002 年第 5 期。

88. 自正法：《我国未成年人刑事特别程序之演进逻辑及其启示》，载《江淮论坛》2018 年第 3 期。

89. 张东平：《近代中国少年感化院的创设》，载《青少年犯罪问题》2012 年第 2 期。

90. 于国旦、苏明月：《论少年司法制度的基本理念》，载《中国青年政治学院学报》2013 年第 6 期。

91. 苏青：《未成年人犯罪“教育为主、惩罚为辅”刑事政策重述》，载《青少年犯罪问题》2018 年第 4 期。

92. 康树华：《世界各国少年司法制度的基本特征》，载《法学杂志》1995 年第 3 期。

93. 徐宏、武倩：《少年司法理念的正本清源与制度设计》，载《青少年犯罪问题》2018 年第 6 期。

94. 姚莉：《未成年人司法模式转型下的制度变革与措施优化》，载《法学评论》2016 年第 1 期。

95. 宋英辉、苑宁宁：《完善未成年人保护和犯罪预防法律体系与司法体制的构想》，载《预防青少年犯罪研究》2016 年第 4 期。

96. 周沛：《福利国家和国家福利——兼论社会福利体系中的政府责任主体》，载《社会科学战线》2008 年第 2 期。

97. 张鸿巍：《儿童福利视野下的少年司法路径选择》，载《河北法学》2011 年第 12 期。

98. 丁相顺：《当代少年司法制度的发展与改革》，载《人民论坛》2020 年第 11 期。

99. 王贞会：《未成年人刑事诉讼法制发展史略》，载《青少年犯罪问题》2013 年第 5 期。

100. 孙谦：《关于建立中国少年司法制度的思考》，载《国家检察官学院学报》2017 年第 4 期。

101. 陈静芳、贾冰一：《构建中国特色的少年司法制度》，载《人民司法》2011 年第 9 期。

102. 温小洁：《未成年人刑事案件审判中诸多问题之探讨》，载《中国刑事法杂志》2000 年第 5 期。

103. 康树华：《新中国少年司法制度的发展与完善》，载《江西警察学院学报》2012 年第 2 期。

104. 代秋影：《司法改革背景下未成年人审判理论与实务专家论证会综述》，载《预防青少年犯罪研究》2016 年第 1 期。

105. 曲昇霞：《论我国未成年人民事司法之定位与基本理念》，载《扬州大学学报（人文社会科学版）》2013 年第 4 期。

106. 张远煌、姚兵：《中国现阶段未成年人犯罪的新趋势——以三省市未成年犯问卷调查为基础》，载《法学论坛》2010 年第 1 期。

107. 肖建国：《恢复性司法与中国少年司法制度建设》，载《青少年犯罪问题》2007 年第 4 期。

108. 丁青青、窦长友：《恢复性司法与未成年人刑事司法制度的完善》，载《中国检察官》2016 年第 5 期。

109. 樊崇义：《检察机关深化法律监督发展的四个面向》，载《中国法律评论》2017 年第 5 期。

110. 何挺、李珞珈：《附条件不起诉监督考察的主体：基于参与观察的研究》，载《国家检察官学院学报》2017 年第 3 期。

111. 毕琳等：《未成年人罪错行为分级干预主导部门的构建》，载《人民检察》2020 年第 19 期。

112. 宋英辉、苑宁宁：《尊重未成年人司法规律建立分级干预体系》，载《新华月报》2019 年第 6 期。

113. 龙宗智：《未成年人司法改革的意义与方向》，载《人民检察》2011 年第 12 期。

114. 杨建顺：《行政诉讼法的修改与行政公益诉讼》，载《法律适用》2012 年第 11 期。

115. 姚建龙：《未成年人法的困境与出路——论〈未成年人保护法〉与〈预防未成年人犯罪法〉的修改》，载《青年研究》2019 年第 1 期。

116. 敬力嘉：《信息网络犯罪中集体法益保护范围的扩张与限度》，载《政治与法律》2019 年第 11 期。

117. 张宁宇、田东平：《未成年人检察公益诉讼的特点及案件范围》，载《中国检察官》2020 年第 3 期。

118. 胡卫列：《国家治理视野下的公益诉讼检察制度》，载《国家检察官学院学报》2020 年第 2 期。

119. 高玥：《社会支持理论的犯罪学解析与启示》，载《当代法学》2014 年第 4 期。

120. 张鸿巍、果晓峰：《未成年人司法社会支持体系之回顾、反思与建构——基于服务集成的视角》，载《青少年问题研究》2020 年第 2 期。

121. 席小华、史卫忠：《建构未成年人司法社会支持体系的理论框架与实践路径》，载《预防青少年犯罪研究》2020 年第 5 期。

122. 孙谦：《中国未成年人司法制度的建构路径》，载《政治与法律》2021 年第 6 期。

123. 陶建国、谢佳欣：《日本儿童被害人司法询问制度及启示》，载《少年儿童研究》2021 年第 9 期。

124. 杨晓静等：《未成年刑事被害人诉讼权利保护初论》，载《青少年犯罪问题》2015 年第 1 期。

125. 兰跃军：《未成年被害人权益保障新论》，载《青少年犯罪问题》2013 年第 6 期。

126. 高维俭、彭宇轩：《侵害未成年人案件强制报告制度完善进路》，载《人民检察》2022 年第 5 期。

127. 兰跃军、李欣宇：《强制报告制度的实施困境及破解》，载《中国青年社会科学》2021 年第 6 期。

128. 康均心：《刑法中身份散论》，载《现代法学》1995 年第 4 期。

129. Feld，Barry C. （1988） . The juvenile court meets the principle of

offense: Punishment, treatment, and the difference it makes. Boston University Law Review, 68 (5).

130. Peter W. Greenwood, Brandon C. Welsh. (2012). Promoting Evidence - Based Practice in Delinquency Prevention at the State Level: Principles, Progress, and Policy Directions. Criminology & Pub. 11 (3).

131. Donna M. Bishop. (2012). Evidence - Based Practice and Juvenile Justice. Criminology & Pub. 11 (3).

132. Anthony Bottoms, James Dignan. (2004). Youth Justice in Great Britain. Crime & Justice (Chicago, Ill), 31.

133. Albrecht, Hans - J. rg. (2004). Youth Justice in Germany. Crime & Justice (Chicago, Ill), 31.

134. Janson, Carl - Gunnar. (2004). Youth Justice in Sweden. Crime &Justice (Chicago, Ill), 31.

135. Josine Junger - Tas. (2004). Youth Justice in the Netherlands. Crime & Justice (Chicago, Ill).

三、论文集类

1. 马岩、张鸿巍：《生命历程理论视野下的未成年人犯罪防控》，载《犯罪防控与平安中国建设——中国犯罪学学会年会论文集（2013年)》，中国检察出版社2013年版。

2. 宋英辉等：《关于检察改革中加强未成年人检察工作的建议》，载《未成年人检察（第一辑)》，中国检察出版社2016年版。

3. 姚建龙：《少年司法的转介：一个初步的探讨》，载《未成年人检察（第一辑)》，中国检察出版社2016年版。

四、学位论文类

1. 杨新慧：《刑事新派理论与少年法》，西南政法大学2016年博士学位论文。

2. 肖姗姗：《中国特色未成年人司法体系的构建》，中南财经政法大学2018年博士学位论文。

3. 姚建龙：《福利、惩罚与少年控制——美国少年司法的起源与变迁》，华东政法大学2006年博士学位论文。

4. 张璇：《中国少年司法制度建构的相关问题探讨》，中国政法大学2011年博士论文。

5. 李美佳：《苏格兰儿童听证制度对我国少年司法制度的影响》，北京师范大学2019年硕士学位论文。

6. 张锋学：《人格刑法理论视域下的未成年人犯罪预防研究》，华南理工大学2020年博士学位论文。

7. 张晓静：《A省H市检察机关办理未成年人被害案件调查研究》，安徽大学2019年硕士学位论文。

8. 杨晗露：《预防性行政公益诉讼制度研究》，安徽大学2019年硕士学位论文。

五、报刊类

1. 宋英辉、苑宁宁、尹泠然：《少年司法与法律体系建构需进一步改进》，载《检察日报》2016年6月30日，第3版。

2. 《习近平致信祝贺第二十二届国际检察官联合会年会暨会员代表大会召开》，载《检察日报》2017年9月12日，第1版。

3. 何挺：《未保法修订：未检工作面临“迭代升级”》，载《检察日报》2020年11月11日，第3版。

4. 夏菲：《美国少年司法制度的特点及启示——从芝加哥九岁男孩被控谋杀、纵火案说起》，载《人民法院报》2019年11月8日，第8版。

5. 王牧：《我国应当尽快建立少年司法制度》，载《人民法院报》

2003 年 1 月 13 日，第 3 版。

6. 宋英辉：《从六个方面着手推进》，载《检察日报》2015 年 6 月 27 日，第 3 版。

7. 骆惠华：《为了孩子幸福为了国家未来——人民法院少年法庭工作辉煌 30 年回顾》，载《人民法院报》2014 年 11 月 25 日，第 4 版。

8. 张雪梅：《司法改革不能忽视未成年人司法制度的特殊性》，载《人民法院报》2016 年 1 月 6 日，第 6 版。

9. 孙谦：《切实加强未成年人检察工作》，载《检察日报》2016 年 1 月 18 日，第 3 版。

10. 最高人民检察院：《未成年人检察工作白皮书（2021）》，载《检察日报》2022 年 6 月 2 日，第 6 版。

11. 王广聪：《以公益诉讼促进实现未成年人保护国家责任》，载《检察日报》2020 年 11 月 16 日，第 3 版。

12. 高艳东：《增设“知危不报罪”旨在保护未成年人》，载《检察日报》2020 年 4 月 29 日，第 3 版。

六、网址类

1. 《最高检：依法严惩侵害未成年人权益的网络犯罪》，载中国新闻网，https：//baijiahao. baidu. com/s？ id = 1689839294563701501&wfr = spider&for = pc。

2. 《中央改革办负责人介绍解读党的二十大报告》，载共产党员网，https：//www. 12371. cn/2022/10/28/ARTI1666931162909829_ 3. shtml。

3. 《法学专家：治安处罚对未成年人会产生负面影响》，载中国青年网，https：//www. sohu. com/a/126620165_ 119038。

4. 李伟民、陈耕岑：《未成年人罪错行为分类干预体系研究》，载咸阳市秦都区人民检察院网，http：//www. sn. jcy. gov. cn/xysqdq/lldy/201907/t20190702_ 137983. html。

5. 2022 年《最高人民检察院工作报告》，载最高人民检察院网，https：//www. spp. gov. cn/spp/gzbg/202203/t20220315_ 549267. shtml。

6.《福建福清：探索办理全国首起涉未成年人公益诉讼案》，载最高人民检察院网，http：//www. spp. gov. cn/spp/zdgz/201810/t20181016_395386. shtml。